江苏省江淮官话
声调研究

章 婷 ◎ 著

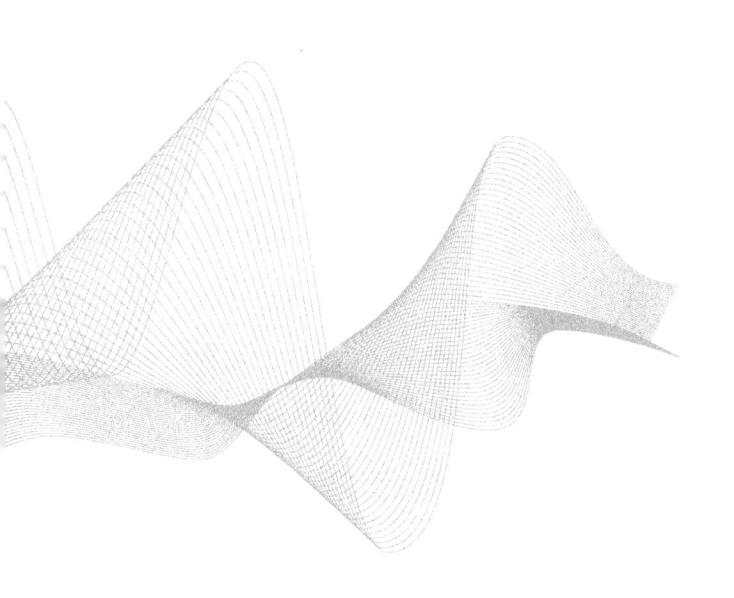

南京师范大学出版社

图书在版编目(CIP)数据

江苏省江淮官话声调研究 / 章婷著. — 南京：南京师范大学出版社，2023.12
ISBN 978-7-5651-5914-5

Ⅰ.①江… Ⅱ.①章… Ⅲ.①江淮方言－声调－方言研究－江苏 Ⅳ.①H172.4

中国国家版本馆 CIP 数据核字(2023)第 232573 号

书　　名	江苏省江淮官话声调研究
作　　者	章　婷
责任编辑	于丽丽
出版发行	南京师范大学出版社
地　　址	江苏省南京市玄武区后宰门西村 9 号（邮编：210016）
电　　话	(025)83598919(总编办)　83598412(营销部)　83598312(邮购部)
网　　址	http://press.njnu.edu.cn
电子信箱	nspzbb@njnu.edu.cn
照　　排	南京凯建文化发展有限公司
印　　刷	江苏凤凰数码印务有限公司
开　　本	787 毫米×1092 毫米　1/16
印　　张	15
字　　数	244 千
版　　次	2023 年 12 月第 1 版
印　　次	2023 年 12 月第 1 次印刷
书　　号	ISBN 978-7-5651-5914-5
定　　价	78.00 元
出 版 人	张　鹏

南京师大版图书若有印装问题请与销售商调换
版权所有　侵犯必究

序　言

　　章婷博士的新作《江苏省江淮官话声调研究》问世了。比起以往的同类著作，本书有几个特点值得一提。

　　近年来，实验语音学的发展为方言声调的研究提供了有效的方法，但是仅仅基于声学参数的考量，对于掌握声调的全面信息来说并不完整，而且材料处理问题很多。更要紧的是，对于确定音系学范畴而言，这样的材料容易掩盖一些问题。本书在这些方面有了实质性的改进。本书在生理、声学、听感这三个语言语音学的分支上全面推进。尤其在最重要的声学数据中，还关注了发声态。这对于理解江淮官话中的通泰片是至关重要的。通泰方言中最多有七个声调，分布在两个声域或调域中。这两个声域可以是上域和常域的组合，也可以是常域和下域的组合。面对这样的事实，需要有多方面的理论考量才能加以处理。本书引进了分域四度制和普适调型库，由此成功地描写、容纳了具有假声/张声和气声的调系。

　　听感一直是语言语音学中的薄弱环节。以往听感研究中所谓的"听感范畴"，一直含义不明。它是一种音位性的概念，还是有普遍生理基础的概念呢？如果是一种音位概念，那么就只是特定语言中的特征，似乎意义不大。如果是有听感生理做基础的，那就有普遍意义，但这方面的听感研究付之阙如。本书中提到的一项听感与类型的互证研究，是听感研究中的一大突破，它把听感范畴和声调类型（调型）挂钩，这为听感研究和类型学研究双双打开了一个新天地。

　　本书还有一处关于"边缘方言"的论述需要提一下。通泰方言介于洪巢片和吴语之间，它的声调系统完全是吴语式的：以七调和六调为主。七调系统在官话中闻所未闻，而在吴语中则是常态。六调系统也只是存在于同为江淮官话的黄孝片和部分晋语中。通泰片有很多双域调系。其中少数是常域和下域；下域实现为气声类中的弛声（清音浊流），这跟吴语是一模一样的。另外大部分是常上双域，吴语一般是常下双域，不过也有和通泰片一样的新生的假声/张声构成上域，这在通泰片的南邻毗陵片（常州、靖江新合村）中能发现，在西南吴语中自发产生了更多的假声上域。通泰片的韵母由于有两个入声，单元音众多，所以更像吴语。声母由于气声消失（浊音清化），所以被认为是官话型的，但"边缘吴语"宣州片全部、处衢片大部分都已气声消失。通泰片只是在词汇上更接近官话，不过将词汇作为分界依据总是稍欠一筹。我认为，归入官话最大的理由是语言心理和语言标准（linguistic norm）。苏中地区生活方式和文化习俗更接近官话区，这两条当然不是方言划界的标准，但与之密切相关的语言心理和语言标准是地地道道的语言学标准。

本书在江淮声调研究领域中是一项标志性的成果。一项优秀的研究不但解决了很多以往的遗留问题，还为进一步的研究开创了课题，比如一项关于通泰两个入声的音高问题的课题。通泰片大多有阴、阳两个入声，阴高阳低是通常预期的现象。但事实上存在着很多阴低阳高的调系，本书从语言底层、语言接触、发声态影响等多个方面进行了综合分析，这也是一个亮点。

另一项跟演化相关的类型学课题涉及面较宽。江淮官话洪巢片、黄孝片和通泰片在声调类型上差别很大，这是后期演化的各走各路，还是由于原先的底层有所不同？如果是前者，那么各自演化的路径是什么？如果是后者，那么原有方言底层有什么不同？在中原官话南推的过程中，是如何与不同底层融合为不同的江淮片的？重建三片不同的融合过程，对演化类型学会有极大的意义。

章婷博士拥有扎实的理论语言学功底，这是她的第一部方言学专著，却出手不凡，从方法到概念都有较高的学术价值。期待她在江淮声调领域的进一步深耕！

2023 年 10 月

前　言

　　江苏省内，自北向南，中原官话庄重浑厚，江淮官话的洪巢片与通泰片则流露出古朴而鲜活的韵味，而吴语则如涓涓细流般温润细腻，它们在这片土地上依次铺陈开来，共同演绎着江苏多元而丰富的语言文化。其中，江淮官话因特殊的地理位置与历史音变而独具魅力。本书聚焦于江淮官话的声调，首次采用多维视角的实证研究方法，展现江苏境内江淮官话声调的全貌，并厘清学界的一些热议问题，为方言分区提供参考。

　　全书共分为六章，各有侧重。绪论部分，详细梳理了江苏省江淮官话声调的研究现状，并阐述了本书的研究理论与实验方法。第一、二章采用声学语音学方法，对江淮官话多个方言点的单字调以及部分方言点的双字调进行了深入而全面的声学分析和描写，讨论了入声演化、拱度对立、调类数目渐变等学界热议问题。第三章从听感语音学角度，对江淮官话特定方言点的声调进行了听感范畴与类型学范畴的验证研究，为学界提供一个新的研究范式。第四章从发音语音学的视角，结合声学和生理等多维度数据，对江淮官话特定方言点的声调进行了考察，讨论了声调与性别、年龄等社会因素的关系，验证了"清音浊流"等学界既有观点。第五章则深入探讨了江淮官话声调对方言分区的影响。本书是学界基于音法语音学理论第一次对江苏省区域方言的声调进行多维实证的系统研究。

一、声学语音学视角

1. 选点覆盖面广

　　选取江淮官话洪巢片和通泰片的内部代表点，以及江淮官话与中原官话、江淮官话与吴语交界地带的方言点，共23个，每个方言点都进行了单字调的声学研究。选择了江淮官话南北端的两个代表点进行了双字调的声学研究。对方言声调系统"声域、长度、高度和拱度"四维声学参数描写,分析了洪巢片和通泰片方言点的声调格局。

2. 入声差异较大

江淮官话的入声虽然作为方言分区的重要标准,但洪巢片和通泰片却具有较大的差异性,具体表现在入声数量、入声舒化、入声与发声态、入声的调值高低等方面。洪巢片有一个入声,喉塞尾大部分保存完好,入声时长具有地域差异,临近中原官话区易出现"近似合并"的现象。通泰片除了个别点,入声皆分阴阳。两种入声音高对比,"阴低阳高"和"阴高阳低"皆有,并且不具有地域规律性。这跟语言底层说、语言接触说、发声态影响以及声调演化都有关联。两个入声的时长与音高之间具有较好的对应关系。

3. 归纳出入声的演化路径

江淮官话入声的演化有三条路径:① 开化路,即喉塞尾脱落,时长拉长;② 长化路,即时长拉长,喉塞尾保留;③ 变声路,即声调的发声态会引起音高基频值的变化,从而表现为"阴低阳高"的现象,如阴入具有喉堵态,拉低了基频值;阳入具有假声,引起超高基频。

4. 声域种类丰富

江淮官话声调的发声态类型涉及普通的常域、高域的假声/张声,以及低域的嘎裂声/弱僵声。因此江淮官话声调大部分实现为单域,通泰片部分点实现为双域("高域＋常域"或者"常域＋低域"),洪巢片的连云港实现为三域,这个江淮官话最北端的方言点分域三级的声调系统的发现,对于声调类型学具有重要意义。

5. 拱度对立独特

声调的模式分为三种情况:最全面的"调型模式"包括声域、长度、音高,其次是"音高模式",最简单的是仅考虑拱形的"拱度模式",拱度可以分为"降平低升凹"五种。江淮官话的声调拱度具有以下三个特点。

(1) 阴平调型变化。江淮官话阴平多为降调,只有连云港、兴化市区、金沙三个方言点,阴平实现为凹调或升调。连云港的阴平凹调更接近中原官话的阴平,这是由于方言的语音扩散与影响导致的声调调型的变化。通泰片的兴化市区和金沙两地的阴平调型变化则是声调系统内部调节的作用。

(2)凹调拱度对立。兴化市区、金沙、大豫三点声调系统有对立与区别特征的拱度相似的昂拱调型。这些调型都有凹点,且具有上升段[＋Rising]的共性,我们定义为"R"调,一般包括升调、前凹、央凹、后凹等拱度。

(3)两折调的演化。江淮官话的凹调实现为多种拱度,涵盖了普适调型库中所有的凹调拱类:前凹、央凹、后凹、两折调。其中"两折调"的调型在吴语中发现的比例较大,通泰片(如东掘港)也发现了两折调的现象,其演化的两条路径与性别呈对应关系,是吴语与江淮官话过渡阶段的一种体现。

6. 明晰了调类数连续统

江淮官话声调的调类数目是五到七个,从洪巢片到通泰片呈现逐渐递增的趋势。

边界方言点的声调数目也呈现着过渡特点。兴化市由于地处江淮官话通泰片与洪巢片的交界,兴化四个方言点的声调呈现"七—六—五"数目递减的连续统,体现了江淮官话通泰片向洪巢片方言过渡的特点。如东县是江淮官话通泰片与吴语太湖片的交界。如东县三个方言点的声调呈现"八—七—六"数目递减的连续统,体现了吴语向江淮官话通泰片方言过渡的特点。

7. 总结了连读音变模式

通泰片的金沙单字调类虽然较多,但是双字变调的数量却少于洪巢片的灌南,有些在单字调中已经发生的声调要素的变化在双字调中依然保留其底层。例如,入声时长的变化证实了连调的语音形式是研究单字调演化的一扇窗口;洪巢片灌南的前字大多会变调,主要是因为灌南五个单字调有三个是凹调,凹调的曲拱变化比升调或降调复杂,在双字调中容易发生改变,是发音省力的自然规律;两个方言点双字连读发生变调的情况虽然较多,除了金沙方言的名词双字调组合中部分末字容易读成低凹,从而体现一定的语义功能之外,尚未发现双字调与词汇意义或语法结构之间的关联性。两个方言点的变调形式多集中在前字部分,符合前变型是汉语方言连调位置匹配的主要方式的规律。

二、听感语音学视角

本书以兴化市区方言声调"R"调(高升、前凹、央凹)为例,从听感语音学这个视角考察了江淮官话兴化方言三个凹调的声调范畴。

1. 听感范畴与调型范畴的互证

本书从理论上明确定义了什么是声调的听感范畴,并用实验证明了声调的听感范畴对应于类型学范畴——调型。这跟以往对听感范畴的几种理解都有所不同。调型是以声调类型学为逻辑分类框架,用以听感为主要依据的分域四度制来表达的普适调型库中的类别,进一步把声调的听感范畴定义为调型。该实验过程为江淮官话乃至其他方言中相似调型的听感实验提供了参照系。

2. 两种听感范畴类型的界定

听感实验也论证了听感范畴的离散性,并把听感范畴分为了互补型和交叉型两类,提出了"外标认知论"的判别方法并论证了其可行性。该实验结果成功地打通了听感语音学和类型学两个领域,为学界提供了一个新的认知研究范式。

三、生理语音学视角

本书以处于江淮官话和吴语交界地带的金沙方言声调为例,综合采用 EGG 生理信号、声学 CPP 值以及 H1－H2 值,考察了金沙方言声调的发声类型。

1. "清音浊流"和方言分区

当基频数据显示金沙方言疑似存在中、低两个调域时,CPP 值、H1－H2 值和 EGG 生理信号也相互验证了金沙方言的阳去调气声特点最为显著,可以定义金沙方言声调的低域。不同年龄段的发音人 H1－H2 值的高低差异,一方面验证了吴语中"清音浊流"的现象是元音段的声带振动漏气,而非声母的浊音,一方面也体现了青年阳去调存在气化特征的现象已不明显,金沙方言处于南部江淮官话和北部吴语的边界地区,青年人的气声发声态已经明显具有官话的发音特点。这不同于学界多数研究者依据金沙方言保留浊音的特征把其归入到吴语太湖片这一观点,体现了方言的语音呈现快速变化的趋势。

2. 发声态与性别、年龄关系探究

发声态的证据能使我们更好地认识不同年龄段、不同性别发音人声调上的特点。嘎裂声只在女性发音人身上体现,这与发音人采用声音控制等手段来解决身份认同上的危机有一定关联。老年人在各调类的声学参数和开商变化上更为稳定;中年人次之;青年人在一些调类上则体现了更大的不确定性。年轻群体生活环境变化大,方言使用频率低,周围语言环境和自身语言掌握情况会影响方言的运用。

江苏省以其深厚的文化底蕴和蓬勃的经济活力,被誉为文化经济并重的繁荣大省。江苏省境内的江淮官话以其独特的魅力与复杂性,吸引了诸多语言学者的目光。江淮官话的研究,不仅是对一种方言的深入探索,更是对中华文化多元性的有力证明。众多学者倾注心血,致力于揭示江淮官话的语音特点、历史演变以及与周边方言的关系,为方言学的研究做出了杰出的贡献。

本书虽聚焦于江苏江淮官话的声调实验研究,但实则是建立在系统的音法语音学理论基础之上,从声学语音学、听感语音学、发音语音学三个维度详细描写了声调的具体表现,深入剖析了声调的内在规律。同时也特别关注交界地带方言点的声调特点,深入剖析声调的代际及性别差异,更加全面地揭示了江淮官话声调的实质。

本书基于实验研究的结果提出了"边缘吴语"的概念及按偏离程度分级的观点,这对于方言分区的界定具有重要的指导意义。就江淮官话的声调系统而言,通泰片声调系统远比洪巢片声调系统复杂,其内部差异显著,四声到七声皆有,以六声和七声系统为主,并存在两个双域系统。这些特点充分展示了通泰片与洪巢片在声调上的差异,也为我们进一步理解江淮官话的复杂性提供了有力的证据。然而,方言声调的变化在日益加剧。随着时间的推移,当通泰片声调中这些重要的吴语特征逐渐消失,发音人的语言心理归属发生新的变化之后,通泰片与吴语的关系也会发生质的改变。因此,我们需要持续关注江淮官话的发展变化,以便更准确地把握其语言动态变化的特点和历史演变的进程。

我们希望本书所呈现的实验研究成果能够为江淮官话的深入探索与研究做出实质性的贡献。

目 录

绪 论 ··· 001
  第一节　江苏省江淮官话概况 ··· 001
  第二节　江苏省江淮官话声调的研究现状 ···································· 005
  第三节　研究的理论基础 ·· 019
  第四节　研究内容与方法 ·· 024

第一章　声学语音学视角下的单字调研究 ······································ 028
  第一节　方言田野调查概况 ·· 028
  第二节　洪巢片扬淮小片的声调 ··· 033
  第三节　洪巢片南京小片的声调 ··· 051
  第四节　通泰片的声调 ·· 059
  本章小结 ·· 103

第二章　声学语音学视角下的双字调研究 ······································ 113
  第一节　双字调的调位与模式 ··· 113
  第二节　灌南方言双字调变调分析 ·· 117
  第三节　金沙方言双字调变调分析 ·· 124
  本章小结 ·· 132

第三章　听感语音学视角下的声调研究 ·· 136
  第一节　声调范畴的研究 ·· 136
  第二节　兴化方言声调感知实验 ··· 140

第三节　声调感知的理论问题 ⋯⋯⋯⋯⋯⋯⋯⋯⋯⋯⋯⋯⋯⋯ 153
　　本章小结 ⋯⋯⋯⋯⋯⋯⋯⋯⋯⋯⋯⋯⋯⋯⋯⋯⋯⋯⋯⋯⋯⋯⋯ 156

第四章　发音语音学视角下的声调研究 ⋯⋯⋯⋯⋯⋯⋯⋯⋯⋯⋯⋯ 158
　　第一节　发声态的研究 ⋯⋯⋯⋯⋯⋯⋯⋯⋯⋯⋯⋯⋯⋯⋯⋯⋯ 158
　　第二节　金沙方言发声态的类型讨论 ⋯⋯⋯⋯⋯⋯⋯⋯⋯⋯⋯ 162
　　第三节　金沙方言发声态的代际差异 ⋯⋯⋯⋯⋯⋯⋯⋯⋯⋯⋯ 172
　　本章小结 ⋯⋯⋯⋯⋯⋯⋯⋯⋯⋯⋯⋯⋯⋯⋯⋯⋯⋯⋯⋯⋯⋯ 176

第五章　江淮官话声调与方言分区的关系 ⋯⋯⋯⋯⋯⋯⋯⋯⋯⋯ 179
　　第一节　江淮官话的入声现状 ⋯⋯⋯⋯⋯⋯⋯⋯⋯⋯⋯⋯⋯⋯ 179
　　第二节　通泰方言的声调系统 ⋯⋯⋯⋯⋯⋯⋯⋯⋯⋯⋯⋯⋯⋯ 186
　　第三节　通泰方言中吴语的消长 ⋯⋯⋯⋯⋯⋯⋯⋯⋯⋯⋯⋯⋯ 195
　　第四节　边缘吴语的概念系统 ⋯⋯⋯⋯⋯⋯⋯⋯⋯⋯⋯⋯⋯⋯ 199
　　本章小结 ⋯⋯⋯⋯⋯⋯⋯⋯⋯⋯⋯⋯⋯⋯⋯⋯⋯⋯⋯⋯⋯⋯ 205

附录一：灌南方言双字调 ⋯⋯⋯⋯⋯⋯⋯⋯⋯⋯⋯⋯⋯⋯⋯⋯⋯ 207
附录二：金沙方言双字调 ⋯⋯⋯⋯⋯⋯⋯⋯⋯⋯⋯⋯⋯⋯⋯⋯⋯ 210
附录三：发音人信息表 ⋯⋯⋯⋯⋯⋯⋯⋯⋯⋯⋯⋯⋯⋯⋯⋯⋯⋯ 212
参考文献 ⋯⋯⋯⋯⋯⋯⋯⋯⋯⋯⋯⋯⋯⋯⋯⋯⋯⋯⋯⋯⋯⋯⋯ 217
后　记 ⋯⋯⋯⋯⋯⋯⋯⋯⋯⋯⋯⋯⋯⋯⋯⋯⋯⋯⋯⋯⋯⋯⋯⋯ 225

绪 论

第一节 江苏省江淮官话概况

江淮官话是官话中八个次方言之一,处在东南方言向北方官话过渡地带,兼具南北两大方言片区的特点。江淮官话旧称南方官话、下江官话,又称淮语、江北话或下江话。江淮官话区实际包括江苏省北部,安徽省中部及南部,湖北省东部,江西省最北端及浙江省西端的个别市县的方言,自东向西分为泰如片(通泰片)、洪巢片、黄孝片,其中以洪巢片人口占绝大多数,其分布涵盖江苏省和安徽省大部分区域(《中国语言地图集》,2012)。

一、行政区域变迁与方言演变

江苏省东临黄海,西靠安徽,北临山东,南接浙江和上海。省内地势平坦,水网密布,长江、淮河横穿东西,京杭大运河纵贯南北。江苏历史悠久,拥有吴、金陵、淮扬、楚汉等多元文化及地域特征,上古时为徐州、扬州地,夏商分封的越国祖先在淮河一带,商朝后期出现徐和吴诸侯国,战国时代楚国横霸于此。秦朝时期,江苏境内长江以南属会稽郡,以北分属东海郡和泗水郡。西汉初年,郡县和王国并行,江苏省先后分属楚国、荆国、吴国、广陵国、泗水国等国,以及会稽郡、丹阳郡、东海郡、临淮郡、琅琊郡、沛郡等郡。东汉时期,长江以南属扬州部,长江以北属徐州部。三国之时,江南属吴国,江北属魏国。东晋南北朝时,淮南为南朝,淮北为北朝。这一时期,北方由于战乱人口开始迁移到南方,江苏接收的人口最多,尤以南京、镇江、常州为甚。到了唐朝,江苏分属河南道、淮南道及江南东道。五代时期,徐州先后属梁、唐、晋、汉、周,江南的苏州属吴越钱氏，其他各州先后属杨吴和南唐。北宋时期，分属江南东路、两浙路、淮南东路、京东东路和京东西路。宋室南渡，大批北方人口南迁，金人据有淮北，南宋据有江南和淮南，江苏属淮南东路。元代，江苏南北分属江浙行省、河南江北行省。明朝，江苏与安徽同属应天府，直隶南京。清朝，改南直隶为江南省，后分成江苏省与安徽省，江苏省辖江宁府（今南京市）、镇江府、常州府、苏州府、松江府（今上海市）、扬州府、淮安府、徐州府及通州、海州、太仓直隶州。两江总督署驻江宁，江苏巡抚衙门驻苏州，这是江苏建省之始，"江苏"之名取江宁、苏州两府首字。民国时，以南京为首都以及特别市。中华人民共和国成立时，分设了苏南、苏北两个省级行政区，南京市为直辖市。苏北行署区下辖三个建制市，分别是扬州市、泰州市、南通市。苏南行署区下辖五个建制市，分别为无锡市、镇江市、常州市、苏州市、常熟市。今徐州、连云港大部分地区由山东省管辖，分别为徐州市、新海市、连云市。1953年，三区域合并，成立江苏省。[①]

从江苏省的行政区域变迁史中，我们可以窥见省内中原官话、江淮官话与吴语三大方言之间接触和演化的历史轨迹。江苏省内方言的分布格局与自然地理和人文地理是密切相关的。地理上的分隔始终是语言差异的基本因素。江河湖海、高山丘壑、地形地势等自然地理通过影响人们的交往和迁徙来影响着方言的流播和分布。曹志耘主编的《汉语方言地图集》（语音卷、词汇卷、语法卷）中510个条目显示，"长江线"分布的语言特征非常多，涉及声调的有"去声一分或二分、入声是否保留"。"秦岭—淮河"线也是一条比较重要的南北方言分界线。然而历史上政区、经济、文化、战争等导致的人口流动与迁徙，使得语言呈现融合和分化的局面，良渚文化的考古发现，古吴语曾北抵淮河，经过西晋人口南迁后，在南京、镇江一带，北方方言与当地原有的吴方言抗衡，到了南宋末年，吴语的北部边界已南移到长江一线。鲍明炜认为，南京在行政区划上自古属吴国、越国、楚国，原始居民是从东南方向而来，在文化上属于吴越系统，语言上属于吴越语（顾黔，2010）。晋朝郭璞注《尔雅》《方言》将建康话视为吴语范

---

① 有关江苏省政区沿革的资料来源于江苏省人民政府网 http://www.jiangsu.gov.cn/col/col31358/index.html，查询时间2023年10月。

围内。永嘉之乱后,建康城挤满了从洛阳及北方其他地区而来的百万移民,外迁人口数量已超越土著居民。他们口中所说的中原洛阳雅音,即"士音",势必会对金陵本地居民的吴音,即"庶音",产生冲击性的影响。在江南,自今镇江—南京—九江一线,甚至深入至今丹阳、武进、常熟、杭州诸县市内,同样有大量北方居民聚集(鲁国尧,2003)。人口的迁移造成了语言的演变,吴语北部界限的南移也就意味着南北方言界限由淮河一线南移到长江一线,汉语方言地理分布的类型由原来的"秦岭—淮河"型改为"长江线"型(吕俭平,2019)。

二、方言分区与语音特点

江苏省辖区总面积 10.72 万平方千米,辖区内有 13 个地级市,分别是南京市、无锡市、徐州市、常州市、苏州市、南通市、连云港市、淮安市、盐城市、扬州市、镇江市、泰州市和宿迁市,此外还有 21 个县级市、19 个县、55 个市辖区。江淮官话在江苏省的通行区域以长江为界分为苏北和苏东南两大片,涉及 48 个县市区,详见表 0-1。《中国语言地图集》(2012)将江淮官话内部再分为洪巢片、泰如片两部分。洪巢片包括连云港和宿迁的一部分地区、淮安、盐城(除大丰、东台外)、扬州、南京(除溧水南部、高淳外)、镇江(除丹阳市、丹徒区的部分外)、常州的金坛部分乡镇。泰如片包括泰州、姜堰、泰兴、如皋、如东、南通、通州的西部部分地区、兴化、大丰、东台、海安等 11 个市县。因南通、泰州为这一地区最重要的城市,分处东西两处,学界又名"通泰"方言区。

表 0-1 苏属江淮官话方言点统计表(《中国语言地图集》,2012)

地级市	所含县市
连云港	连云港市区、灌云县、灌南县、响水县、东海县部分乡镇
宿迁	沭阳县、泗阳县、泗洪县
淮安	淮安市区、淮阴区、涟水县、洪泽县、金湖县、盱眙县
盐城	盐城市区、滨海县、阜宁县、射阳县、建湖县、大丰市、东台市
扬州	扬州市区、邗江区、高邮市、江都市、仪征市、宝应县
南京	南京市区、六合区、浦口区、江宁区、溧水县部分乡镇

续 表

地级市	所含县市
镇江	镇江市区、丹徒区、扬中市、句容市、丹阳市_{部分乡镇}
常州	金坛市_{部分乡镇}
泰州	泰州市区、姜堰市、兴化市、泰兴市、靖江市_{沿江少数乡镇}
南通	南通市区、通州市_{西部部分地区}、如皋市、海安县、如东县

长江以南的武进市、江阴市、张家港市等地区有少量的江淮官话方言岛

《江苏省志·方言志》(1998)根据入声数量以及古咸山两摄舒声字的分韵情况将江苏省内江淮官话分为南京片、扬淮片、通泰片。其中,南京片一个入声、古咸山两摄舒声字分两个韵类,扬淮片一个入声、古咸山两摄舒声字分三个韵类,通泰片两个入声、古咸山两摄舒声字分三个韵类。南京片包括南京、江宁、句容、溧水(北片和县城新派)、江浦、六合等六个市县区。扬淮片包括扬州、江都、高邮、宝应、仪征、镇江、扬中、淮阴、淮安、涟水、灌南、沭阳、泗阳、泗洪、洪泽、盱眙、金湖、连云港、东海、灌云、盐城、阜宁、建湖、响水、滨海、射阳等32个市县区。通泰片包括南通、如皋、海安、如东、泰州、姜堰、泰兴、兴化、东台、大丰等10个县市和靖江的部分农村。长江以南属于吴语区的常州部分县市(武进市、江阴市、张家港市等地区)有少量的江淮官话方言岛。

　　江苏省内的江淮官话虽然大致以长江为界分为苏北和苏东南两大片,但是并非意味着长江就是吴语和江淮官话的天然分界线。江淮官话与吴语区大部分是直接相邻,相邻地区的语言表现为两种情况:一种情况是该地区并存两种方言,方言界限分明,人们同时说双方言,例如,苏南的金坛和苏北的靖江。另一种情况是混合方言,例如,苏北的通州话和苏南的丹阳话,吴语和官话地区的人都无法听懂。江苏省内的吴语主要涉及太湖片及少量宣州片,共29个县市区。江淮官话与吴语交界地带的方言点涉及八个县市区,分别为溧水(江淮官话洪巢片—吴语太湖片毗陵小片—吴语宣州片太高小片)、金坛(江淮官话洪巢片—吴语太湖片毗陵小片)、丹阳(江淮官话洪巢片—吴语太湖片毗陵小片)、泰州(江淮官话泰如片—吴语太湖片毗陵小片)、靖江(江淮官话洪巢片—吴语太湖片毗陵小片—吴语太湖片上海小片)、南通(江淮官话泰如片—吴语太湖片毗

陵小片)、通州(江淮官话泰如片—吴语太湖片毗陵小片—吴语太湖片上海小片)、如东(江淮官话泰如片—吴语太湖片上海小片)。江淮官话与中原官话交界地带是从连云港的赣榆县、东海县到宿迁的沭阳县、泗阳县的部分乡镇,纵贯南北,相对明晰。

  江淮官话的语音特点主要体现为:① 有独立的入声调类;② [ən]与[əŋ]不分,[in]与[iŋ]不分;③ [n]与[l]不分;④ 不分尖团;⑤ 古端系合口字今读大多无介音;⑥ 古开口见系二等字大多存在文白异读。《中国语言地图集》(2012)认为区内语音差异的特点在于:入声是否分阴阳;古仄声全浊声母字今读塞音、塞擦音是否送气;"书、虚""篆、倦"两类字是否同音。保留入声是江淮官话独立于北方官话自成一方言区的主要原因。

  江苏省内的中原官话—江淮官话洪巢片—江淮官话通泰片—吴语,从北向南依次分布,清楚地展现了一条语言演变的历史轨迹。江淮官话是在官话的影响下由吴语演变而来的,它兼有官话和吴语的特点,内部洪巢片的官话特点又多于通泰片,通泰片虽偏于官话,但是亦有自己的特色:有两个入声,调值高低有变化,多有喉塞尾;而洪巢片只有一个入声,高而短,多有喉塞尾。南京方言则因为南京建都的历史,有中原方言的底层侵染,具备江淮官话的共同点,但却又有一些独特,无喉塞尾。

第二节　江苏省江淮官话声调的研究现状

  语音学是语言学的一个分支,主要研究语言的发音机制、语音特性和言谈中的变化规律等。传统语音学的研究方法是"口耳之学",通过听音、记音,调查和研究未知语言,是结构主义音位学的基础。随着研究的发展,语音学研究引入了大量科学方法,如声学、生理学、心理学、医学、声乐学、言语工程等,科学方法的应用使得语音学逐步形成了现代语音学的学科范畴和理论框架。由于语音学的研究内容关系到发音动作(生理现象)、语声特性(物理现象)及听觉感知(心理作用),并且人类的不同语言群体各有自己的语音特点,因此,现代语音学的研究需同时具备自然科学和社会科学的知识。从研究内容的角度,现代语音学可以分为面向语言学的语音学、面向工程的语音学、司法语音学、病理语音学、声乐语音学等。

现代语音学的研究借助实验仪器,对语音的现象、机制或规律进行精细化描写和解释(孔江平,2021)。从研究方法的角度来看,现代语音学又可以分为发音语音学(articulatory phonetics)、声学语音学(acoustic phonetics)、听感语音学(auditory phonetics)。发音语音学又称生理语音学,研究的是发音器官(如唇、齿、舌、声门、声带等)如何彼此协调动作,以发出语音。其主要是利用一些现代医学设备对语言的发音动作和生理机制进行信号分析和建模研究。声学语音学研究的是语音的声学现象,如声波的波长、时长、振幅等,主要采用声学的方法对语音进行声学分析和声学信号的建模。听感语音学研究的是听觉器官如何对语音进行感知和识别,实际上属于心理语音学或认知语音学的狭义范畴,心理语音学采用认知的方法对语音进行分析和合成,通过行为学的感知实验、脑电及磁共振实验,探求大脑对语音的认知规律,所以并不局限于语音的听觉感知。本书正是从现代语音学的研究视角深入分析江淮官话的声调现象,探讨方言语音动态发展中声调类型变化,对方言分区的层次性与科学性提出有力的支撑。

本节主要从传统语言学和现代声学语音学这两个视角对江淮官话声调的研究现状进行回顾。

一、传统语言学视角

早期对江淮官话进行调查和描写的主要是 1936 年赵元任、丁声树、杨时逢、吴宗济等人对湖北方言的全面调查,《湖北方言调查报告》(1948)是这一调查的重要成果。该报告将湖北省方言分为四个区:第一区为西南官话区,第二区为楚语区(对应于现在的江淮官话黄孝片),第三区为赣语区,第四区是介于楚语和湖南方言之间(对应于赣语和西南官话)。对各点的声调进行了调类的描写,第二区楚语区的声调除竹溪、竹山外都有阳去及入声,但除蕲春外,入声都不短促。该调查过程成为方言调查的范本。当然,赵元任在《现代吴语的研究》(1928)中就对江苏吴江的声调进行了调类数目和分化的描写,之后叶祥苓

(1958、1983),张拱贵、刘丹青(1983)也对吴江的声调做了传统的五度制描写。

江苏省内江淮官话的研究成果较为丰富,省内各点所编县志都对该县方言情况进行了详细描写,纂写人员是来自高校或研究机构从事方言研究的专家学者,因此各点的调查结果具有较高的参考性。《江苏省和上海市方言概况》(1960)是基于江苏省和上海市的方言大规模调查的结果,重点描写了语音,还包括字音对照、方言分区等内容。该书将江苏省方言分为四区:第一区宁扬(南京、扬州)方言区,第二区吴方言区,第三区通泰方言区,第四区北方方言区。《江苏省志·方言志》(1998)、《江苏省方言总汇》(1998)中对江淮官话部分也有过详细论述。

很多学者在传统语言学视角下对江淮官话的形成历史和方言的现状进行过深入探讨。鲍明炜的《南京方言历史演变初探》(1986)和《江淮方言的特点》(1993),以及鲁国尧的《泰州方音史与通泰方言史研究》(1988)用文献考证的方法深刻剖析了方言的演变历史。顾黔长期致力于江苏省内方言的研究,主编《江苏省方言志》(1998)、"江苏方言研究丛书"(2015),出版《通泰方言音韵研究》(2001)、《南通地区方言研究》(2002)、《江淮官话与吴语边界的方言地理学研究》(2006)、《泰兴方言研究》(2015)等专著,对江淮官话通泰片进行了深入调查,对江淮官话与吴语边界地带的方言进行了对比分析,划出了方言分区的同言线。苏晓青《东海方言研究》(1997)、《赣榆方言研究》(2011),王洪钟《海门方言研究》(2011),胡士云《涟水方言研究》(2011)和蔡华祥《盐城方言研究》(2011)等,这些作为鲍明炜、顾黔主编的"江苏方言研究丛书"(2015)一部分,单点方言要素描写细致,是江苏方言尤其是江淮官话研究的重要参考。石绍浪《江淮官话入声研究》(2007)一书采用了传统方言学、社会语言学、地理语言学、历史比较语言学相结合的研究方法,通过田野调查,结合前人研究成果,总结了江淮官话入声调和入声字韵母的演变规律。由此可见,语音演变的深入研究需要借助历史学、社会学、人类学的多重角度,对社会生活中实际使用的语言,对不同年龄的语言差异进行考察,方可更好地描写和解释语音的发展变化。

上述研究大体使用传统的口耳听辨方法,以研究地域方言为主,归纳音系,考察语言的历史演变,给后期的方言实验研究奠定了音系学基础。

二、现代声学语音学视角

1. 声学语音学的概念

声学语音学是从音响学角度,利用声学仪器和技术研究分析语音的学科。它与言语声学(speech acoustics)有区别,前者偏于语言学范围,后者偏于物理学范围。人的语音以声波的形式通过空气介质传到对方,因此言语声波的特性分析是现代语音学研究的最重要手段之一。言语声波的研究,早期都由物理学家进行。20世纪初,分析语音只能用一种特制的浪纹计画出波形,用傅里叶分析仪进行测算,得出表示声波特性的频谱和波长。到了20世纪50年代,动态声谱仪及其他声学仪器的广泛应用,使语音学迈进一个新阶段。此后二十多年,声学仪器和技术进一步发展,语音技术在通信、语音合成识别等多个领域广泛应用,促成了声学语音学的形成。中国社会科学院语音研究室团队在汉语语音研究和技术推广方面做出了重要贡献,熊子瑜是最早将语音分析软件Praat引荐到国内的学者之一,其编著的《Praat语音软件使用手册》在学界产生了较大影响,之后开发了汉语方言字音系统实验研究脚本和"九州音集"微信小程序,具有字音录制、标注、声调音高数据分析、曲线图制作等一系列功能。

2. 声调的承载段

实验语音学对声调的探索早在20世纪20年代就已经展开,刘复(1924)首次使用实验仪器浪纹计对汉语多地方言的单字调音高进行了测量与考察,创制了"刘氏声调推断尺",得出了声调是语音频率变化的科学结论,开启了用实验方法研究汉语声调的先河。同年,赵元任也通过实验手段得到了和刘复相类似的结论。王力(1927)、白涤洲(1934)两位学者用同样的方法对博白、关中的声调基频数据进行了测量并绘制了基频曲线图。林茂灿(1965)利用自制的工具音高显示器对普通话声调音高曲线的特性进行探讨,音高显示器相较于浪纹计灵活性有所提高,提出了声调"弯头"和"降尾"的相关论述,即"声调承载段"。石锋(1986)认为声调的调型段不能简单对应于韵母部分,介音不包含声调信息。许毅(1988)认为音高信息并不能简单地切分在声母、韵母或者韵头、韵尾这样比较精确的位置上,而是可能在某一个范围内,并提出"普通话阳平、上声和去声的声调信息在音节中部偏后的位置比较丰富"的结论。林茂灿(1995)对北京话和福州话进行了声调声学研究和感知实验,认为声调信息由音节主要元音及其过渡段携带。石锋、王萍(2006)基于较大规模的实验和统计分析,认为由特征点构成的声调稳态段承载了声调的调位信息,北京话阴平的声调特征段为调头和调尾,阳平为调尾,上声为低折段,去声为调头。可见,声调承载段与调型段不是简单的对应关系。

3. 声调的数据提取

单字调研究中,如何把客观的基频数据转换成五度值,是一个至关重要的问题,学界对此有不同观点。廖荣容(1983)认为音高心理量和基频值之间存在非线性的函数关系,人耳对音高的听感应该和客观基频值的对数比较接近。石锋(1986)选取了声调曲线前、中、后位置三个点的基频值,采用 T 值法进行了归一,之后基于发音人调域高低的极值规整数据,得到五度值表达。朱晓农(2005)指出基频转换五度值有六种方法,分属于线性的和对数的两种不同的计算方法,通过实验将这六种归一化方法逐一对比之后,认为对数 Z-score(LZ)法效果最好。丁琳(2005)从统计学的角度对学界提出的声调归一化方法做了分析和比较,最后得出了与朱晓农相同的结论。刘俐李(2007)分别用 LZ 法、T 值法、Z 五度法对江淮官话 15 个方言点的声调进行了调系规整,比较这三种归一化方法的优劣,最终结果显示 Z 五度法的相同率最低,LZ 法和 T 值法大体一致。总的来说,大家普遍认为对数归一法比线性归一法能更好地得到符合人耳听感实际的声调格局,至于是选择 T 值法还是 LZ 法,并不存在明显差别,归一转换后只是取值范围有差异,五度区间的分布情况是一致的。

4. 声调的理论建树

学界对声调实验研究更多关注的是实验方法的操作和数据的提取,在声调理论上有所建树的学者有石锋、朱晓农、刘俐李等。石锋团队提出了语音格局理论,认为每一种语言的语音都自成系统,语音格局是语言语音系统性的表现(石锋,2008)。语音格局理论中最早出现的子格局是声调格局。该理论认为,声调由一种语言(或方言)中全部单字调构成,单字调的声调格局分析是声调研究的基础形式,是考察各种声调变化的起始点;广义的声调格局还包括声调的动态分析,即两字组及多字组连读的声调表现。石锋提出了 T 值公式,确立了声调格局的早期版本。之后,提出了声调稳态段等概念以及新的 T 值公式并开展声调分布的频带分析,从而推动了声调格局新的发展(张妍、石锋,2016;石锋、王萍,2006;石锋、黄彩玉,2007)。

朱晓农一直致力于演化音法学的理论探究,从音法类型学和演化比较法角度研究声调的演化。演化比较法综合了历史比较法、实验语音学、变异理论、音法类型学的方法。他根据"音节—声调—发声态"模型确定声调表达的四个参数:域度、长度、高度、拱度。所谓调型,就是在这四个参数上的取值,并用线条直观地表达在分域四度制中。指出声调类型学的任务之一就是比较不同调系中声调的四项参数取值,例如,某声调的域度是"常"或"下",还是"上",长度是"长"或"中短"还是"短",高度是用二度"H/L"、三度"H/M/L"还是用四度表达,拱度是降还是平,等等。同时提出了普适调型库,用于声调的描写,19 种常域长调是基本调型,另加域度、长度区别,共 46 种(朱晓农,2011、2012、2014、2015、2018)。

刘俐李在其论著《汉语声调论》(2004)中分析了汉语声调的构成与组合规律,提出了"不等值调素说""声调系统层次说""声调组合调节说"和"声调组合功能说",并把汉语方言的语音连读变调模式归结为五种类型:原生式、互换式、类化式、包络式和协调式。她在《连调中的折度打磨》(2005)中提出"折度打磨"理论,认为连读变调是通过"凹凸拱变直拱"和"化解衔接折度"这两种途径实现的,以北京话单字调和双字调的语音实验论证了"折度打磨"理论是对声调曲拱特征量化研究的简捷易行方法,证实了"折度打磨"说的可行性。

5. 江淮官话的声调研究

我们以"方言声调实验研究"为关键词,时间设定为 2002 年至 2023 年,在知网上检索出了 223 篇硕博士毕业论文和期刊论文。期刊论文中,最早的是吴利君(2002)用"桌上语音实验室"(MiniSpeech Lab)软件分析河北迁西方言的单字调和双字调现象。其中研究江淮官话的硕博士毕业论文有 25 篇,最早的一篇硕士毕业论文是南京师范大学丁琳《姜堰方言声调实验研究》(2005)。从这个检索数据可知,基于实验手段的方言语音研究近二十年发展较快。

刘俐李主持的南京师范大学重点学科建设项目"语言信息处理与分领域语言研究的现代化"子课题"江淮方言声调实验研究"分别对江淮官话洪巢片、通泰片、黄孝片的南京、合肥、芜湖、安庆等方言点的声调进行了系统考察和深入研究。项目成果《江淮方言声调实验研究和折度分析》(2007)是一本关于江淮官话声调实验研究的重要著作,该书对江淮方言内部三个小片进行了调查,对各方言点的声调采用实验的方法进行描写,记录了男女声单字调和双字调的信息,建立了江淮方言有声数据库,并在书中首次引入了"折度分析"的概念,用数字计算声调曲拱及其变化,并解释声调连读变化的一些规则。刘俐李老师的一批研究生也进行了江淮官话单点的声学实验研究,如宋益丹《南京方言声调实验研究》(2006)、侯超《合肥方言高元音实验研究》(2007)、邢五洲《巢湖方言声调实验研究》(2008)、腾菲《苏属江淮官话入声实验研究》(2014)、唐志强《皖属江淮官话入声实验研究》(2014)等。

有些学者用实验语音学的方法对江淮官话的入声也进行了深入考察。伍巍《江淮官话入声发展演变的轨迹》(2006)以翔实的语言材料,运用对比分析的方法对江淮官话的入声调、入声韵尾进行了分析,揭示江淮官话入声发展演变的大致轨迹。吴波《江淮方言的边音韵尾》(2007)指出,中古一些入声韵在江淮方言的桐城话、宝应话中有读边音韵尾的现象,并分析了该现象的分布、源流和演变。

声调的连读变调往往折射出语音、语义和语法的固有特性,因而成为20世纪汉语语音研究的热点之一。赵元任是国内早期注意连读变调的学者,而较早采用声学实验手段研究汉语普通话双字组连读变调的是吴宗济(1979),他实验得出16种普通话二字组的声调可以组合15种变调模式。林茂灿等的《普通话二字词变调的实验研究》(1980)把声调的实验研究从静态的单字调推向动态的变调。廖荣蓉的《苏州话单字调、双字调的实验研究》(1983)首次采用实验语音学的方法考察汉语方言连读变调。20世纪90年代以后,借助于语音分析软件,学界已经很容易在电脑上获得声调的各项声学参数,实验成为方言语音研究不可或缺的手段。以南开大学和天津师范大学为中心,涌现出一批采用声学实验手段研究汉语方言双字调的硕士学位论文。

刘俐李老师的一些研究生也进行了江淮官话双字调的声学分析。丁琳《姜堰方言声调实验研究》(2005)从音高和调长两个角度,将双字调实验调值和传统方言学研究结果进行对比,归纳出姜堰方言双音节的变调规律。侯超(2006)、宋益丹(2006)、邢五洲(2008)对芜湖、南京、巢湖双字调的变调模式进行了描写分析。马秋武的《南京方言两字组连读变调的优选论分析》(2009)在优选论的框架内分析新老派南京方言两字组连读变调,发现调型变调是南京方言两字组连读变调的主轴,而调域变调则是南京方言新老派的差别所在。

江淮官话的声调实验研究成果颇丰,实验研究方法已趋成熟,声学数据分析已模式化,这些都是可喜的成果。但是学界对江淮官话方言点的深入调查还不够细致,尤其是在运用普适调型库的视野下,对特殊发声态的研究缺少系统而全面的考察;较少采用运用社会语言学、演化语言学的理论与方法对声调的演化进行理论性的探讨;当然,我们也需要用声学实验的方法将单字调与双字调相结合,在单字调格局研究的基础上,探求双字连读的变调模式,考察声调的动态变化。

三、 听感语音学视角

1. 听感语音学的概念

听感语音学又称为"感知语音学",主要研究不同语言人群的语音感知和识别,从语音的声学信号中提取语言意义的过程和原理。在自然科学相关领域,听感语音学研究的范围较为广泛,它涉及人耳、神经系统以及大脑对语音的处理和解释。

语音科学(phonetic sciences)包含工程、司法、康复等众多研究领域,其中与语言学交叉的部分,被拉德福(Ladefoged,1996)称作"linguistic phonetics",即"语言学语音学"(朱晓农,2010)。语言学视域下的语音学主要研究语言的生理发音机制、语音的声学传播以及语音的感知。作为语言学语音学的一个分支,听感语音学的发展比起另外两个分支——生理/发音语音学和声学语音学,显得较为薄弱。

人类从一个语音信号中获得并理解信息的过程是复杂的,目前的研究还不能确定这一过程的工作原理。利伯曼(Liberman,1957、1970、1982)是较早对语音感知进行研究的学者,他和同事进行了一系列实验,在前人研究的基础上修正了运动理论(the motor theory of speech perception,又译"肌动理论"),认为语音感知并不是单纯对声音进行感知、感知与产出过程具有内在联系、感知具有言语特异性等。其中部分观点得到了学界的认可,但也有反对者认为该理论对语言感知的机制缺乏更深入的解释,特异性假说存在错误等。利伯曼和同事另一伟大贡献是发现了范畴感知(categorical perception)的存在,将辨认(identifying)实验和区分(discriminating)实验相结合,设定了一系列标准来判断语音感知是否范畴化。这一研究范式获得了诸多学者的关注,被广泛运用到听觉感知实验中。

2. 声调感知研究

针对汉语进行的听觉感知研究中,起步最早且在研究数量和成果都较为突出的是普通话的声调感知,尤其是声调感知的范畴化或连续化。之后听感实验的研究方法被广泛运用在语言学、语言教学、心理语言学、病理语言学等学科领域中。虽然这些研究共享着相似的研究方法,但是不同的研究领域又对应着不同的研究热点,也存在着不同的实验类型。国内与中国语言有关的听感实验研究领域主要是汉语(包括普通话和方言)的语音研究、中国少数民族语言作为第一语言的语音研究和汉语作为第二语言(母语为中国少数民族语言或外语)的语音习得研究三大类,研究内容包括元音、辅音、声调、韵律感知等方面。第一语言和第二语言的语音感知在研究方法和研究内容上大体相同,不同的是第二语言语音感知会受到不同母语的影响。

对汉语进行听觉感知研究始于林茂灿(1965)对普通话阴平感知特征的研究,他认为音高和时长同时对弯头降尾的感知起作用,音高阈值与弯头降尾段时长呈互补关系。林焘、王士元(1984)认为音高在声调的范畴感知中属于重要的声学参数。林茂灿(1988)通过辨认实验的方法发现时长对上声和去声自然度的影响要比对阴平和阳平辨认率的影响大。

研究者根据不同的研究目的,采用了辨认实验、区分实验、双耳分听实验和综合实验等方法。研究对象涉及不同年龄段人群、正常听力人群和听障人群的语音感知(王文清、万勤,2019)。孔江平(1995)是国内最早以汉藏语系声调为样本进行声调合成与感知实验的学者,他第一次把范畴感知实验范式引入中国少数民族语言研究中,并通过辨认实验发现藏语(拉萨话)的四个声调均为范畴感知。古明霄(1995)在藏语(拉萨话)单音节声调研究中设置了音高、音长、塞尾三个对立组,发现音长和音高对立组的结果与孔江平的研究一致,为范畴感知,但塞尾对立组无法确定感知模式,音高和塞尾共同影响着藏语声调的感知。刘文(2020)结合苗瑶语族苗语支的新寨苗语声调感知实验,提出判断某一声调是否为平调,可以让被试将该声调与平调进行感知,若结果为连续感知,则该声调为平调;若结果为范畴感知,则该声调不是平调。

汉语方言中运用听感语音学研究方法对声调进行研究的文章占较大比例。石锋及其团队将语音学与音系学相结合,声学实验的研究方法和语音学与音系学的理论并重,在汉语声调、元音、辅音和语调感知领域取得较多成果,撰写了《语音格局》《语调格局》《听感格局》三部曲,对汉语普通话和方言的听觉感知研究做出了巨大贡献。金健(2008、2010、2011、2015)、王韫佳(2016、2018、2019)等学者近年来也深耕于此,为汉语方言的声调感知研究提供了诸多材料和成果。

3. 江淮官话的声调感知研究

从目前发表的文献来看,专门针对江淮官话方言声调进行感知实验的研究非常少。唐志强(2017)以时长与塞尾为主线,研究了江淮官话三片 11 个方言点入声的调音音质和发声音质,基于入声单双字调系统的声学研究结果,推演出江淮官话入声演变轨迹,进而论证入声时长和韵尾特征,并研究了入声发声类型,然后用感知实验验证相关结论。结果表明,入声在声学、生理、感知三链中,每链都有独立特征,同时各链之间又相互关联。

四、发音语音学视角

1. 发音语音学的概念

发音语音学主要研究言语语音产生方式等,属于生理语音学(physiological phonetics)的下位概念。生理语音学是研究有关语音产生和感知的一门学科,也称言语生理学(speech physiology)。语音生理的研究一直是语音学研究的一个重要方面,包括言语产生、语音病理、嗓音类型和口鼻腔调音的机理、大脑感知和情感分析等方面。语音学科的前沿已从语音产生的声学和生理平面逐渐接近语音产生的生物机制平面。从仪器和设备的角度,语音生理研究可以分为三类。第一类是发音生理成像,包括 X 光成像、螺旋 CT 成像、磁共振成像、声带高速数字成像和超声成像;第二类是发音生理运动捕捉,包括腭位照相、电子腭位采集、电磁舌位采集和红外运动捕捉;第三类是生理信号采集,包括喉头信号采集、呼吸信号采集、肌电和气流气压采集等。在我国,生理语音学研究才刚刚起步,目前主要集中在普通话的生理模型研究方面。利用喉头信号采集提取的参数可以进行许多发声类型的研究。喉头信号采集提取的三个基本参数:基频、开商和速度商,可以很好地描写语言中各种不同的发声类型,利用这三个参数可以画出三维的嗓音声学图、建立声门模型(孔江平,2021)。

2. 发声态的概念与分类

语音的产生由两个部分组成:一部分是发音,也称为"调音";另一部分是发声。简单来说,发声态就是指说话时声门活动的各种状态。这种喉咙内部的状态需要借助仪器才能得到较为清晰的观察结果。

20 世纪 60 年代,学界对发声态进行的系统分类研究始于卡特福德(Catford,1964,1977),从喉门收缩部位和收缩程度整理出了 23 类发声态。拉韦尔(Laver,1980)依据三个肌肉紧张参数描写嗓音类型,区分了六种单一的发声态:常态浊声(modal voice)、假声(falsetto)、耳语声(whisper)、嘎裂声(creak voice)、糙化(harshness)和气化(breathiness)。拉德福和麦迪森(Ladefoged、Maddieson,1996)从语音学角度将发声态视为塞音的区别性特征之一,依据声带是否振动,结合喉门开闭大小,定义了八种发声态:送气声(aspirated)、清(voiceless)、气浊声(breathy voice or murmur)、弛声(slack voice)、常态浊声(modal voice)、僵声(stiff voice)、嘎裂(creaky)和喉闭态(glottal closure)。1983 年,美国语音学家拉德福(Ladefoged)教授受邀来中国,分别在社科院语言所、北京大学、中科院声学所做了六次学术报告,其中很重要的一个方面就是关于发声态类型的介绍,其主要内容被整理成《拉德福给德教授在华学术报告》发表在《国外语言学》1984 年第 1 期上(余士英,1984)。此后,石锋(1988)和吴宗济、林茂灿(1989)都介绍了 Ladefoged 的发声态四分法:清音、正常嗓音、气嗓音和紧喉嗓音。

利用实验语音学的方法对发声态的类型和特征进行归纳和分析是构建系统化发声态理论的开端。孔江平(2001)根据民族语和汉语方言的研究成果,将发声态分为七种:正常嗓音、紧喉嗓音、挤喉嗓音、气嗓音、气泡音、假声和吸气音,并采集声门阻抗信号(EGG 信号),对其中五种进行了细致讨论,他指出不同嗓音发声类型能够作为汉语声调的另一种超音段特征,称为嗓音发声类型的"音节性"。朱晓农(2009、2018)综合声门的开闭度和紧张度将发声态分为常态发声(常态嗓音的听感)和特殊发声(特殊嗓音的听感)。常态发声指振声和喉开态,发声时声带处于中性状态或放松打开状态,嗓音清冽。特殊或非常态发声包括嘎裂声、假声、喉闭态、气声,发声时声带(某一部分)特别紧张或松弛。朱晓农认为,发声态绝不是单个音段的附加特征,而是在音节层面上具有非线性、跨音段的属性,在语言中应当音法化、概念化、范畴化和形式化。他的研究成果主要突出了发声态的语言学意义,即提出了"音法发声态"的概念(朱晓农,2018),从音法发声态的角度构建了六类十四种发声态分类系统,即假声、张声、常声Ⅰ、常声Ⅱ、气声和僵声,用以描写已知语言的发声区别。

3. 汉语发声态的研究

发声态是声调的重要属性,发声态的提出使得汉语方言声调研究更加深入和全面。在语言学领域,发声研究关注的是自然语言中具有区别意义功能的声门发声类型。孔江平《论语言发声》(2001)一书是我国第一部讨论嗓音发声类型和机制的专著,书中详细地介绍了发声类型的基础知识和研究方法,系统描述了发声声学和发声生理学,运用先进的科技手段重点探讨了哈尼语、苗语、彝语等少数民族语言和汉语普通话声调的不同发声特性,较为全面地展现了与发声类型有关的研究成果。

嗓音的发声类型可以从听感、声学表现(语谱图)以及其他生理物理手段,如采集声门阻抗信号(EGG)、喉头肌电信号(EMG)、高速摄影和高速数字成像信号等加以判别。利用 EGG 收集嗓音信号,并以此开展对语音的深入探讨,在语言学领域是一个全新的研究角度。为了降低发声态研究的门槛,方便研究者提取相关发声态声学特征,美国加州大学洛杉矶分校(UCLA)语言学系和电子工程学系合作开发了一款简单易用的软件 VoiceSauce。这是一个基于 Matlab 的声学分析软件,不但可以完成很多声学参数的测量,还可以分析 EGG 文件,并把结果直接输出到 EMU 语音数据库,同时能够自动完成批量参数提取。这对于想要进行发声态声学分析但没有编程基础的学者来说,无疑是个非常方便适用的工具。该软件可以一次性测量 15 种声学参数:① 基频(F0);② 共振峰(Formant);③ H1、H2、H4;④ A1、A2、A3;⑤ 2K;⑥ 5K;⑦ H1*-H2*,H2*-H4*;⑧ H1*-A1*,H1*-A2*,H1*-A3*;⑨ H4*-2K*;⑩ 2K*-5K*;⑪ Energy;⑫ CPP;⑬ Harmonic to Noise Ratios-HNR;⑭ Subharmonic to Harmonic Ratios (SHR);⑮ epoch,excitation strength(epoch,SoE)。这些声学参数大多可用于考察发声态,也可以用于声调、元音共振峰、噪音成分的分析研究(凌锋等,2019)。

近几年来,基于 EGG 信号对汉语发声态进行研究的文章逐渐增多,具体包括对辅音发声态、元音发声态、声调发声态、韵律发声态等的研究。宋益丹(2009)以阻塞音为研究对象,选取了绍兴、温州、仙居三个方言点,利用电子声门仪采集的 EGG 信号提取 VOT、基频、开商等参数,分析探究了吴语的塞音、塞擦音、浊内爆音的性质。沈向荣(2010)通过分析频谱特性得到了不同喉塞音的判断依据:带喉塞音的音节在全部或部分时段上表现为闭相大于开相,开闭比小于1,喉塞段的开闭比值会下降,三种不同喉塞音在不同音段位置上的表现有差异。

孙倩倩(2012)、邵丹丹(2012)、任洁(2012)对南昌、太原、温州等九个方言点声调的发声类型进行了探讨,综合比对了各个调类的基频、开商、开闭比等参数,并主要依据开商值对发声类型进行定位,构建了属于各自方言的一个发声类型判断标准。三篇论文来自同一个课题,采用了同样的研究方法和研究模式,既互为一体又相互独立,是学界较早基于 EGG 信号对汉语方言声调发声类型进行系统研究的文章。李焕哲(2016)依据开商、速度商、基频三个嗓音参数,对粤语的单音节及双音节嗓音情况进行了深入描写,展现了粤语声调的嗓音特征。曹阳(2018)基于 EGG 信号对岳阳方言声调进行了探索,通过统计方法发现不同塞音发声态的差异,揭示了塞音的发声特征。

4. 江淮官话发声态的研究

学界较少利用 EGG 信号对江淮官话声调的发声态进行研究,仅有的研究主要集中于入声的发声态。滕菲(2014)从基频与时长两个方面探究了扬州、盐城、南京等地方言点入声单字调和双字调的差异,并通过采集 EGG 信号考察其入声的发声类型;唐志强(2014)从音高、时长、发声类型等角度对安徽省内三个江淮官话方言点的入声特征进行了探讨。尽管 EGG 采集嗓音信号时的难度因人而异,存在女性比男性难采集、身材较胖的人比瘦的人难采集等情况,但通过 EGG 获得的声带振动信息具有可信度,江淮官话中虽具有嘎裂声、假声、喉闭态等多种发声类型,但目前学界鲜有采用 EGG 信号对江淮官话的假声、张声、清声、浊声、僵声和弛声等发声类型进行研究。

综上研究成果,我们发现在江苏方言研究中声调研究贯穿始终,研究成果可以分为两大类:一是传统的听辨记录型研究。方言研究者用口说耳辨的方法记录调值,所得研究成果颇丰。二是声学语音学研究。语言学界从上世纪 80 年代初开始关注汉语方言声调的实验研究,考察了若干方言点的单字调格局和连读变调模式。实验已成为江苏省方言语音研究不可或缺的手段。当然,无论是调查保存式的研究,还是表层声学特征的描述,对江苏方言的描写都有巨大的贡献。可见,江苏省方言的单点研究成果非常丰富,大多集中在声学语音学层面,所以仍然存在大量研究的空间,主要体现为如下几点。

(1)一般仅考察单字调或双字调,没有进一步放在连续语句中考察。

(2)局限于表层声学特征的分析,缺乏完全定量的声学计算模型。

(3)从生理语音学层面对音高以外特征的考察还不够充分,如发声态。

(4)声调感知特性的研究较少,缺乏对生成、声学、感知之间关系的深入探讨。

(5)缺乏将定量的语音学分析与定性的音系学描写有机结合起来进行研究的方法。

(6)缺乏系统性和对比性的研究,对通泰片和洪巢片的异同,通泰片与吴语间的联系,方言片交界地带的声调需深入分析。

(7)缺乏从演化语言学视角分析江淮官话不同小片的演化路径及中原官

话与洪巢片融合的过程。

基于以上江苏方言声调的研究现状,本研究将声调的生成、声学、感知等特性结合起来进行综合考察,以期更全面地把握江苏境内江淮官话声调的本质,为方言的分区提供语言学的参考。

第三节　研究的理论基础

本研究的理论基础主要依据朱晓农(2018)提出的语言语音学的分类以及对声调类型学的论述。

一、语言语音学

语言语音学是语音科学中的一个分科,是语言学和语音学的交叉学科。广义的语言语音学包括六个分支:发音语音学、声学语音学、听感语音学、音系学、音法类型学、演化音法学。狭义的语言语音学只包括前三个分支:发音语音学、声学语音学、听感语音学。语言语音学不仅要研究生理学问题、声学问题,还要找出一组生理、声学参数,用来对音系格局、音节结构、自然类形成、音法派生过程、跨音系分布、共时变异和历时演化等做出充分的描写和解释。语言学和语音学交叉的领域在语音科学中叫语言语音学,在语言学中称为音法学。狭义的音法学包括音系学、音法类型学、演化音法学,详见表0-2。

表0-2　音法学分支(朱晓农,2018)

广义音法学/语言语音学	基础音法学	1. 发音语音学	研究语音的生理属性	狭义语言语音学
		2. 声学语音学	研究语音的声学属性	
		3. 听感语音学	研究语音的听感	
	共时音法学	4. 音系学	研究音系内部构造	狭义音法学
		5. 音法类型学	研究世界语音的分布共性和变异	
	演化音法学	6. 演化音法学	研究语音的自然演化	

本研究主要从发音语音学、声学语音学、听感语音学三个视角考察江淮官话声调的生理属性、声学属性和听感上的调类范畴归属。其中对声调格局的描写涉及音系的内部结构,发音人的代际差异对语言的自然演化也会有所反映。通过这些研究,我们希望对江苏省江淮官话的声调有系统而深入的认识。

二、声调类型学

声调是音高在语言中系统地用以区别词汇意义、具有音位意义、落实在音节上并多于两个的类别。在声调语言中,声合只有一个直接成分——声调。从图0-1中我们可以看到声调的组合因素。

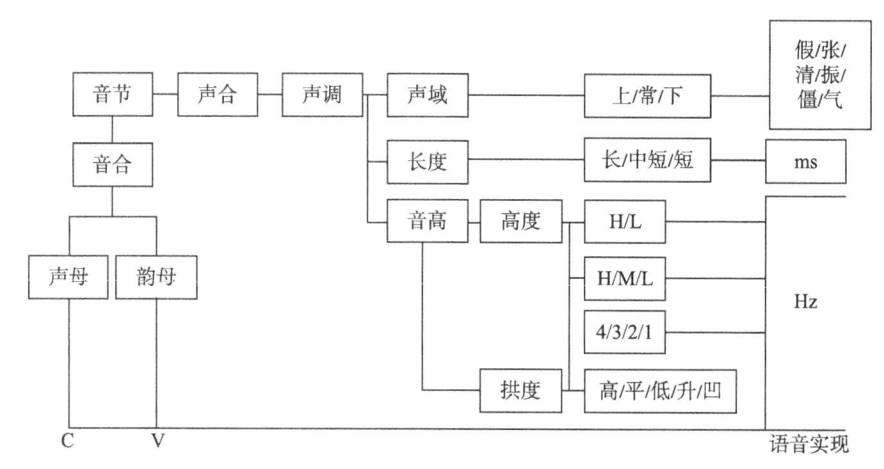

图0-1 声调在音节中的地位及其结构(朱晓农,2018)

声调通常运用四个参数来描写:声域、长度、高度、拱度。

声域是发声态的维度,分上域、中域(常域)、下域三个域。上域由假声或张声定义,常域由清(冽)声/振声定义,下域由气声/僵声定义。如果语言中没有发声态的区别,则单为常域。每个域音高分四度,相邻两个域音高差一度,加起来一共六度。图0-2是分域四度制的完整形式:三域六度。通常北方官话都是单声域,吴语、湘语、赣语等有两到三个声域。但在我们的调查中,江淮官话有单域、双域、三域的不同类型,涉及多种发声态,小片之间差异较大,通泰片更偏向于吴语。

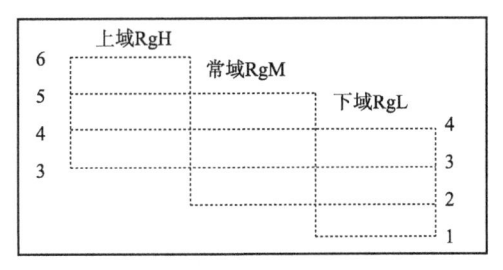

```
         上域RgH
  6 ┌┄┄┄┄┄┄┄┄┐
         常域RgM
  5 │        ┌┄┄┄┄┄┄┄┄┐
                  下域RgL
  4 │        │        ┌┄┄┄┄┄┄┄┄┐ 4
  3 └┄┄┄┄┄┄┄┄┤        │        │ 3
              └┄┄┄┄┄┄┄┄┤        │ 2
                        └┄┄┄┄┄┄┄┄┘ 1
```

图 0-2　分域四度制的声调模型(朱晓农，2018)

发声态是音节的属性，是声调的组成要素。从"音法发声态"(朱晓农，2018)角度划分的六种发声态(假声、张声、常声Ⅰ清声、常声Ⅱ振声、气声、僵声)中，常域的常规发声态清声和振声的区别为：振声阻音是声带常态振动，清声阻音是声带在常态下打开不振动，两者的韵母在音高、音强、时长上亦有不同。上域和下域中的非常规发声态假声、张声、气声和僵声的语音特征主要体现在韵母上。上域的假声的发音特点是声带抻得长而宽，内沿拉得极薄，声带绝大部分不振动，只有沿着内缘一带振动，假声显著的声学特征是超高频率，一般而言一个声调系统中高降调起点是发音人声域的高限所在，如果急升调的起点和高降调的起点差不多，而终点大大超过高降调的起点，那就可能有假声在起作用。上域的张声下属三个小类：前张(前喉塞/内爆音)、后张(喉塞尾/喷音)、张裂声(断裂张声)，其中喉塞的生理发声是喉闭态，张裂声对应于生理发声态中的嘎裂假声。而内爆音和喷音在国际音标(IPA)中虽归为辅音次表(非肺部气流音表)，但实为喉头发音状态的区别，属于发声态。下域的气声对应于生理发声态的"浊送气"和"浊耳声"，下辖浊气态、弛声、弱弛态三小类。下域的僵声对应于生理发声态的嘎裂声。发嘎裂声时，声带挤缩得又短又厚，强烈往中心收缩，声带从后部到中前大部分不振动，只有前部小段漏气，气流小。带嘎裂声的音频率极低，往往测不到基频，曲线上多表现为中间折断，也有前后测不到的现象。

长度即时长，从调头到调尾的时间长度，可分为长调、央调和短调。高度是声音的高低，在声学上直接对应的是基频。通常上域到下域的音高也逐渐降低，因为六种发声态与声带的纵向紧张度有关。例如，假声和张声声带纵向拉得最紧,基频也最高。僵声的纵向紧张是收缩的,加上其他喉部紧张也是收缩的,遏制了声带振动,所以基频处于频域的最低端。

拱度可以分为"降、平、低、升、凹"五种。"低"指纯低调,定义为一种不以拱度[-Cnt]作为区别特征的低调,涵盖最低降、最低平、低凹、最低升、嘎裂低凹、弛声低凹等各种拱形的低调,带或不带特殊的发声态。其余四种都以拱度为区别特征[＋Cnt],包括:降类、平类、升类、凹类。纯低调这个概念的确立是建立声调类型学的首要基本条件。描写一个调型需四个参数,如中升型/24/取值是:声域为常域,长度为长,高度为中,拱度为升。就拱度看属于升类,"调型模式"严格地说是"拱度模式",指一个调系中的声调由哪几种拱形组合的。

朱晓农(2014)根据大规模田野调查得到的语音数据以及分域四度制,构建了声调分类系统,即普适调型库。之后随着材料的丰富,又发现了一些新的调型。《语音答问》(2018)中记载了 50 种调型,其中 18 种为基本调型,即常域长调(常态发声的舒声调)。普适调型库见表 0-3。表中最左列是 5 种基本拱度,第二列是音高特征,体现为具体调型,中间几列根据时长和声域划分,最右列是最为常见的中域长调的各种变体,因为基频分布是连续的,所以无法穷尽所有变体。有了这个普适调型库就可以调查记录,考察调型在区域内和跨区域的分布情况。

表 0-3 普适调型库(下加实线表示短,点表示中短)(朱晓农,2014、2018)

拱类	调型	长			(中)短			变体
		上域	中(常)域	下域	上域	中(常)域	下域	中(常)域长调
降	高降	/63/	/52/	/40/	/64/	/53/		{53}
	中降		/42/	/31/		/42/		{43}
	高微降		/54/					{43}
	中微降		/43/					
	高弯降		/552/	/341/				{553,452}
	中弯降		/342/	/231/				{442,332}

续 表

拱类	调型	长 上域	长 中(常)域	长 下域	(中)短 上域	(中)短 中(常)域	(中)短 下域	变体 中(常)域长调
平	高平	/66/	/55/		/66/	/55/	44'	{45,55⁴,54}
平	中平		/44/	/33/		/44/		{44³,43}
平	低平		/33/	/33/		/33, 33/		{33²,32}
非拱	纯低		/22/	/11'/			11	{32,323,23}
升	高升	/46/	/35/	/24/	/46/			{25}
升	中升	/35/	/24/	/13/			/13/	{243}
升	微升		/34/	/23/				{45}
升	后凸升		/354/					{353,243}
凹	前凹		/324/	/213/				{325}
凹	央凹	/404/	/323/	/202/				{303,223,324}
凹	后凹		/523/					{423}
凹	两折		/4242/					{5232,3242}

描写声调时需要涉及发声、音高、时长的参数，如果遇到方言点有发声态的区别，例如，连云港上域中的假声，下域中的嘎裂声，则需要先分两个或三个域。如果方言点没有发声态的区别，即为单域描写，每个域中各分四度来描写音高，下域的数值是{1}—{4}，中域的数值是{2}—{5}，上域的数值是{3}—{6}，这样避免了传统的五度值无法体现声调发声态的制约作用，例如，传统的五度值对于北京话的阳平记为{35}，对温州话的阴上也记为{35}，两者不能从调值上进行比较，因为温州话的阴上是一个假声，实际上的基频值远远高于北京话的阳平。所以如果用三域六度对方言的声调进行调值描写，可以更好地进行不同方言点之间的声调对比，在一个整体框架中描写不同方言点的声调格局。

我们基于朱晓农的声调类型学的理论，对江苏省江淮官话声调进行声学和听感上的描写，并对各方言点的特殊发声态进行研究，根据描写结果在普适调型库中对每一个点的声调系统进行定位。

第四节 研究内容与方法

一、研究内容

江苏省内江淮官话因其特殊的地理位置和历史音变现象,很多学者从共时和历时两个层面对其进行了实验研究。本书的主要研究内容是从声学语音学、发音语音学、听感语音学三个视角,选取江淮官话内部代表点,以及江淮官话与中原官话、吴语交界地带的方言点,共23个市、县、区、镇,进行单字调和双字调的实验研究。基于"声域、长度、高度和拱度"的四维声学参数描写,分析各方言点的声调格局。利用EGG生理信号考察某些方言点具有的特殊发声类型,利用声学合成刺激音对同一拱度具有对立特征的调类,进行感知实验,从而更加深入而全面地描写江苏省内江淮官话的声调特质,并提出了区分方言层次的边缘吴语、边缘江淮官话的概念,揭示了现存方言区的核心方言与边界方言语言特点渐变的事实,展现了江苏省内江淮官话共时层面的全貌,为进一步研究方言接触与演化以及方言分区提供了理论和材料支撑,对方言的保护和地域文化的传承起到促进作用。

二、研究方法

(一)声学实验

对江淮官话声调的声学研究方法主要涉及声调承载段的确定问题以及具体的声学统计分析。

(1)声调承载段的确定。关于声调承载段的确定,学界有音节说、带音说、韵母说等。石锋(1987)提出声调的表现主要在韵母;林焘(1992)提出声调主要由音节中浊音部分的基频和音长决定。我们对声调承载段的确定依据朱晓农(2010)的相关论述:辨认声调重要的韵母段部分为"声调目标",把声调起点定在F2的第一个声门直条清晰可见处。声调终点看宽带图中F2是否还清晰,模糊的地方可认为是终点,具体分两种情况:一种是把降调终点定在宽带图上的基频直条有规律成比例的间隔结束处；另一种是把升调和平调终点定在窄带图的基频峰点处，基频数据归一化时去掉弯头和降尾。

（2）数据提取。基频和时长的提取使用 Praat 软件和脚本操作。标注结束后，生成新的 pitch 文件修改基频点，保证提取的基频值是标注文本的声调承载段部分。

（3）数据归一。对录音数据进行处理后，用归一化方法得出各点声调格局，归一化的目的是滤掉个人的特性，消减录音时的发音风格差异，从而可以获得语言学上的研究意义。具体步骤如下：求基频均值、化为对数、求对数值的均值和标准值、进行 Z-score 的归一化，最后把各个发音人的归一化结果加以平均求其标准差。

（4）统计分析。利用统计学手段如 SPSS 和 Excel 等软件对实验数据进行整理、分析和检验，使得实验数据更为科学。

（5）数据呈现。用图表形式显示基频值、音高曲线、时长值等数据，实验结果更加直观明了。

（二）感知实验

听感语音学主要研究听觉在语音上的感知和识别中所起的作用。语言学层面的听感研究离不开实验，辨认实验和区分实验通常被认为是语音范畴化感知研究的经典实验范式，并作为判断某个语音要素是否存在范畴化感知的重要参考。也有学者采用与心理学相关的双耳分听（dichotic listening）实验。

1. 辨认实验

辨认实验的任务是对所听到的内容做出具体的判断，主流的辨认实验设计有"是—否"（Yes-No）判断、"标记"（labeling）判断和"奇异值"（oddity）判断。"是—否"判断类实验一般是强迫性实验，即被试必须做出"是"或"否"的判断，不能选择无法判断或放弃判断。"标记"判断也是强迫性实验设计，如给被试呈现一个元音，被试要对它进行标记，即判断它是 A 元音还是 B 元音。此类实验需向被试解释基本概念，还要对被试的标记和操作进行训练。被试标记完成后，实验者把标记转化为评分。"奇异值"判断需要被试在三至四个选项中选出与其他选项不一样的语音刺激，该实验方法对被试的语音理论基础要求不高，但对处理数据尤其是反应时数据要求较高。

2. 区分实验

区分实验需要被试对一组声音进行区分,判断它们是否存在差异。常见的区分实验设计有"相同—不同"(same-different)判断、"ABX实验"、"两项顺序选择"(two alternative forced choice)、"四项顺序选择"(four interval forced choice)和"范畴改变差异测试"(category change)等。"相同—不同"判断也称为"AX实验",被试需要听到两个刺激材料,并判断是否相同。"ABX实验"要求被试判断X刺激是否与A刺激或者B刺激相同。研究者通过改变A、B、X的呈现顺序,对A、B刺激进行平衡,将需要判断的具体内容融合在选项中,要求被试对听到的句子或结构进行单选或多选判断。"两项顺序选择"和"四项顺序选择"相似,前者要求被试判断A和B两个刺激哪个先呈现;后者在前者的基础上,把实验设计复杂化,被试会听到四个语音刺激,但只有A和B两种类型。"范畴改变差异测试"与脑电实验联系紧密,被试需要听一连串的刺激,当与其他刺激不同的语音出现时,立即进行反馈。这个实验设计对被试的要求较低,儿童也可参与实验。

3. 辨认和区分的综合实验

作为范畴感知研究的经典实验范式,辨认实验和区分实验被广泛运用在汉语普通话感知研究中。部分学者会根据具体的实验目的,选择辨认实验或区分实验中的一种;也有学者会将二者结合,先进行区分实验,后进行辨认实验。分析数据时要将辨认实验中得到的辨认率和区分实验中对应的正确率相结合,绘制图表,确定具体的感知边界,划分语音范畴。我们对兴化方言声调范畴感知实验采用的是辨认和区分的综合实验,详见第三章。

(三) 生理实验

电子声门仪(Electroglottograph,EGG)也叫喉头仪,利用电子声门仪获取声门阻抗信号,可以有效地展现发声时声带的开合状态,准确观察到不同嗓音类型的生理特征。因其具有非侵入性,操作简单、佩戴安全、对人体无害,广泛应用于医学及语言学研究等领域。在语言学研究中,常用的EGG信号参数包括基频(F0)、基频抖动(Jitter)、开商(Open Quotient,OQ)、速度商(Speed

Quotient,SQ)、开闭比(Open Closed,OC)等。通过分析这些参数变量,可以探究不同声调声带振动方式的变化,发现嗓音的特殊状态,从而区别不同的嗓音发声类型。EGG 信号中生理参数提取的计算方式为:① 基频值是用 1 除以周期所得,也就是周期的倒数;② 开商是用开相除以整个周期的值得到的百分比;③ 速度商是用开启相和关闭相相除得到的比值。

  计算各类参数最为关键的一步是检测声门开启点。目前对 EGG 信号的声门关闭点和开启点的定义存在三种计算参数的方法:微分法、参考水平线法及混合算法。这三种方法各有优缺点,以往的研究文章多采用参考水平线法,因为它计算简便,抗噪性也比较强且多数研究结果显示 25% 是最合适的一个值,所以我们对金沙方言声调的发声态研究设置 25% 的数值,采用参考水平线法对数据进行采集分析,详见第四章。

第一章　声学语音学视角下的单字调研究

声学语音学主要是利用声学仪器和技术,通过对语音信号进行录制和分析,深入研究语音的声学属性。采用声学语音学的方法对声调的研究相较于发音语音学、听感语音学,起步最早、成果丰硕。本章对江苏省江淮官话洪巢片的扬淮小片5个方言点(扬州、淮安、连云港、盐城、兴化沙沟)、南京小片2个方言点(南京、溧水)、通泰片10个方言点(泰州、南通、金沙、泰兴、兴化市区、兴化安丰、兴化戴南、大丰、如东河口、如东掘港)以及1个吴方言点(如东大豫)进行了单字调的声学研究。选点的依据要体现方言片区的典型性和交界地带的边缘性。洪巢片的代表点为南京小片的南京,扬淮小片的扬州、淮安,与吴语接壤的溧水,与中原官话接壤的连云港,与通泰片接壤的盐城和兴化沙沟。通泰片的代表点为泰州和南通,金沙与如东河口、如东掘港是通泰片与吴方言的过渡片,泰兴、兴化市区、兴化安丰、兴化戴南和大丰为通泰片与洪巢片的交界点,如东大豫是吴方言区。这18个点能够较为全面地反映江淮官话核心区域和边缘区域方言的声调情况。本章对每个点的声调系统进行代际差异的描写,讨论了与声调4个参数(声域、长度、高度、拱度)相关的几个问题:入声的发声态、时长与音高、入声的演化路径、声调的发声态与声域、声调系统内的拱度对立、声调数目的连续统等,以期反映江淮官话的声调面貌。

第一节　方言田野调查概况

一、方言点选取

《江苏省和上海市方言概况》(1960)是新中国成立后的第一部关于江苏省

方言概况的专著,书中将该省方言划分为宁扬方言区、吴方言区、泰如方言区、北方方言这四区。《中国语言地图集》(1987)把泰如方言区并入宁扬区,称为江淮官话区,内分洪巢片和泰如片。《江苏省志·方言志》(1998)将江苏省方言分为"三区七片",即江淮方言区,内分扬淮片、南京片、通泰片;吴方言区,内分苏州片和常州片;北方方言区,内分徐州片和赣榆片。泰如方言区并入江淮方言区,称为"通泰小片",一方面反映了通泰方言在语音上与吴方言和宁扬方言有别,具有独特性;另一方面因为时间的发展、人口的流动,通泰方言也在逐渐与江淮官话趋同。

《中国语言地图集》对洪巢片方言不再分小片,在江苏省境内主要分布在扬州、泰州、南通、淮安、盐城、南京、镇江、连云港等市。洪巢片方言平分阴阳,全浊上归去声,古清去与浊去今合并为一个调类,保留一个入声,不分阴阳,高而短,有喉塞尾,古仄声全浊声母字今读塞音、塞擦音时不送气。绝大多数方言点[n]和[l]不分,古泥来母字今读[n]或[l]。《江苏省志·方言志》将洪巢片又分为扬淮片和南京片。扬淮片的中心区域是扬州、淮阴一带,这一片方言与南京片都有五个声调,有一个入声,主要区别是古咸山两摄舒声字,前者分三个韵类,后者分两个韵类。扬淮片的镇江、仪征等地作为两片的过渡地带,带有南京片方言的特点。连云港、泗洪等地与北方官话地区接壤,受其影响较大,入声喉塞尾脱落情况严重,且泗洪方言有很大部分入声字并入阴平,向北方官话进一步靠拢。而扬州、淮阴、盐城、镇江等地方言入声仍然是短调,喉塞保存较为完好。南京片方言主要是指南京及周边地区使用的方言,这一片方言以南京口音为准,既保留了江淮官话洪巢片的语音特点,又与典型的洪巢片方言有所区别,例如,南京话的入声喉塞尾基本消失,而扬州、淮阴等地的喉塞尾保存较为完好。

通泰片行政上分属南通、泰州、盐城三个地区,位于江淮官话的东端,与吴语太湖片紧密相连。这一方言区内部有高度统一性,除了最南边的南通之外,互相之间可以无障碍通话,和外部基本不能通话。其既拥有官话的性质又保留了吴语的一些特点。通泰方言区入声、去声字今读分阴阳,部分点浊去声字归入阴平。古仄声全浊声母字今读塞音、塞擦音时多数字送气。"书""虚""篆""倦"两对字不同音。

鲁国尧(1988)认为通泰方言和赣方言、客家方言共同源于南北朝后期以建康话为标准的南朝通语。在古代,江淮之间本来使用的是吴语,永嘉之乱后,北方汉族人民大批向南迁居,江淮之间以及今南京、镇江一带为北方话所占领,而通泰地区地处东南边缘,战争、移民相对较少,保存了较多古代方言的特点。顾黔(1993)发现通泰方言声母系统与北方方言相近但不相同,韵母系统与南方方言很接近,特别是北部吴语。她认为通泰方言与客、赣、晋西南方言同源而具有吴语色彩,通泰方言与吴方言的诸多相同不是由于语言接触,而是原来相同或相近的方言音素在异地的共同保留。

我们依据《江苏省志·方言志》和《中国语言地图集》的划区方法,在进行田野调查时,根据方言片区的典型性和交界地带的边缘性特点,挑选各片的代表点,选取与别的方言片区接壤的方言点,探究处于边缘地带的方言最新演变情况,讨论它们的归属问题。共选取了18个方言点进行研究,见图1-1。

图1-1 江苏省江淮官话单字调研究的方言点

洪巢片扬淮小片五个方言点：扬州、淮安、连云港、盐城、兴化沙沟；南京小片两个方言点：南京、溧水。通泰片10个方言点：泰州、南通市区、南通金沙（增加）泰兴、兴化市区、兴化安丰、兴化戴南、大丰、如东河口、如东掘港，还有一个吴方言的如东大豫。具体取点情况见表1-1，后面为了对比声调演化路径，将兴化沙沟置于兴化市辖区方言点一起讨论。

表1-1 本研究调查方言点汇总

方言分区	方言小片		代表点	边缘点
江淮官话	洪巢片	扬淮小片	扬州、淮安	连云港（与中原官话接壤）
				盐城（与通泰片接壤）
				兴化沙沟（与通泰片接壤）
		南京小片	南京	溧水（与吴语接壤）
	通泰片		南通、泰州	泰兴、兴化（市区、安丰、戴南）、大丰（与洪巢片接壤）
				南通金沙、如东河口、如东掘港（与吴语接壤）
吴语	太湖片			如东大豫（与通泰片接壤）

二、发音人情况

对于方言中的特殊现象，我们难以判定是发音差异还是规律如此，因此发音人的语言背景以及数量的确定十分重要，根据实际调查情况，会增补一定的发音人。我们在每个方言点选取了6—18位典型发音人，方言口音准确，接受度高，发音清楚，老、中、青三代，男、女性别各半，教育背景及工作也各不相同。沈同（2007）认为年龄并不是划分新派、老派的唯一标准，还跟个人的生活环境、文化水平、职业、经历有关系。受教育程度较高的职业更多地接受新派方言。王洪君（2009）指出，新派方言受时代和共同语的影响比老派方言更大，正在逐渐向共同语靠拢。游汝杰在《汉语方言学教程》（2016）中提到，新派和老派方言发音人之间没有绝对的年龄界限，一般来说老派的年龄至少应在60岁以上，新派大约是30岁以下的居民。本研究在论述新派和老派方言的界限时主要依据年龄，职业是辅助参考。

三、录音材料

录音材料是以发音人读字表方式获得。字表根据古四声八调分类,每类有15—19个例字,共137个例字。每个单字尽量选取常用字,在当地方言中可以单念,让发音人能迅速熟悉并准确读出。方言例字具体如下。

阴平:阴 东 灯 飞 刀 乡 刚 边 丁 超 粗 天 偏 开 低 疤 爸
阳平:阳 同 麻 婆 穷 陈 球 床 才 唐 平 寒 扶 爬 图 题 田
阴上:好 水 酒 粉 岛 响 古 纸 走 短 比 口 楚 草 普 假 补 底 打
阳上:上 动 马 痒 五 女 舅 老 有 近 士 坐 断 买 杜 弟 罢
阴去:去 冻 凳 粪 到 向 盖 汉 正 醉 变 爱 店 菜 霸 帝 怕 妒
阳去:渡 骂 会 共 阵 旧 大 害 树 饭 漏 帽 用 败 度 第 卖
阴入:黑 急 竹 得 笔 一 脚 福 尺 发 压 拍 脱 八 滴 级 鸭
阳入:入 六 局 食 杂 读 白 合 药 毒 俗 木 肉 拔 别

我们将这些例字做成 137 张幻灯片,调查时放 1 张幻灯片发音人念 1 个单字,每个单字念 2 遍,播放 2 个例字之间停顿 2 秒,每个发音人所有调类录音 2 次,以便寻求最好的录音效果。

四、实验过程

1. 录音数据采集

调查录音时会选取封闭安静的室内空间,录音使用笔记本电脑上的 Praat 软件,连接外置声卡和麦克风。录音的采样率为 44 100 Hz,录音的通道为立体声,分辨率为 32 位,文件存储格式是 Windows PCM(*.wav)格式。录音前,发音人预先熟悉字的发音。录音时,注意发音人的速度和音量,如果音量过大或过小,则通过调节电脑的音量和话筒的远近来取得最佳的录音效果。

2. 数据处理

录制完成后,对声调资料进行声学分析。先在 Praat 软件上对声调进行标注,通过程序测量每个标注段上的 11 个点的基频值,通过事先撰写好的脚本提取例字的基频与时长。将基频与时长导入 Excel 表进行统计分析。先按类将声调进行合并,再进行 LZ 的归一化处理,最后绘出每个调查点的声调格局图。

3. 类型学定位

根据每个调查点的归一图结果以及语谱图上的具体表现,对声调的四个要素:声域、长度、高度、拱度进行描写,然后结合听感在普适调型库中进行声调的类型学定位。

第二节 洪巢片扬淮小片的声调

一、扬州方言声调

（一）方言概况

扬州市位于江苏省中部,地处江淮平原南端,长江北岸。扬州现辖1县(宝应)、2市(高邮、仪征)、3区(江都、邗江、广陵)和3个功能区(经济技术开发区、生态科技新城、蜀冈—瘦西湖风景名胜区)。辖区土地面积约6 591平方千米,户籍人口约448.46万人。[1]

扬州方言是江淮官话洪巢片的代表方言之一。一般意义上的扬州话指扬州城区(主要以老城区为主)方言,而广义上的扬州话还包括邗江全境20多个乡镇、江都大部分地区以及高邮西南、仪征后山区、安徽天长、金湖等地区的方言。扬州市所辖县(市)高邮、仪征南部及西部、宝应等部分乡镇方言语音系统与扬州城区话存在一定差异。

扬州方言的语音研究历史悠久,王世华《扬州话音系》描写了方言的音系特征。《江苏省和上海市方言概况》将扬州话的音系描写为:声母17个,韵母46个,调类5个。刘俐李的团队采用实验语音学的方法对江淮官话的单字调、双字调做了调查,其中包括扬州方言。于华《扬州方言声调分析》调查了扬州方言的声韵调系统。现将各家的声调记音情况汇总如下,见表1-2。

---

[1] 本书中的方言地区面积和人口情况数据、行政区划均来源于市人民政府网。此处有关扬州市的地理人口等资料信息,来源于扬州市人民政府网:http://www.yangzhou.gov.cn/yangzhou/mlyz/mlyz.shtml,网页查询时间2023年10月。

表1-2 扬州方言声调的记音情况

出处	调类				
	阴平	阳平	上声	去声	入声
王世华(1959)	21	34	42	55	4
《扬州方言词典》(1996)	11	35	42	55	4
《江苏省志·方言志》(1998)	21	34	42	55	4
于华(2001)	31	35	42	55	5
刘俐李(2007)	41	24	32	55	5

无论是采用传统的听辨方法还是实验的方法，各家对扬州方言声调的调型记录出入不大，调值记录略有差异。

（二）声调系统

我们在扬州市老城区（广陵区）选取六位发音人进行了录音数据采集工作，发音人分为老、中、青三个年龄层，男、女各一名。录音调查在扬州实地进行。具体情况见附录三（发音人信息皆在附录三中，不再赘述）。六位发音人的声调全部在常域，声调系统较为简单，人际差异不大，新、老派的界限也并不明显。

扬州方言共有五个调类：阴平、阳平、上声、去声、入声。古全浊上声今归入去声，古次浊上声今归上声，古清去、浊去合并为去声，入声读音比较短促。

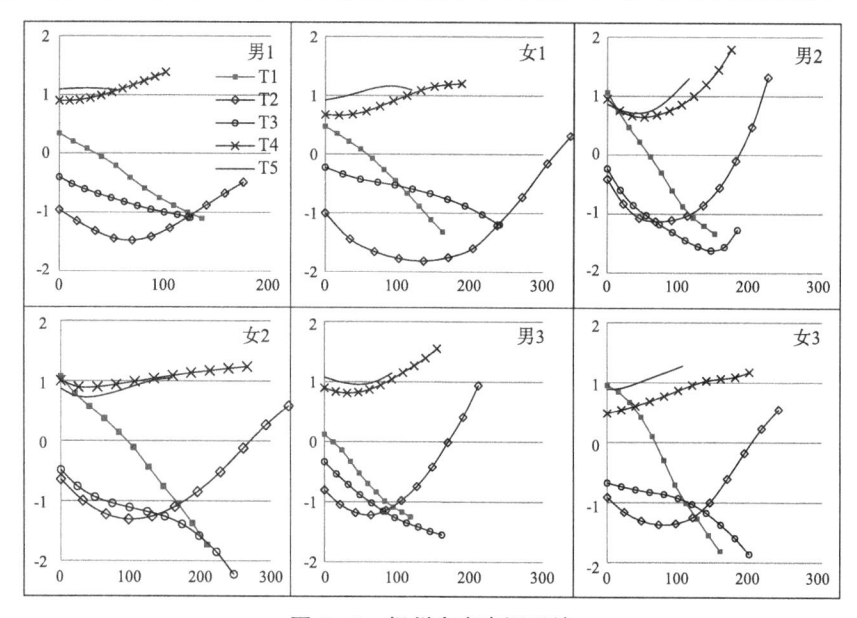

图1-2 扬州方言声调系统

图1-2是扬州方言六位发音人的声调归一图,总体而言,扬州方言的声调系统比较简单,各位发音人的声调格局趋同,个别调类略有差异。阴平是高降调,记为{41/51},与去声、入声起点较一致。阳平为曲折调{324},男1调尾稍低,这与前面提到的各家记音升调不同,因为曲折调型的凹点位置若靠前,与升调调型相似,听感上具有模糊性。上声是纯低调/22/。"纯低调"是常域舒声调型中的必有成分,对一个声调系统进行描写,首先要将常域调类分"纯低调"和"非纯低调"。从声调的类型学角度来看,纯低调在调值上有多种互为变体的语音实现,包含低凹{323,324}、低降{32,31}、低平{22}、低升{23}等多种拱形变体,还有嘎裂凹调{303}。这些变体之间不以拱形作为区别特征,其共同特点是低性(朱晓农、衣莉,2011)。扬州话里的纯低调语音实现为低降{31},起点一般与阳平接近,而且降得很低,为发音人音域的最低点。去声是高平调{55},起点较高,升幅不太明显,男2发音人的阴去带有假声,调型为高升。入声是高短调,有上升的趋势,可记为{44/45},大部分发音人喉塞尾保存完好,女2的喉塞尾有一些字脱落,时长拉长。扬州方言入声的区别特征是时长,喉塞尾可提高入声的感知辨认度,但不是感知入声的必要条件(唐志强等,2018)。

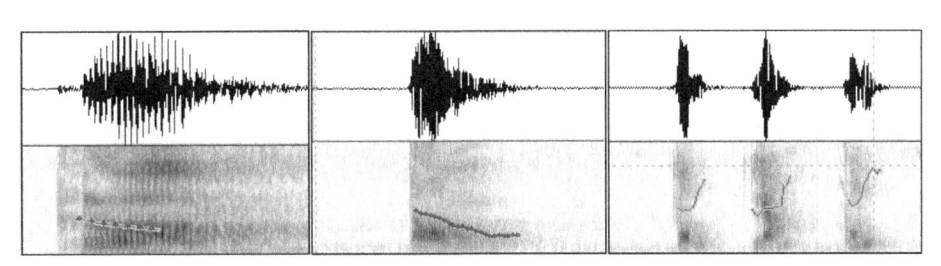

图1-3　左图和中图为女1阴平例字"刚""东",最右图男1假声例字"洞""共""阵"

男1、女1、男3这三位发音人阴平起点较低,在音域的中部位置,同时,降幅也较小,他们的调尾带有嘎裂,存在一段隐性时长,而这段弱漏气声很难听到。图1-3中,女1发音人的阴平例字"刚"调尾带有嘎裂,有一段近80 ms的隐性时长,而"东"则是不带嘎裂的阴平,发音完整。男1的去声中有大概10%的例字带有假声,如例字"洞""共""阵",见图1-3(最右图)。调尾上升很快,基频值较高,达到近400 Hz,假声作为伴随特征,凸显[+高]的区别特征。表1-3是这六位发音人的声调信息汇总。

表1-3 扬州六位发音人的声调信息

发音人	调类				
	阴平	阳平	上声	去声	入声
男1	41	323	31	55	44
女1	41	324	31	55	44
男2	51	324	31	55(56)	45
女2	51	324	31	55	45
男3	41	324	31	55	44
女3	51	324	31	55	45
调型	降	凹	低(降)	平	

（三）小结

扬州方言有五个声调：阴平、阳平、上声、去声、入声，调型为降、凹、降、平。我们的调值与前人的记录有所区别：阴平调尾带有嘎裂，存在一段隐性时长，记为{41/51}；阳平是前凹调，凹点位于时长30%处左右，听感上也有明显凹折感，记为凹调{323/324}；上声是纯低调型/22/，实现低降调{31}。起点低、调尾低是扬州上声的特点。去声是高平调{55}，只有一位男性发音人的去声中有假声作为伴随特征。入声{44/45}是高短调，大部分发音人喉塞尾保存完好。

二、淮安方言声调

（一）方言概况

淮安市地处江苏省北部中心地域，淮河下游，处于中国地理分界线"秦岭—淮河"线上。下辖清江浦、淮阴、淮安、洪泽4个区和涟水、盱眙、金湖3个县。辖区土地面积约10 030平方千米，常住人口约455.31万人。[①]

淮安方言是江淮官话洪巢片的代表方言之一，市内各区方言略有差异。淮

---

① 有关淮安市的地理人口等资料信息，来源于淮安市人民政府网：http://www.huaian.gov.cn/col/16721_731134/index.html，网页查询时间2023年10月。

安方言以明清时期淮安府城淮城(今淮安区)口音为代表,如今以淮安市政府驻地清江浦区为基准。

《江苏省和上海市方言概况》《江苏省志·方言志》对淮安方言音系进行了描写。焦立东的《淮安方言声调分析》采用实验语音学的方法和优选论对淮安方言中的单字调、二字组连读变调以及轻声进行了描写与讨论。张牧如在《淮安方言语音浅析》中对淮安方言语音进行了总结。刘俐李(2007)对淮安市区方言的声调进行了实验调查。现将各家的声调记音情况汇总如表1-4所示。

表 1-4 淮安方言声调的记音情况

出处	调类				
	阴平	阳平	上声	去声	入声
《江苏省志·方言志》(1998)	42	24	21	44	5
焦立东(2004)	53/42	25	212/21	55	4
刘俐李(2007)	51	25	21	55	5
张牧如(2011)	42	24	21/11	44/55	4/5

表1-4显示各家对调型的记录较为一致,但在调值上略有差异。

(二) 声调系统

我们在淮安市清江浦区选取了六位发音人进行了录音数据采集工作,分为老、中、青三个年龄层,男、女各一名。六位发音人声调系统都在常域,声调系统较为简单。人际差异不大,新老派的界限也并不明显。

淮安方言现存五个调类:阴平、阳平、上声、去声、入声。平上去入各分阴阳,全浊上以及浊去字归入清去(个别字归入阴平),阴入、阳入合并为一个入声。

六位发音人的声调归一图显示调型较一致,个别调类有差异。阴平是高降调{53};阳平是高升调{35},起点略高于上声,男3的阳平时长较短,上升的高度也没有到5度;上声是纯低调型/22/,在淮安方言里的语音实现为低凹{212},女3的上声部分例字呈低降,例字见图1-5。去声是高平调{44/55};入声是个短调,发音短促,有喉塞尾,而且入声有性别上的差异,男性为平调,女性为升调,故记为{44/45}。女性新派发音的入声部分例字喉塞尾脱落,时长中长化。

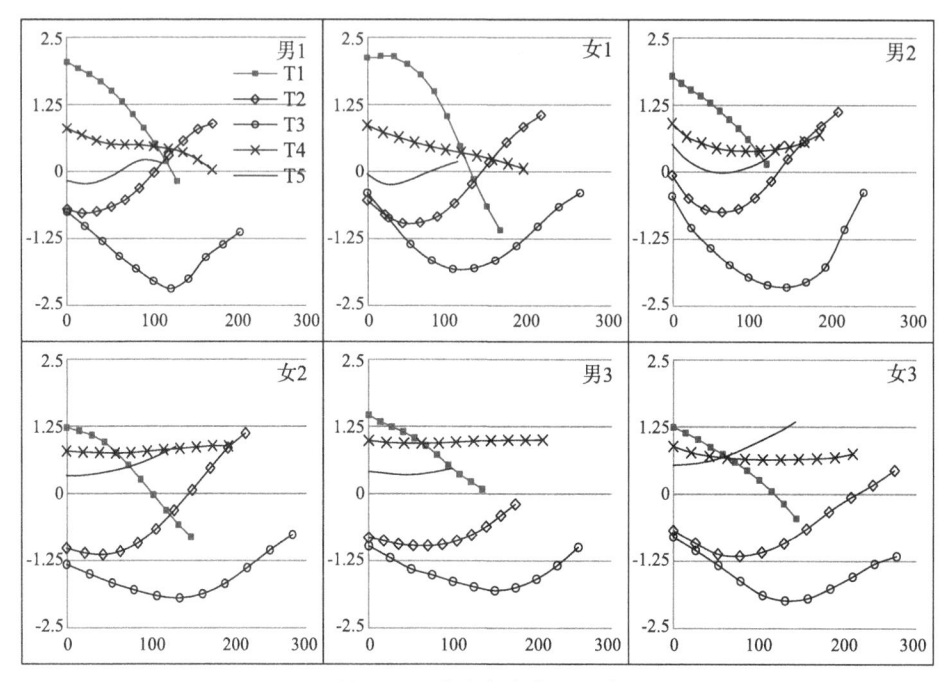

图 1-4 淮安方言声调系统

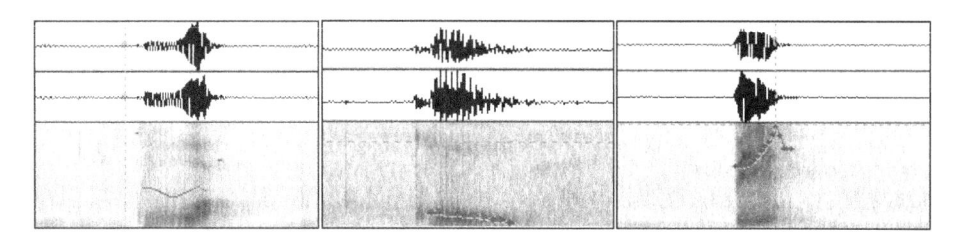

图 1-5 左图和中图为淮安上声变体例字"古"男1—女3,右图为女3入声假声例字"笔"

女3发音人的入声字有个别字调尾基频值超高,带有假声这种特殊发声态,但由于数量有限,并未与其他调类形成对立,所以未对其声调系统进行分域。图1-5右图是女3的入声例字"笔",调尾跃起点的最高处基频值达到470 Hz,带有明显的假声,其他带有假声的例字还有"局""合""毒"等字。

表1-5为淮安六位发音人的声调信息汇总。

表 1-5　淮安六位发音人的声调信息

发音人	调类				
	阴平	阳平	上声	去声	入声
男 1	53	35	212	44	4̲4̲
女 1	52	35	212	44	4̲5̲
男 2	53	35	212	44	4̲4̲
女 2	52	35	212	44	4̲5̲
男 3	53	34	212	44	4̲4̲
女 3	53	35	212	44	4̲5̲
调型	降	升	低(凹)	平	

（三）小结

淮安方言现存五个声调：阴平、阳平、上声、去声、入声。我们的调查结果显示与前人的研究在调值调型上差别不大，个别声调有所出入。阴平是高降调{53}；阳平是高升调{35}，上声是纯低调型/22/，实现为低凹{212}；去声是高平调{44}；入声是短调，男性为平调，女性为升调记为{4̲4̲/4̲5̲}。

三、连云港方言声调

（一）方言概况

连云港位于江苏省东北端，东临黄海。下辖海州区、连云区、赣榆区 3 个市辖区、灌南县、东海县、灌云县 3 个县级行政区。全市陆域面积约 7 615 平方千米，常住人口约 459.4 万人。① 连云港地处江淮官话与中原官话的交界地带，境内分布有江淮官话、中原官话、胶辽官话三种方言。江淮官话（洪巢片）主要分布于市区、灌云县、灌南县、东海县南部，使用人口约占连云港人口的 70%，是连云港市的主要方言。我们下文中提到的连云港方言是指市区口音，市区方言较为统一，归入江淮官话洪巢片。

---

① 有关连云港市的地理人口等资料信息，来源于连云港市人民政府网：https://www.lyg.gov.cn/zg-lygzfmhwz/mlgc/mlgc.html，网页查询时间 2023 年 10 月。

《江苏省志·方言志》收录了连云港方言的语音、词汇、语法等方面的特点,苏晓青在《海州方言同音字汇》中总结了连云港市老城区海州区的音系。岩田礼在《连云港市方言的连续变调》中研究了连云港市区方言里词或词组的声调变化。刘俐李(2007)用实验的方法对连云港市区方言进行了描写。章婷、朱晓农(2012)从声调及特殊发声态方面对连云港方言进行了讨论。

表1-6 连云港方言声调的记音情况

出处	调类				
	阴平	阳平	上声	去声	入声
岩田礼(1982)	214	35	41	55	24
《江苏省志·方言志》(1998)	313	35	41	54	24
刘俐李(2007)	213	114	41	45	14
章婷(2012)	303	324	52	46	34

各家对声调的调型记录大体一致,但是在调值上有所差异。章婷(2012)等人将发声态纳入到连云港声调系统要素描写中,研究结果较前人差别较大。

(二)声调系统

我们在连云港市区海州区选取了六位发音人进行了录音数据采集工作,分为老、中、青三个年龄层,男、女各一名。男2、女2、女3这三位发音人是三域,男1、女1和男3这三位发音人是双域。调域(发声态)是描写声调的重要参数之一。连云港方言的双域指假声/上域和清冽声/常域,三域是再加上有区别调类作用的僵声(嘎裂或弱僵声)定义的下域。所有发音人的阴平带有嘎裂声或弱僵声,嘎裂一般出现在调干或调尾,与同为凹折调的阳平有别,男2、女2和女3这三位发音人的去声带有假声,其余的阳平、上声、入声都在中域。

1. 三域系统

连云港方言现存五个调类:阴平、阳平、上声、去声、入声。全浊上、阳去并入阴去,阴入并入阴去,阳入喉塞尾均已脱落,但与阳平还有区别,形成对立,保留入声调类,但大部分例字都比阳平长,所以入声舒化并入阳平是连云港入声发展的一个趋势。

六位发音人中有三位(男 2、女 2、女 3)是三域系统,去声带有假声,构成上域,阴平带有嘎裂或僵声与阳平区别开来,构成下域。

图 1-6 是连云港三域系统的声调归一图,从上往下分别为男 2、女 2、女 3。常域的三个调类为阳平、上声与入声。阳平是曲折调{325}。调尾升的很高,直至高降调的起点处,凹点位于 15% 处,是典型的前凹调。上声是高降调{52},调尾有嘎裂段,有弱漏气。入声的喉塞尾虽已脱落,但基频值高于阳平调,并未合并,保留了入声的调类{34},从图上看入声的时长跟阳平差距不大,实际有的入声字时长已经超过阳平字,比如"药"的时长达到 247 ms,而阳平字"球"则为

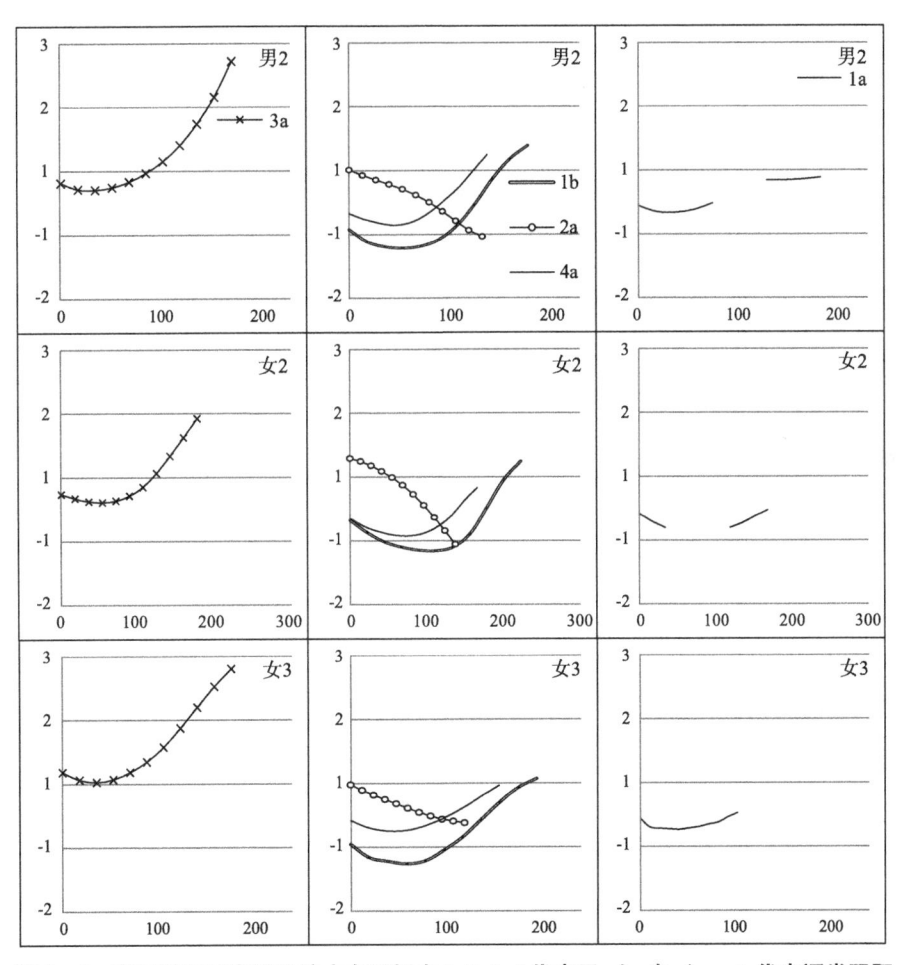

图 1-6 连云港三域声调系统本书图例中 1、2、3、4 代表平、上、去、入,a、b 代表调类阴阳

216 ms。这三位发音人上域为去声调,都带有假声。在一个方言系统里一般高降调起点是发音人高限的所在,若急升调的起点跟高降调差不多,那就有可能是假声或张声在起作用。他们的去声升得很高,基频值基本在 300 Hz 以上,个别例字能达到 400 Hz 以上,参见图 1-7。

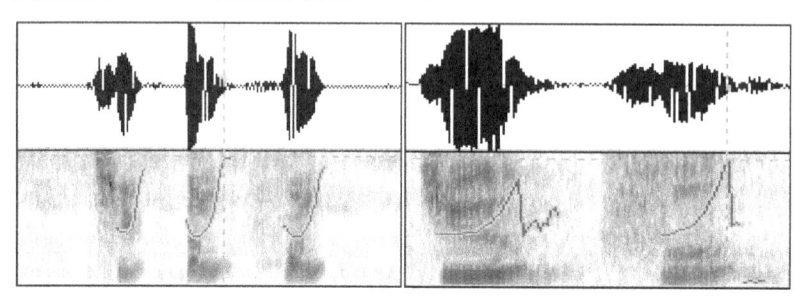

图 1-7 左图为男 2 假声例字"去""凳""粪",右图为女 2 假声例字"舅""士"

男 2 与女 2 的假声例字调尾高高跃起,基频值非常高,其中"凳"达到 464 Hz,"士"达到 472 Hz,带有假声,听起来声音细而尖。

这三位发音人下域为阴平调。阴平是带有嘎裂的凹折调,因为带有嘎裂而与同为凹折调的阳平区分开来,带有嘎裂的部分一般出现在调干或调尾部分,不会出现在调头。关于嘎裂的不同位置我们下文再详细讨论。

2. 双域系统

有三位发音人(男 1、女 1、男 3)是双域系统,阳平、上声、去声、入声在常域,而阴平带有嘎裂,构成了下域。

阳平和入声的调型极为相似,差异在调值和时长上,因此这两个声调在当地有合并的趋势,但是六位发音人都没有发生阳平和入声合并的情况,男 1 的入声与阳平最为接近,二者听感上依然有区别。

去声的调尾高高跃起,但是上升的高度远不及三域系统的三位发音人,听感上也没有急促尖细之感。上声是个降调,调尾的音高有明显的代际差异,新派两位发音人上声的调尾音高与阳平的最低点相等或略高,而老派的上声降至声调音高区域的最低点。表 1-7 是这六位发音人的声调信息汇总。

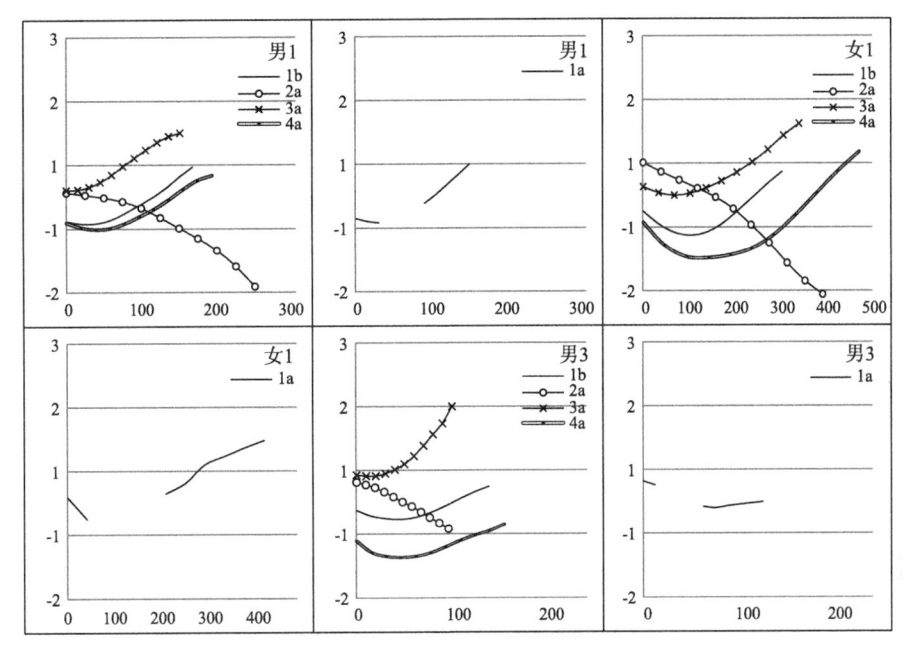

图 1-8 连云港双域声调系统

表 1-7 连云港六位发音人的声调信息

发音人	三域				
	上域	常域			下域
	调类				
	去声	阳平	上声	入声	阴平
男 2	56	325	52	34	304
女 2	56	325	52	34	304
女 3	56	324	53	34	304

发音人	双域				
	常域				下域
男 1	45	325	52	34	304
女 1	45	325	52	34	304
男 3	45	324	53	34	304
调型	升	凹	降	降	低（凹）

第一章 声学语音学视角下的单字调研究 | 043

(三) 讨论

1. 凹调的阴平

连云港方言中阴平调是一个凹调,而江淮官话其他方言(除兴化方言外)都是降调。凹调的调型更接近中原官话的阴平,体现了连云港从江淮官话向中原官话过渡的特点,详见图1-9。

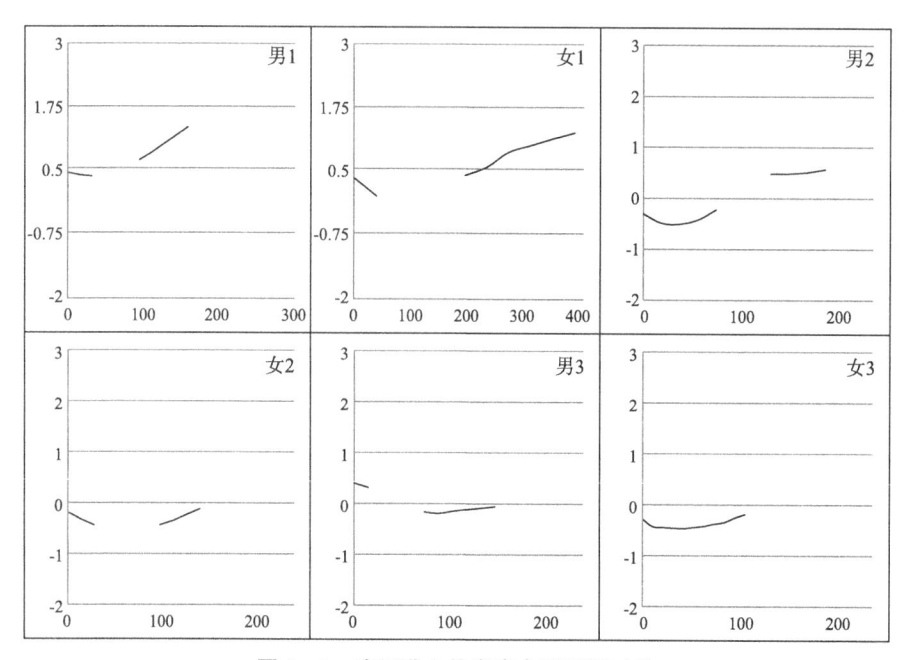

图1-9 连云港六位发音人阴平调对比

我们从图1-9中可以发现六位发音人的阴平基频断裂的位置有所不同。男1、女1、男3的阴平调嘎裂位置在时长20%左右,男2、女2的嘎裂位置在50%左右,而女3的嘎裂位置在调尾,这说明嘎裂作为声调的一种发声态,在曲折调的拐点位置并不固定。连云港方言中的阴平在听感上属于非冽嗓,发音人在发阴平字时,喉部紧张,基频曲线会完全断裂,基频值测不到,音强突减,持续时间大概60 ms。

图1-10显示凹调阴平三个例字的基频均断裂,而凹调阳平的基频曲线是平滑的。凹调调型一致的阴平和阳平分为两个调域,嘎裂声这种发声态起着声调对立和调域分化的作用。嘎裂作为一种发声态,一般是低调的伴随特征,凸

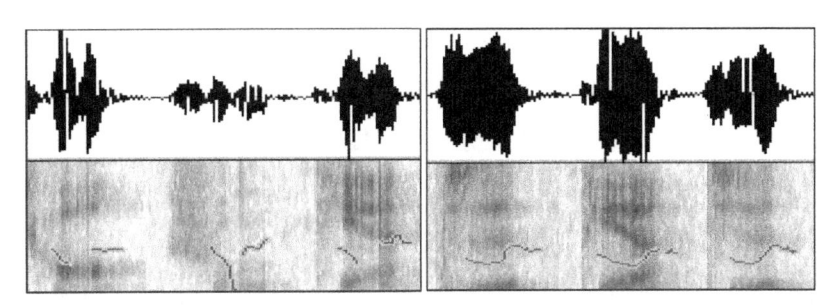

图 1-10　左图为女 2 阴平例字"超""粗""天",右图为阳平例字"提""田""题"

显[＋低]这个特征,只有在很少的情况下它才起到区别作用,而连云港声调的发声态现象对于声调类型学的完善是一个很好的支撑材料。

2. "近似合并"讨论

我们前期调研时发现连云港部分人群的入声已经和阳平合并为一个调类,阳平和入声在调型上相似,这种合并情况是否意味着入声已经消失呢? 因此,笔者做了两个听辨实验:第一个是"单字实验",选取 30 位连云港当地的青年人对"河"与"合"、"爷"与"热"、"驼"与"脱"这三对连云港方言的阳平及入声最小对立常用字进行听辨,结果显示错误率和难以分辨率已达到 64％,听感上已发生混淆,仅能从声学上区分出两个调类时长的差异。但语音学专业的老师与学生均能分辨出这三对最小对立常用字之间的细微差别。第二个是"单句实验",将上述六个字分别放入"我认得＿＿＿这个字"语流中,请另一批当地青年人进行听辨。入声字进入语流后变得又轻又短,比独立的单字容易分辨,使得听辨错误率以及难以分别率为 39％,有所下降,被试难以辨别的多数是含有阳平字的例句。在两个听辨实验中,被试对阳平、入声的分辨表现出了不同的结果,且不同的个体在听辨时对阳平、入声的分辨也存在差异。所以我们判断连云港方言的阳平和入声并未完全合并,但已处于合并的过程中,属于"近似合并"的现象。

"近似合并"(Near-Mergers)是拉波夫(William Labov)《语言变化原理:内部因素》(*Principles of Linguistic Change*:*Internal Factors*)一书中提出的概念,指两个音段合并过程中的一个中间阶段,在声调中表现为两个调类调型相似、调值相近的现象。王轶之(2009)据拉波夫对"近似合并"的定义,进一步做出了说明:① 两个音段的区别特征非常小,本地人不一定可以完全准确区分出两者的不同,但是利用实验语音学的方法可以分析出两者在声学上的区别;② 本地人在不同的测试中对两个音段的分辨会表现出不同的结果;③ 一个语言社区的人,一些个体可以准确区分两个音段,一些个体完全不能区分这两个音段,一些个体在有的情况下可以区分,而有的情况下不能区分;④ 与本地人相比,经过语音训练的人往往可以分辨出这两个音段的区别。

连云港方言阳平与入声区别特征极小,本地人不一定能准确区分两者的不同,但在声学实验中可以分析出两者在时长上的差异;本地人在两个听辨实验中对阳平、入声的分辨表现出了不同的结果;同样为本地人,不同的个体在听辨时对阳平、入声的分辨也有不同的结果;与本地人相比,经过语音训练的人能够分辨出阳平、入声的区别。实验结果符合王轶之对"近似合并"定义的阐释,得出连云港方言阳平和入声并未完全合并,但已处于合并的过程中。

究其原因,主要有如下三点。首先,从入声舒化的角度来说,连云港方言入声塞尾失落、短调延长,有明显的舒化趋势。舒化后的入声一般会与调值相同或相近的舒声调合并,但也不排除保留自己调类的可能性。连云港方言入声与阳平调型极相似,时长略有差异,为两个调类处于"近似合并"状态提供了语音条件。

其次,从方言地理学的角度来说,通过对连云港周边部分地区调查点方言资料的查阅,我们发现连云港周边方言点阳平和入声调型、调值都十分接近,例如,沭阳的阳平为{35},入声为{13};灌南的阳平为{35},入声为{24};灌云的阳平为{35},入声为{24}。此外,临近的中原官话区入声已并入阳平或阴平,据此,连云港方言阳平调和入声调发生"近似合并"的原因除了入声舒化之外,还有可能受到周边方言辐射扩散的影响。

最后,由于普通话的强势地位以及逐步普及,可能也会在连云港方言中留有痕迹,两种声调系统相互渗透,使得连云港方言原本五声调系统向普通话的四声调靠拢。

(四) 小结

连云港地处江淮官话与中原官话交界地带,属于江淮官话洪巢片,但实际受到中原官话的较大影响,例如,其阴平调是个曲折调型,更接近中原官话。在调值调型以及发声态方面,连云港方言都有其特殊之处,其独特之处主要表现在如下方面。

1. 调值调型

连云港方言现存五个调类：阴平、阳平、上声、去声、入声。阴平是带有嘎裂的凹折调{304}；阳平是前凹调{325}；上声是高降调{52}，调尾有嘎裂段，有弱漏气。去声是带有假声的高调{56}。入声的喉塞尾已经脱落，基频值高于阳平调，调值为{34}，但大部分例字的时长已大于阳平调，结合听感实验，入声与阳平已"近似合并"。

2. 特殊发声态

连云港六位发音的阴平全都带有嘎裂声，作为区别特征单独构成一个低域；其中有三人的去声带有假声，构成高域，所以，连云港市区方言是一个分域三级的声调系统：普通的常域，上域的假声/张声，下域的嘎裂声/弱僵声。三域的声调系统以前仅在东南方言中见过，如南部吴语温州、温岭一带，其上域为张声/假声，下域为弛声（气声）/带声。现在在长江以北的官话方言中也发现了三域声调系统，这对于类型学以及音法类型成因的探索，即现在还未系统展开的人类语言的音法系统受到生理因素控制影响的研究，都可能会产生影响。连云港声调一共有三种调型：高升、高降、低凹，没有平调。麦迪森（Maddieson，1978）认为声调共性的第一条是声调系统中平调是不可或缺的，然而连云港方言声调中不存在平调，也从侧面说明降调才是最常见的调型。

四、盐城方言声调

（一）方言概况

盐城市位于江苏省沿海中部，地处长江三角洲北翼，是江苏省土地面积最大、海岸线最长的地级市。下辖东台1个县级市和建湖、射阳、阜宁、滨海、响水5个县，以及盐都、亭湖、大丰3个区，另设有盐城经济技术开发区和江苏省盐南高新技术产业开发区。土地总面积约1.77万平方千米，全市常住人口约668.97万人。[1]

---

[1] 有关盐城市的地理人口等资料信息，来源于盐城市人民政府网：https://www.yancheng.gov.cn/col/col3/index.html，网页查询时间2023年10月。

盐城方言属于江淮官话,区内方言存在差异,《中国语言地图集》和《江苏省志·方言志》都将盐城方言分为江淮官话通泰片和洪巢片两种,其中大丰区的斗龙港以南地区和东台市方言属于通泰片,大丰区斗龙港以北及盐城市其他辖地方言属于洪巢片。

《江苏省和上海市方言概况》《盐城市志》《江苏省志·方言志》中对盐城音系作了简要描写。苏晓青《江苏省盐城方言的语音》对盐城方言的声调有深入的研究。蔡华祥《盐城方言研究》对盐城方言的语音、词汇、语法进行了详细的共时描写,在此基础上进行了横向和纵向的比较,并且运用了实验语音学的手段考察了盐城方言。王丹彤在《盐城方言单字调声学实验研究》中提供了新的方言资料。现将各家的声调记音情况汇总如表1-8所示。

表1-8 盐城方言声调的记音情况

出处	调类				
	阴平	阳平	上声	去声	入声
苏晓青(1993)	31	213	54	35	5
《江苏省志·方言志》(1998)	31	213	55	35	5
刘俐李(2007)	41	113	443	24	5
蔡华祥(2011)	31	213	33	35	5
王丹彤(2016)	41	214	45	35	5

学界对盐城方言调型的记录差异较大的是上声,《江苏省志·方言志》和蔡华祥记录为平调,苏晓青和刘俐李记录为降调,王丹彤记录为升调,各家的调值记录也略有差异。

(二)声调系统

我们在盐城市区亭湖区选取了六位发音人进行了录音数据采集工作,分为老、中、青三个年龄层,男、女各一名。六位发音人的声调全部在常域,声调系统较为简单。人际差异不大,新老派的界限也不明显。

盐城方言现存五个调类:阴平、阳平、上声、去声、入声。全浊上以及浊去字归入阴平和清去,阴入、阳入合并为一个入声。关于全浊上以及浊去字的归并情况,我们在后面会有讨论。

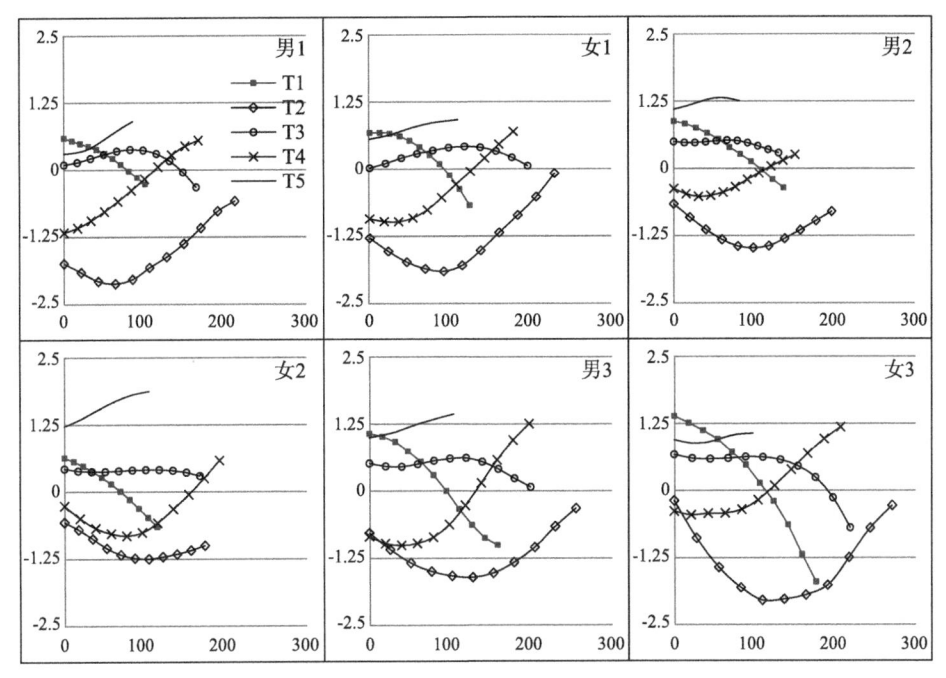

图 1-11　盐城方言声调系统

六位发音人的声调格局非常接近,只在个别调类上有细微区别。阴平是高降调{53},老年人、中年人、青年人的阴平降的幅度有一个递增的趋势,老年人时长较短,尾点较高,青年人时长较长,尾点接近曲折调的凹点位置;阳平是纯低调型/22/,在盐城方言里实现为低凹{213/214/212},凹调位置为发音人音域的底线,女1的调尾升得较高,记为{214};上声的调型比较特别,男1、男3、女3这三位发音人是拱调{443},男2、女2这两位发音人是平调{44},女1处于两者之间的过渡状态,所以这个拱调在盐城方言里有两个变体:凸降{443}和平调{44};去声是高升调,起点一般与阳平差不多,或略高于阳平,终点一般升至高降调的起点,记为{35};入声是高短调,发音短促,有喉塞尾,记为{55}。

表 1-9 盐城六位发音人的声调信息

发音人	调类				
	阴平	阳平	上声	去声	入声
男 1	54	214	443	35	55
女 1	54	214	443	35	55
男 2	53	212	44	35	55
女 2	53	212	44	325	55
男 3	52	213	443	35	55
女 3	52	213	443	35	55
调型	降	低(凹)	降/平	升	

（三）调类归并讨论

盐城方言中全浊上、浊去的归并问题，体现盐城方言处于通泰片向洪巢片过渡阶段。顾黔(2001)根据声调的数量将通泰片方言分为东西两部，东部几个县市有七个声调，而西部有六个声调，并从声调的分合上找出二者的区别，西部的"全浊上、浊去"若送气（白读）归阴平，不送气（文读）归去声。东部的"全浊上、浊去"若送气归阳去，不送气归阴去。可见，全浊上、浊去并入阴平是通泰方言的一大特点，而洪巢片这些字并入阴去。在我们的调查中，盐城的全浊上、浊去有部分字存在文白异读，其中尤以古次浊声母去声字最为多见，文读为去声{35}，白读为阴平{53}。文白异读的例字见图 1-12，"坐""断"为全浊上声字，在盐城方言里有文读和白读两种读音。

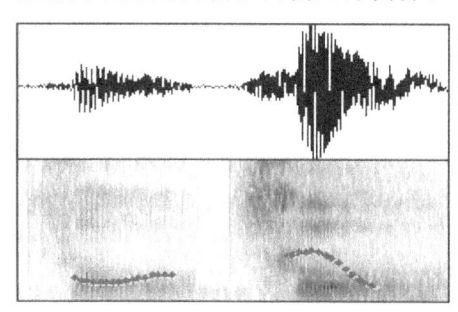

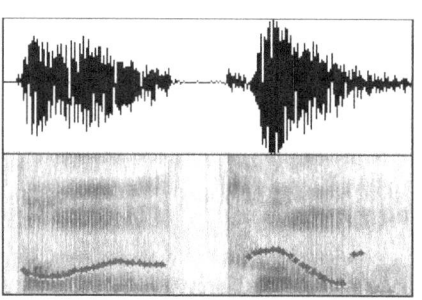

图 1-12 男 2 文读和白读音例字，左图为"坐"字发音，右图为"断"字发音

六位发音人中文白异读的现象较为明显的是老派的四位,两位青年人基本上只有一种文读或者白读音。所有发音人的全浊上声基本并入去声,老派还有少部分并入阴平。阳去字中有部分并入阴平,但并入阴平调的字数有新老派的差别,老年、中年四位发音人的数量多于青年的两位,说明新派发音人的声调系统正在发生变化,通泰方言留下的特点逐步在青年人身上消退,他们的声调归并情况与语音面貌更加趋向于洪巢片。

（四）小结

盐城方言现存五个调类:阴平、阳平、上声、去声、入声。阴平为高降调{53},阳平是纯低调型/22/,有多种变体{213/214/212};上声为拱调{443},变体为平调{44};去声高升调{35};入声是高短调{55},有喉塞尾。由于上声调类在盐城方言中有拱调和平调两个变体,所以前人对上声调的记录有降调、平调、升调的分歧便可以得到解释。盐城方言位于江淮官话通泰片向洪巢片过渡的地理位置,既有洪巢片的音系特点,又有通泰片的底层遗留,例如,全浊上和浊去字文白异读现象。文读去声,是洪巢片的读音;白读阴平,又是通泰片的特点。这些字的文白异读现象正在青年人身上慢慢褪去,这说明盐城方言正在逐渐褪去通泰方言的声调特征残留,进一步向洪巢片靠拢。

第三节　洪巢片南京小片的声调

一、南京方言声调

（一）方言概况

南京是江苏省省会,位于江苏省西南部、长江下游,是中国东部地区重要的中心城市,是长江三角洲唯一的特大城市。南京市现下辖 11 个区,包括 6 个主城区:玄武、秦淮、建邺、鼓楼、栖霞、雨花台,以及 5 个副城区:江宁、浦口、六合、溧水、高淳。辖域面积约 6 587 平方千米,常住人口约 949.11 万人。[1]

---

[1] 有关南京市的地理人口等资料信息,来源于南京市人民政府网:https://www.nanjing.gov.cn/zjnj/,网页查询时间 2023 年 10 月。

南京方言有狭义和广义之分,广义的南京方言指南京市所辖11个区的方言,狭义的南京方言则仅包括秦淮区、玄武区、建邺区、鼓楼区及城郊结合处的方言。南京居民一般视城南口音作为为南京话的代表。刘丹青在《〈南京方言词典〉引论》中也是以城南口音作为南京方言语音的标准。

今天的南京话属于江淮官话洪巢片,但是在魏晋南北朝时期属于吴方言。永嘉之乱,北人南迁,南京话受到北方官话的冲击,之后的侯景之乱等历史事件更是一步步加深了南京话向官话系统的转变。明末清初,南京方言已经完全变成了官话。20世纪以来,由于人口的快速流动以及普通话的推广,南京方言发生了巨大变化,老派与新派之间差异明显。

关于南京方言的研究,成果丰硕,著作颇多。早在20世纪20年代,赵元任《南京音系》就深入讨论了南京方言的音系系统。1949年后对南京进行过几次方言调查,分别记录在《江苏省和上海市方言概况》《南京方言志》《江苏省志·方言志》,以及刘丹青主编的《南京方言词典》《南京话音档》等文献中。关于南京方言的论文数量也较多,比较有代表性的有孙华先的《南京方言声调的若干问题》、张志凌《南京方言语音的年龄差异研究》、宋益丹的《南京方言声调实验研究》等。现将各家的声调记音情况汇总如表1-10所示。

表1-10 南京方言声调的记音情况

出处	调类				
	阴平	阳平	上声	去声	入声
《江苏省志·方言志》(1998)	31	24	22	44	5
孙华先(2003)	31	13	22	44	<u>55</u>
宋益丹(2006)	41	24	212/22	33/44	5
刘俐李(2007)	41	24	11/21	44/33	5

学者们对南京话调型的记录一致性较强,阴平是降调,阳平是升调,上声和去声都是平调。对上声的调型以及阴平、阳平调值的记录稍有不同。

(二)声调系统

考虑到南京方言的地域差异,我们在南京四城区(秦淮区、玄武区、鼓楼区、建邺区)选取了六位发音人进行了录音数据采集工作。发音人分为老、中、青三个年龄层,男女各一名。六位发音人的声调系统都是单域五调。但人际差异比较大,新老派的界限主要体现在入声调类上,新派入声演变速度快,与老派有差距。

南京话有五个调类:阴平、阳平、上声、去声、入声。古全浊上声今归入去声,古次浊上声今归上声,古清去、浊去合并为去声,入声调类依然存在,新老派在时长以及喉塞尾保存方面有所区别。

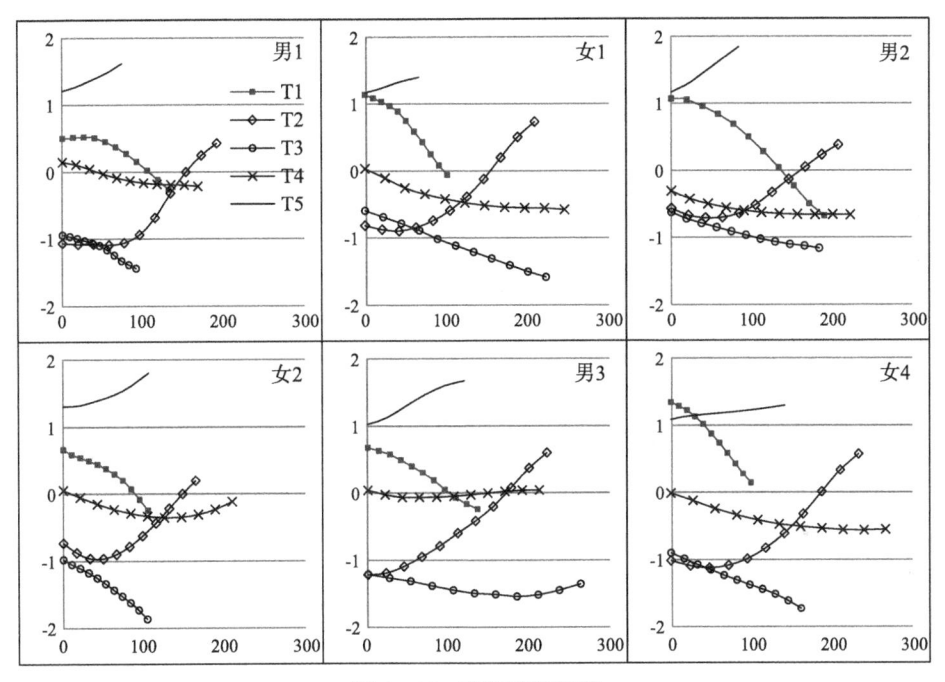

图 1-13　南京声调系统

六位发音人的声调格局总体而言比较统一,阴平是个高降调,起点一般位于发音人音域中部,调尾有 80 ms 的隐性时长,调值为{31},也有部分人的发音起点较高,跟入声差不多,甚至高过了入声,例如,女 2 为{41};阳平是升调,起点较低,大致与上声一致,终点并不高,记为{24};上声是纯低调型/22/,在南京话中的语音实现为低凹{212/21/22},大部分人为低降或低平,只有男 1 为低凹,前人对上声的记录实则为纯低调的各种变体。上声作为纯低调,它的调型已经不起区分作用,凸显[+低]的特征;去声是平调,位于声调系统中部,记为

{33};入声调值较高,调型上升,记为{45},南京话入声的喉塞尾部分已经脱落,听感上并不紧促,时长上有代际延长的现象,入声的调类依然存在。这六位发音人的声调信息汇总,见表1-11。

表1-11 南京六位发音人的声调信息

发音人	调类				
	阴平	阳平	上声	去声	入声
男1	31	24	212	33	45
女1	41	24	21	22	45
男2	41	24	21	33	45
女2	31	24	22	33	45
男3	41	24	22	33	45
女3	31	24	21	33	45
调型	降	升	低(凹/平/降)	平	

(三)入声演化讨论

入声在听感上有明显的急促感,塞音韵尾和较短时长是入声的两个声学特征。南京方言里的入声变化较大,部分喉塞尾已经脱落,时长有拉长的趋势。吴宗济、林茂灿在《实验语音学概要》描述了以喉塞起始的音节的主要特征:一是音节起始时振幅的上升速度很快,在很短的时间便可以达到最高值;二是音节起始处有一段爆破段,在频谱图上的表现是一条或几条冲直条。宋益丹(2006)以苏州方言的入声喉塞尾为参照研究南京方言入声喉塞音的声学特征,发现南京方言的大量入声音节喉塞尾已经脱落,其中双音节更普遍。喉塞尾的脱落表现出较大的随机性,没有明显的规律。可见,南京方言的入声处于动态变化中,是"喉塞尾已经逐步弱化,音节时长逐渐变长的阶段"向"喉塞尾完全脱落,时长上的舒促对立消失,但还保留入声调类,入声调值不变的阶段"转变的过渡期。我们的调查发现入声字喉塞尾部分已脱落,基本全部弱化,时长有一定拉长。

六位发音人中只有女1的入声喉塞尾保存情况相对完好,其他发音人的入声例字带有喉塞尾的仅在少数,而且语图上的峰状突起不明显,冲直条以两条居多。入声韵尾喉塞音的声学特征表现为波形上的峰状突起和语图上的冲直条,图1-14是南京方言中几位发音人的入声例字。

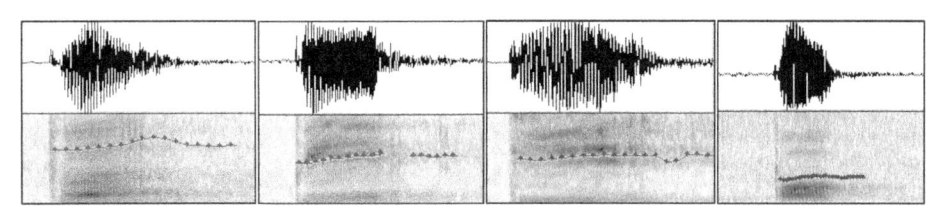

图1-14　入声例字　从左至右为:女1"白",男1"别",女2"滴",男3"鸭"

女1例字"白"喉塞尾部分表现为三条冲直条,在波形上也能看到三个峰状突起;男1、女2的例字喉塞尾以两条冲直条居多;男3的入声例字喉塞尾已脱落,在语图和波形上都看不到入声的特征,而像这样的入声例字占比最多。

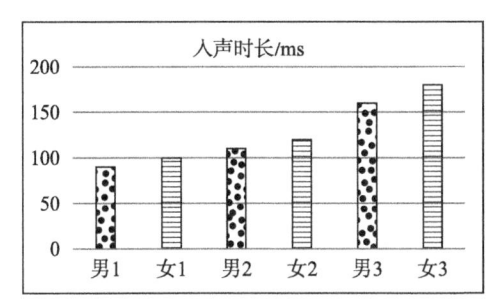

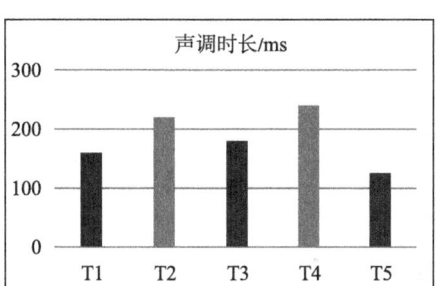

图1-15　南京话时长对比:左图为入声时长,右图为声调时长

南京方言的入声字时长的变化与发音人的年龄密切相关,有明显的代际差异。发音人年纪越小,入声时长越长,男3和女3入声的时长已超过150 ms,说明入声演变在不断的开化中。图1-15是南京话五个调类的时长对比图,入声的时长最短,大概占舒声调时长的40%左右。南京话中的舒促对立依然存在,但相比起吴语的17%,对立性较弱。尽管入声还是南京话中时长最短的调类,但时长中长化的趋势是明显的。

（四）小结

南京话作为江淮官话南京片的代表,有五个调类:阴平、阳平、上声、去声、入声。阴平是高降调{31};阳平是升调{24};上声是个纯低调型/22/,变体实现为凹/平/降调;去声是平调{33};入声是高升调{45},入声喉塞尾大部分脱落,时长拉长,舒促对立存在,但入声调类正处在喉塞尾脱落,时长中长化的阶段。

二、溧水方言声调

(一) 方言概况

溧水区位于江苏省西南部,南京市南部,属秦淮河上游。总面积约1 067平方千米,常住人口约50.94万人。[①] 溧水区位于吴方言与江淮官话的交界地带,境内方言复杂,溧水大部分地区属吴方言区(说吴语的人口和面积比例均超过70%),北边个别城镇属江淮官话区,同时全区又零星分布着中原官话。由于受到江淮官话、吴语毗陵片和吴语宣州片以及中原官话的共同影响,溧水方言在吴语基础上又发生一些变化。

城区永阳街道位于溧水区中部偏北,永阳街道是由在城镇、城郊乡、东庐乡合并而成,这三个乡镇主要涉及两种方言:在城话和城郊话。在城话是城区所用方言,划归江淮官话,而城郊话则属于吴方言。我们此次的调查对象为溧水城区的口音,即在城话,也称"街上话"。

《江苏省和上海市方言概况》以县城为代表调查了溧水方言,将溧水方言划归江淮官话,这与溧水的语言事实不符;《中国语言地图集》中将溧水方言分为两种,县城大部分为江淮官话,县城南部为吴语;游汝杰、许宝华、汤珍珠在《吴语在溧水境内的分布》中首次划出了江淮官话与吴语在溧水境内的分界线;郭俊《方言变异与变化:溧水街上话的调查研究》在实地考察的基础上研究了溧水县城话的特点;顾黔等人深入到溧水各乡镇,在详细的调查记录之后,画出了溧水境内吴语与江淮官话的地理同言线。

现将各家的声调记音情况汇总,如表1-12所示。从调值记录上来看,学者们采用的传统口耳听辨方法对在城话的调类、调值记录还是比较统一的。

[①] 有关溧水区的地理人口等资料信息,来源于南京市溧水区人民政府网:http://www.njls.gov.cn/zjls/,网页查询时间2023年10月。

表 1-12　溧水方言声调的记音情况

出处	调类				
	阴平	阳平	上声	去声	入声
郭俊(1995)	32	24	312	55	31
《江苏省志·方言志》(1998)	32	24	312	55	31
顾黔(2006)	32	24	312	55	31

（二）声调系统

我们在溧水城区永阳街道选取了六位发音人进行了录音数据采集工作，分为老、中、青三个年龄层，男女各一名，反映的是当前溧水话的语音面貌。在城话是江淮官话，发音人皆为单域系统，有五个调类：阴平、阳平、上声、去声、入声。古全浊上声今归入去声，古次浊上声今归上声，古清去、浊去合并为去声，入声喉塞尾虽大部分已脱落，但时长延长不明显，调类依然存在。

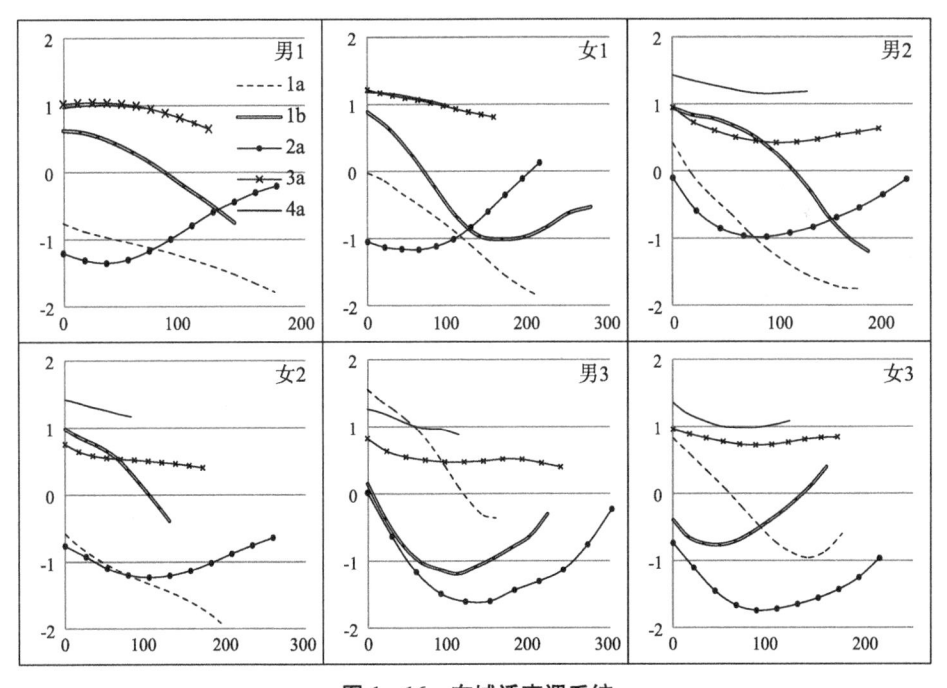

图 1-16　在城话声调系统

发音人整体声调格局比较一致，区别有两点：阴平的起始点有差异、阳平的调型存在差异。阴平是降调，六位发音人的起点位置都不一致，男3、女3在最高点或接近最高点的位置，女1、男2位于他们音域的中部，男1、女2的起点则位于音域底部，接近低调上声的起点；阳平有三个调型，降调{42}或凹调{424}或升调{24}，女3的凹调与女1、男3的凹调不同，凹点位置更靠前，起点远低于终点是个升调{24}，在城话的阳平原本应为降调，由于受到普通话的影响，逐渐演变出调尾上升的部分，向普通话的上声靠拢；上声是个纯低调型/22/，在城话实现为低凹调{213/313}；去声是高平调，调尾有下降的趋势，记为{44/55}；入声是个高短调，调值较高，记为{55}。这六位发音人的声调信息汇总，见表1-13。

表1-13 溧水六位发音人的声调信息

发音人	调类				
	阴平	阳平	上声	去声	入声
男1	21	42	213	55	55
女1	31	424	213	55	55
男2	31	42	313	44	55
女2	21	42	313	44	55
男3	51	424	313	44	55
女3	51	224	313	44	55
调型	降	降/凹/升	低(凹)	平	

（三）小结

溧水话属于江淮官话洪巢片南京小片，有五个调类：阴平、阳平、上声、去声、入声。阴平是降调{31}，起点位置有个体差异；阳平个体差异较大：降调{42}或凹调{424}或升调{24}；上声为低凹调{213/313}；去声是高平调{44/55}；入声是高短调{55}。溧水话与南京话同属一个方言小片，调类数目相同，均为五个，但调型有差异。南京话四个舒声调分别为：降升低(凹/平/降)平，溧水话为：降降(凹/升)低(凹)平，阳平和上声调型有区别，因为上声的纯低调变体较多，这种个体差异可以忽略，但溧水话中的阳平调是处于不断变化的状态，从老派的降调发展为新派的凹调，可能未来多演变为一个凹调。

第四节　通泰片的声调

一、泰州方言声调

(一) 方言概况

泰州位于江苏中部,南部濒临长江,北部与盐城毗邻,东临南通,西接扬州,是长三角中心城市之一。泰州市行政区划三市三区,分别为:靖江市、泰兴市、兴化市三个市,海陵区、医药高新区(高港区)、姜堰区三区。全市面积约5 787.98平方千米,常住人口约463.61万人。①

泰州话是泰州方言圈所使用的代表方言。学界称泰州方言圈为泰如方言片或通泰方言片,为江淮官话的内部分区。泰州、姜堰、泰兴、兴化、海安、如皋、如东(西北部)、东台、大丰等县市以前都是属于泰州管辖的区域,1949年后地级泰州区域被行政撤销,其东南部的海安、如皋(含如东)并入南通,其东北部的东台、大丰并入盐城,泰州自身以及原泰州区域西部的县则都被并入扬州,成为扬州的县级区域。1996年县级泰州市从扬州市划出,组建地级泰州市。但属于泰州方言圈的海安、东台等还是划归南通、盐城管辖。目前通泰方言片包括江苏省的海陵、高港、姜堰、泰兴、兴化、海安、如皋、如东(西北部)扬中、东台、大丰等县市,覆盖了泰州、南通、盐城三个地级市。通泰方言片位于江苏中部核心地区,其地理位置是东面大海,南临长江,北望淮河,西接扬州。泰州市海陵区作为泰州市政治经济的中心,其方言是通泰片的代表。

泰州方言语音系统的归纳可见于四种资料:1998年出版的《江苏省志·方言志》《泰州志》《江苏方言总汇》以及2015年出版的《江苏语言资源资料汇编》。声调统一记为六个调类,阳入调的具体调值稍有区别。此外,一些学者侧重于泰州语音史与方言的历史变化研究。如鲁国尧的《泰州方言史与通泰方言史研

---

① 有关泰州市的地理人口等资料信息,来源于泰州市人民政府网 https://www.taizhou.gov.cn/qjtz/index.html,网页查询时间2023年10月。

究》(1961)、《客、赣、通泰方言源于南朝通语说》(1992)、《通泰方言研究史胜述》(2001);顾黔的《通泰方言韵母研究——共时分布及历史溯源》(1997)、《通泰方言音韵研究》(2001)。两位学者都认为"通泰与客、赣方言同源",通泰地区原为吴语,永嘉之乱后北人南下,才使通泰地区的方言性质发生了根本变化。俞扬的《"洪武赶散"与泰州方言》(2006)则认为,该区方言特点是永嘉之乱、"洪武赶散"以及泰州地处江南与苏北之间的地理位置共同所致。

表 1-14 泰州方言声调的记音情况

出处	调类					
	阴平	阳平	上声	去声	阴入	阳入
《江苏省志·方言志》(1998)	21	45	213	33	3	5
顾黔(2001)	21	45	213	33	3	5
刘俐李(2007)	31	44	334	43	54	5

前人对泰州声调的记录,调类和调型大体一致,区别主要是阳平和去声调型上有所不同,省志和顾黔把阳平记为升调,去声记为平调,刘俐李则把阳平记为平调,去声记为降调。

(二) 声调系统

我们在泰州海陵区录制了六位发音人的语音数据。三男三女,根据各自的语音面貌分为新派和老派,声调系统都是单域六调。人际差异不大,新老派的界限也并不明显。泰州话现存六个调类:阴平、阳平、上声、去声、阴入、阳入。阳去字及部分阳上字归入阴平,其他阳上字分别并入阴上及去声,个别阳入字并入阴入。

声调归一图显示,阴平是中降调,记为{32},每个人的降幅不一致,男 2 的阴平比较短,因为大部分阴平字调尾嘎裂,有一部分时长测不到,在发这种降调时,急速下降,后半段能量较小,易发成嘎裂,有一段近 90 ms 的隐形时长,见图 1-18。

女 1 的阳平微升,其余发音人都是高平调,可记为{45/55}。上声是纯低调型/22/,语音实现为低凹{212/213},其中男 2、男 3 是前凹,其余四位是央凹。去声是调尾略微上升的降调,记为{32},与阴平的区别不止在时长上,二者下降的斜率明显不同,阴平更为陡峭。阴入是降调{32},阳入是高平短调{55}。阳

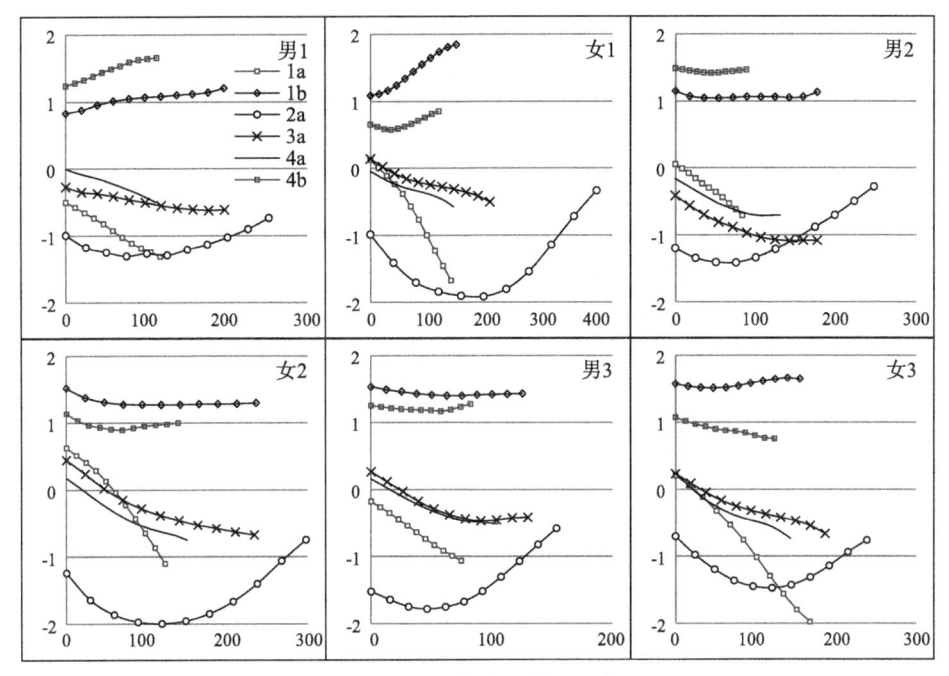

图 1-17　泰州话声调系统

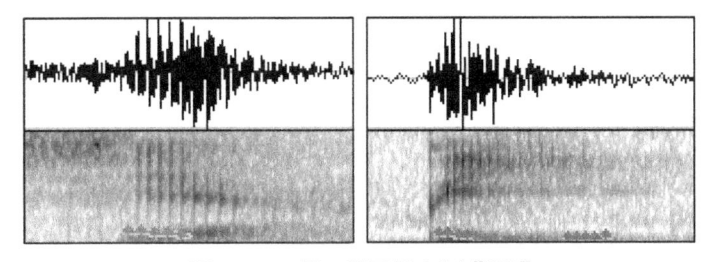

图 1-18　男 2 阴平例字"乡""边"

入调值高,阴入调值低。入声时长随着年龄的变化而逐渐拉长,男 3、女 3 两位新派发音人的阴入、阳入都有一定程度的舒化。女 1 发音人的阳平调部分字带有假声,导致调型表现为升调,见图 1-19,例字"爬"的基频高达 456 Hz 但这属于声调的伴随特征,并未形成调类的对立。

表 1-15 是泰州六位发音人的声调信息。

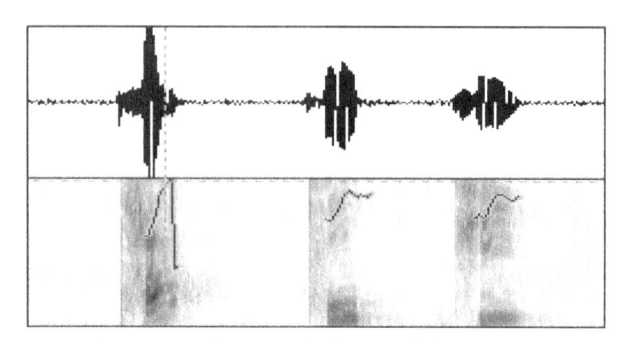

图 1-19　女 1 阳平假声例字"爬""提""田"

表 1-15　泰州六位发音人的声调信息

发音人	调类					
	阴平	阳平	上声	去声	阴入	阳入
男 1	32	45	212	32	32	55
女 1	32	45	212	32	32	55
男 2	32	55	213	32	32	55
女 2	32	55	212	32	32	55
男 3	32	55	213	32	32	55
女 3	32	55	212	32	32	55
调型	降	平	低(凹)	降		

(三) 讨论

1. 阳去归阴平

泰州方言中阳去调归入阴平调,这是通泰方言某些区域的共性。调类合并是以相似的调值和调型为先决条件(曹志耘,1998)。顾黔(2001)从历时的角度分析造成通泰片东部地区方言声调阳去归入阴平的原因,认为二者若是调型相同,调值相近,阳去和阴平合流是一种自然规律。泰州方言中阳去和阴平都是中降调,调型一致,下降幅度略有区别,这反映了语音自然合流的规律。

2. 阴低阳高

泰州方言中阳入调值高于阴入,这符合通泰方言的特点。入声调值"阴低阳高"一直被视作通泰方言区别于吴语入声调的重要特征。北部吴语的入声特点是"阴高阳低",可以从声母清浊来解释。浊声母降低了音高,使得阴调值高于阳调值。通泰方言与吴语地理位置相邻,历史渊源深远,顾黔(2001)构拟通泰方言声调早期形式应当跟吴语一样,按声母清浊各分阴阳。从这个角度说,早期通泰方言入声调值也当为阴高阳低,与今吴语一致,然而现实情况并非如此。

学界对方言声调"阴低阳高"的现象有过分析。王士元(1967)最早将闽方言中的"阴低阳高"现象称为"flip-flop",作为语音突变的证据之一,余霭芹(1986)发现入声的"阴低阳高"现象主要出现在南方方言中,尤其是客家方言、闽方言和赣方言较多。这种现象的条件是浊音清化且末尾是重音音节的方言。郭承禹等(2020)对比了闽、客、赣、晋以及江淮官话的入声"阴低阳高"材料,提出了这种现象出现的前提条件是浊音清化。从舒促关系上看,客家方言的阳入调值大多接近去声,均为高调,阴入调值则比较接近阳平调,往往是低平调或低降调。赣方言则略有差别,阳入调值大多与阴上调较为相似,而阴入调值则与阴平调较为相似。石绍浪(2017)则认为通泰方言的"阴低阳高"和吴语的"阴高阳低"之间并无明显的继承关系,它们可看作方言中阴入、阳入两种不同关系的代表,通泰地区方言入声调可能没有经历过浊低清高的阶段。学界将通泰方言古全浊声母字今逢塞音、塞擦音不论平仄一律读送气清音作为"通泰与客赣同源"假说的主要证据(鲁国尧,2003),我们调查发现的泰州入声"阴低阳高"现象或许也可为"通泰与客赣方言同源"假说提供支撑材料。

此外,如果从发声态的角度看,泰州方言的阳入以喉塞结尾,从拱形看调尾处稍稍上翘。阴入是个降调,以僵声(弱喉堵态)结尾。这也验证了入声的"阴低阳高"与发声态具有较好的对应关系(朱晓农,2008)。

(四)小结

泰州方言现存 6 个调类:阴平{32}、阳平{55}、上声{212/213}、去声{32}、阴入{32}、阳入{55}。我们的调查结果与刘俐李的调型记录是一致的,采用实验的方法进行调查,但调型记录的准确值较之传统的调查方式会有所出入,这也可以解释前人在阳平、上声、去声调型记录上的分歧。泰州市区方言作为江淮官话通泰片的代表方言,有两个特点:一是阳去归入阴平,这体现了语音自然合流的特点;二是阳入调值高于阴入,这可能受发声态的影响,也为"通泰与客赣方言同源"假说提供了语音材料。

二、南通方言声调

（一）方言概况

南通市位于江苏省东南部、中国东部海岸线与长江交汇处、长江入海口北翼，与上海市隔江相望，是江苏唯一同时拥有沿江沿海深水岸线城市。南通市区有崇川区、通州区、海门区和富民港办事处（与南通开发区管委会合署办公），下辖如东县、启东市、如皋市、海安市。全市陆域面积约 8 001 平方千米，常住人口约 774.4 万人。[①] 6500 年前，南通开始成陆，新石器时代青墩遗址是江淮东部原始文化的重要代表，江淮文化与吴越文化在南通相互交融。南通地区位于江淮官话与吴语的交界区域，受该地区特殊的地理位置、境内海陆的涨沉、居民来源的复杂、行政划分的变迁等原因的影响，方言种类丰富、分布错综。

鲍明炜等在《南通地区方言研究》中指出南通地区存在 4 种方言：如海话、南通话、通东话、启海话。

（1）如海话，包括如皋、海安的全部地区和如东除南部大豫等镇的大部分地区，属于江淮官话通泰片，以如皋话为代表方言。

（2）南通话，包括南通市区、通州区石港—刘桥—平潮以南地区、石港—兴仁—观河以西地区、如东新店以南的小部分地区。一般把这片方言归入江淮官话通泰片，但它很大程度上保留了吴语的特点，体现过渡地带的属性，基本不能与通泰片其他方言交流，所以说南通话是非典型的江淮官话，既具有江淮方言的特点，又保留了苏南吴语的性质。

（3）通东话，又称四甲话，以四甲话为代表方言。包括从启东市秦潭起经吕四到海门区东兴、余东、四甲，再到通州区的二甲、余西、东社、金沙一线地区，是一个狭长的方言带。在这个方言带的西端，即金沙袁灶一带，与通东话其他地区相比，有一定差异性，因此通东话内部还分为两个小片：金沙小片和四甲小片。通东话是吴语的延伸，很大程度上表现了北部吴语与江淮官话的交错过渡

[①] 有关南通市的地理人口等资料信息，来源于南通市人民政府网 https://www.nantong.gov.cn/nt-srmzf/sq/sq.html，网页查询时间 2023 年 10 月。

特点,较为特殊。学者们对通东话的归属意见并不一致,《中国语言地图集》把通东话列入了吴语的毗邻小片,徐铁生(2003)则认为通东话属于吴语,但不应归入毗邻小片,而应新开一个北部吴语小片"金吕小片",即西起通州区的金沙镇,东至启东市吕四港镇的方言小片。顾黔(2013)曾对通州以及周边地区进行了实地调查,在证实了通州地区确实保留了浊音或浊流的同时,认为金沙方言区在其他各个方面具有更为明显的官话性质,金沙方言不属于吴语。

(4)海启话,也可称启海话、本场话、沙地话。包括海门区中南部,启东市除秦潭、吕四以西一线之外的大部分地区,通州区东部的三余、海晏、环本一带;如东县东南部的掘东、大豫一带地区。这片方言一般划分为吴语太湖片上海小片,以海门话为代表。

由于南通地区方言内部差异较大,我们选取南通话与通东话金沙片为研究对象,南通话为南通市区(崇川区)方言,金沙话为通州区金沙街道方言。很多学者已对南通方言的研究做了有益的探索,为以后的调查研究奠定了一定的基础。前人对南通话的主要调查记音结果如表1-16所示。《江苏省志·方言志》和鲍明炜等人根据传统的调查方法得出的结果较为统一,刘俐李(2007)通过实验的方法调查南通的声调情况,与传统方法结果大体相同,降调的调值略有差异。

表1-16 南通方言声调的记音情况

出处	调类						
	阴平	阳平	上声	阴去	阳去	阴入	阳入
《江苏省志·方言志》(1998)	21	35	55	42	213	4	5
鲍明炜(2002)	21	35	55	42	213	<u>42</u>	<u>55</u>
刘俐李(2007)	31	35	55	52	323	54	5

(二)声调系统

我们在南通市区进行了语音数据采集,三男三女,根据各自的语音面貌可分为老派和新派。南通市区的六位发音人在声调格局上大体一致,但是在某些调类上个体差异较大,有两位发音人的阳去有嘎裂的发声态,拐点是发音人声域的最低点,故有常域和下域两个调域。

1. 单域七调

南通话现存七个调类：阴平、阳平、上声、阴去、阳去、阴入、阳入。次浊上归入阳去，全浊上字并入阴上，个别阳入字归入阴入（如"杂"）。新派发音人中有个别阴去字归阳去（如"帝""妒"）、个别阳去字归入阴去（如"罢""阵"）。南通市区六位发音人中有四位是单域七调，见图1-20。

这四位发音人的阴平是中降调，降幅较大，一般是声域的最低点，记为{31}；阳平是升调，曲线平滑，记为{35}；上声是高调，除了男1是微升{45}外，另外三位为调尾略降的平调，记为{44}；阴去是高降调，急速下降，调尾一般带有嘎裂，部分基频测不到，记为{53}；阳去调型是纯低调/22/，语音实现为低平{213}；阴入与阳入的喉塞尾在南通话保存完好，都为高短调，阴入为降，阳入为微升，阴入和阳入调值高低有两种情况，"阴高阳低"的是男2和男3，阴入{54}，阳入{45}，其他四位为"阴低阳高"，阴入{43}，阳入{44}。

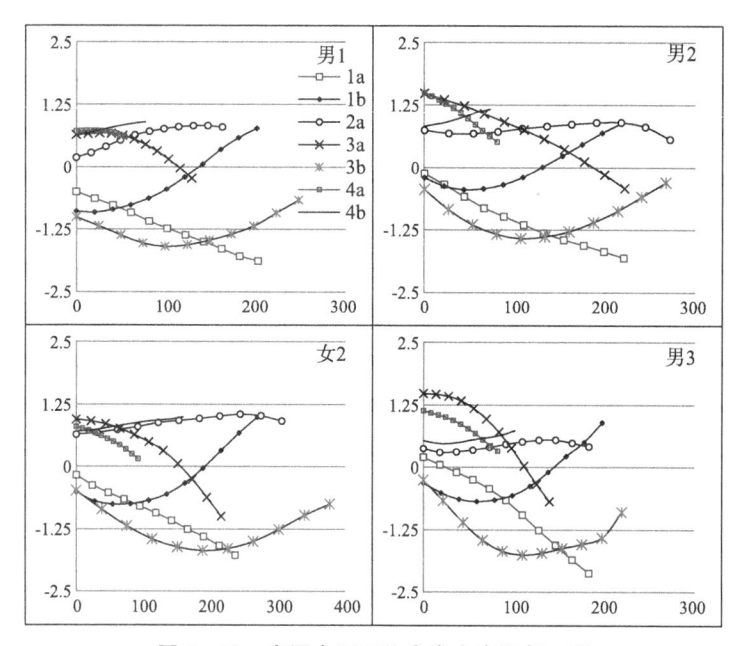

图1-20 南通市区四位发音人声调归一图

声调时长有性别和年龄的差异，图1-21中女2发音人的每个调类时长都较为凸显，尤其是阳去调是个凹调，时长达到近400 ms，因而也是个长调。老、中、青三位男性发音人的阴入时长呈现递增的情况，男 3 发音人要比男 1 发音人长大概 30 ms，这也体现了入声正处于缓慢舒化中。

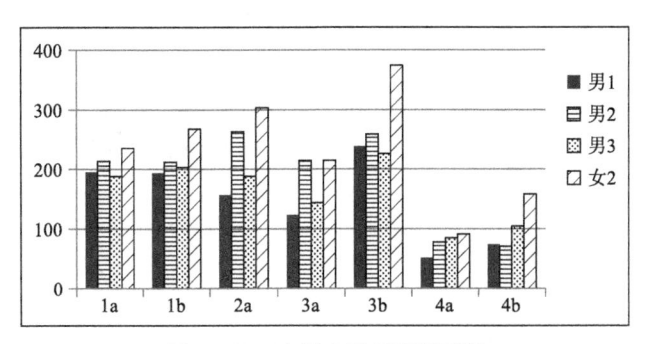

图 1-21　南通市区话声调时长

2. 双域七调

双域包括常域和上域，前者是常态发声，后者由假声或张声定义。双域也包括常域和下域，下域一般由嘎裂声定义。南通市区有两位发音人阳去带有嘎裂，所以为双域调系。

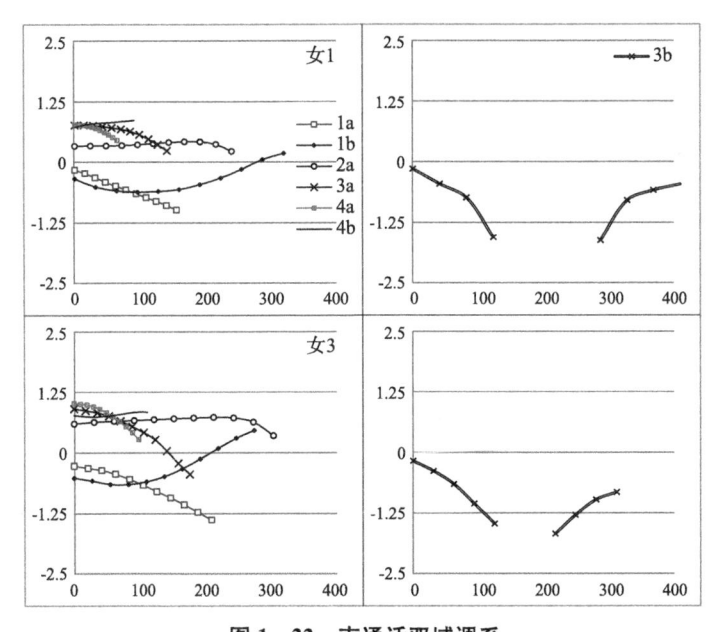

图 1-22　南通话双域调系

女1和女3的阳去调曲线中间出现断裂,属于嘎裂发声,具有区别调类的作用,阳平与阳去都是带有昂拱成分的调型,是个凹调,调型一致,但两者在听感上区别明显,阳平是清冽嗓音,而阳去明显带有嘎裂,例字见图1-23。

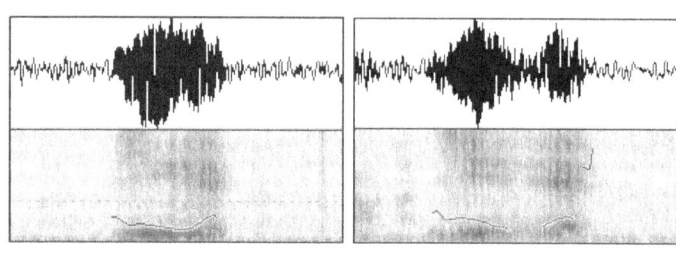

图1-23 女2阳平"羊"与阳去"样"

嘎裂声属于僵声类。中僵声是最为明显的嘎裂声。弱僵声与一般的冽嗓难以区分。强僵声也即喉堵态,性质和喉塞音不同,但极容易混淆。嘎裂音的基频值极低,远低于发音人声域的低限,而且声带振动很不规律,所以基本上很难测到基频,或者测到也是不规则的基频,图1-23中女2阳平"羊"字基频曲线平滑,而阳去"样"字中间基频断裂,属于"中僵声"。

表1-17是南通市区六位发音人的声调信息。

表1-17 南通市区六位发音人的声调信息

发音人	单域:常域						
	调 类						
	阳去	阴平	阳平	上声	阴去	阴入	阳入
男1	213	31	35	45	53	43	44
男2	213	31	35	44	53	54	45
男3	213	31	35	44	53	54	45
女2	213	31	35	44	53	43	44
发音人	下域	常域					
女1	203	31	35	44	53	43	44
女3	203	31	35	44	53	43	44
调型	低	降	升	平	降		

(三) 小结

南通市区方言与通泰片其他方言有差异,其中四位发音人为单域,两位是双域。现存七个调类:阴平是中降调{31},阳平是升调{35},上声是高平调{44},阴去是高降调{53},阳去为低凹{213/203},阴入与阳入都为高短调。男2和男3阴入略高于阳入,其他四位"阴低阳高",喉塞尾保留。年轻人的入声时长显著增长,正在缓慢舒化中。嘎裂声有区别调类的作用,阳平是清声,而阳去是嘎裂。

三、金沙方言声调

(一) 声调格局

金沙方言处于江淮官话和吴语的边界地带,内部方言情况复杂,在方言归属上是学界争议最多的一个方言点,所以我们对这个点选取了18位发音人,老、中、青各六人。不仅考察共时层面上声调的整体格局,也考察声调的声域、长度和音高在代际上的差异。对每位发音人的归一化结果加以平均,可以得到金沙方言单字调的整体格局,如图1-24所示。

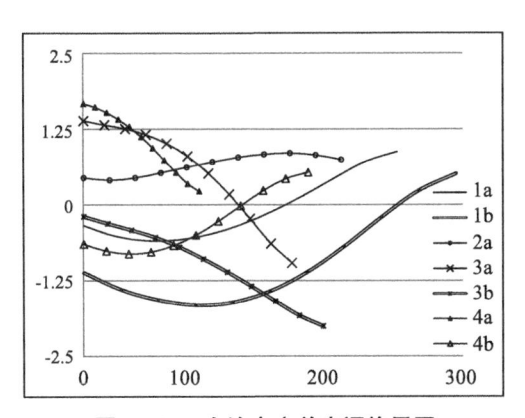

图1-24 金沙方言单字调格局图

金沙方言有七个调类:阴平、阳平、上声、阴去、阳去、阴入和阳入。其中阳平、阳去和入声调类部分发音人具有发声态的特征,如阳平调存在僵声的嘎裂,阳去调有气声的弛声,阴入和阳入有张声的喉塞尾,虽然这些发声态不具有普遍性,声调格局上无法进行分域描写,但具有代际差异的特点,我们将在第四章进行详细讨论。

阴平和阳平调型相似,都是先降后升的曲折调型,阴平起点和终点都高于阳平,但凹点位置有差别,阳平凹点比阴平凹点更靠后,起点和凹点之间的跨度也比阴平更大一些,听感上阳平凹折感更加明显。因此,我们定义阴平是微升调{34},阳平是前凹调{324}。上声呈现微降又微升的趋势,调尾略降,变化幅度较小,整条曲线都落在四度区间内,定义为中平调,调值是{44};阴去起点位于调域最高处,调型呈下降趋势,是高降调{52};阳去调型也呈现下降趋势,起点和终点都比阴去低,总体调域低于阴去,且整体曲线位于调域低部,"低"是这个调类的主要特征,调值记为{31};阴入起点高度和阴去相似,都位于调域最高处,因受调尾喉塞的影响,下降幅度小,时长较短,记作高微降调{54};阳入和阴平调型相似,凹点位置靠前,记作微升调{34}。金沙方言五个舒声调分别对应升、凹、平、降、低五种拱度类型,并以此作为区别特征。金沙方言单字调格局归纳如表1-18所示。

表1-18 金沙方言单字调格局归纳

调类	阴平	阳平	上声	阴去	阳去	阴入	阳入
调型	微升	前凹	中平	高降	低降	高微降	微升
调值	34	324	44	52	31	54	34
调长	长					短	长

为了将本实验单字调的研究结果与学界之前的调查结果进行比较,我们将前人对金沙方言单字调的记音情况列出来,见表1-19。

表1-19 金沙方言声调的记音情况

出处	调类						
	阴平	阳平	上声	阴去	阳去	阴入	阳入
《南通县志》(1995)	24	213	44	52	31	32	24
《江苏省志·方言志》(1998)	24	213	44	52	31	32	24

续 表

出处	调类						
	阴平	阳平	上声	阴去	阳去	阴入	阳入
鲍明炜、王均(2002)	24	213	44	52	31	32	24
顾黔(2006)	24	213	55	52	31	42	35
汪平(2010)	34	224	55	52	21	43	34
瞿晗晔(2013)	35	213	44	53	21	42	34

实验调查结果显示金沙方言单字调调类与调型与前人传统听记的调查结果总体上较为一致,差别主要体现在调值上,具体分析如下。

(1) 阴平是升调,但是升的幅度有所不同,形成调值上的标记差异。阴平记音结果和汪平调查结果相同,调值都是{34},是调域跨越一度的微升调,不同于其他研究者调查出的{24}和{35}。

(2) 阳平是凹调{324},其他研究者采用传统的听记手段标调为{213},是标调框架的不同。汪平{224}的调查结果和本文实验结果的差别在于起点音高略低。

(3) 上声是平调{44},前人调查结果有{44}和{55}两种,{44}可以看作高平{55}的变体。{44}和{55}调域相差一度,但因为金沙方言声调系统中只有上声这一个平调,上声主要以"平"这个拱度特征来和其他调类进行区别,听感上无区别,所以{44}和{55}的标调差异可以忽略不计。

(4) 阴去是高降调{52},前人调查结果为{53}和{52}。降调的目标是起点,{53}和{52}的听感差异不明显,互为变体。因此,各家阴去的标调结果一致。

(5) 阳去是降调{31},其他研究者的调查结果还有{32}和{21}。总的来说,这几个调值的本质一致,主要区别特征就是"低",可以看作纯低调。

(6) 阴入是短降调{54},其他研究者的调查结果包括{32}、{43}和{42},都体现出了"短"的声调特征,但是起点音高却有较大差别。

(7) 阳入是升调{34},除了时长比阴平短,调型、调值和阴平趋同。除了顾黔(2006)、瞿晗晔(2013)调查的阴平和阳入调值不同,其他研究者的结果都是相同的。这种调型相似调值相同的不同调类,在代际表现上有特殊规律,将在后文"R 调"讨论部分做详细论述。

综上所述,对金沙方言单字调音高的实验结果和前人的研究结果相比,主要差异在于阴平、阳入两个升调的调域跨度以及阴入的起点音高。

(二)代际差异

金沙方言单字调的总体格局是对发音人单字调基频归一值进行总体平均的结果,有可能会掩盖个体发音人单字调的调型及调值特征,也可能导致我们忽略掉方言中存在的一些特殊现象。随着时间的推移和普通话的普及,语言的变化可能会表现为不同年龄群体的特征差异。我们以年龄作为分类依据,对老、中、青三个不同年龄阶段发音人的单字调格局进行分析与比较,以期发现方言声调演化的一些规律。

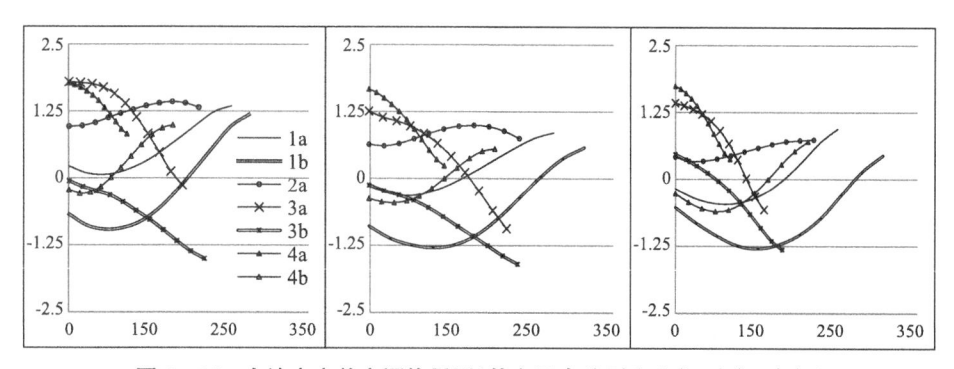

图1-25 金沙方言单字调格局图(从左至右分别为老年、中年、青年)

图1-25是金沙方言老、中、青发音人每个声调在整个声学空间内的分布情况。老年人和中年人的阴平调整体都呈上升趋势,起始部分都有一个下降的凹形,下降段大约占全部调型段的20%,可以看作是自然形成的声带发音的伴随特征,记为微升调{34}。青年人阴平调的起点和尾点位置和老年、中年相同,调型也都是由下降段和上升段两部分组成,差别在于青年人的下降段时间更长一些,大约占整个声调时长的30%,凹点位置相对其他两个年龄段的人来说更靠后,凹点音高也略低,听感上有较为明显的曲折感,记为前凹调{334}。

阳平调的调型具有明显的代际差异。虽然都有先降后升的曲线走势,但是凹点位置随着年龄变小而逐渐后移。老年人阳平凹点位置在时长的15%左右,是升调{24},中年人为30%左右,记为前凹调{324},青年人为40%左右,记为央凹调{323}。青年人的阳平调例字部分有嘎裂的发声态,用以区别相似调型。

发音人上声调起点和尾点都位于调域中部位置,整体呈现微升的趋势,差别在于,老年人和中年人上声的尾部略降,青年人则没有明显的降尾。三代人上声都是一个平调,调值记为{44}。

阴去调型也基本一致,起点调值都位于各自调域的上部,尾点落在调域下部,是一个高降调。中年人的尾点比老年、青年略低,但不影响听感,调值记为{52}。

老年人、中年人阳去调的起点调值位于调域下部,尾点调值达到调域的下限,是一个不以调型为区别特征的纯低调{31}。青年人阳去起点和尾点都比中、老年略高,记为{42}。阳去调的发声态有明显的代际差异,老年人有明显的气化特征,具有弛声的特点,而青年人气化特征消失,很多例字都读成了普通话的去声调。

阴入起点调值位于调域上部,是调域的上限,尾点位于调域的中部,整体是一个高微降调{54}。

阳入调也是降升型曲线,老年人和中年人的凹点位置都比较靠前,调头大约占据时长的10%—20%,记为升调{34}。青年人阳入的凹点位置比老、中年人要更靠后,在30%的位置,不论是下降段的时长还是下降幅度都要更大一些,定义为前凹调{334}。

三代发音人七个声调的调型、调值和调长情况总结如表1-20所示。

表1-20 金沙方言单字调代际格局归纳

调类	阴平	阳平	上声	阴去	阳去	阴入	阳入
调型	微升	中升	中平	高降	低降	高降	微升
老年	34	24	44	52	31	54	34
中年	34	324	44	52	31	54	34
青年	334	323	44	52	42	54	334
调长	长					短	短/长

金沙方言老、中、青三代发音人声调格局大体一致,七个调类中包括五个舒声和两个入声,舒声中有一个升调、一个凹调、一个平调、两个降调,入声中阴入表现为高降调,阳入表现为微升调,整体呈现出"阴高阳低"的特征。阴平、阳平、阳入三个调类在调型和调值上差异明显。

(三)"R 调"讨论

金沙方言上声、阴去、阴入三个调类的调型及调值在不同年龄段发音人之间的分布情况基本一致。有差别的是阴平、阳平和阳入三个调类。这三个调类都属于调型相似的昂拱调,都有凹点,具有上升段[+Rising]的共性,我们定义为"R 调"。这种"R 调"的内部通常以凹点位置、终点音高或发声态相区别而形成不同调类的对立现象。通泰片的兴化方言中也有这样的"R 调"对立。

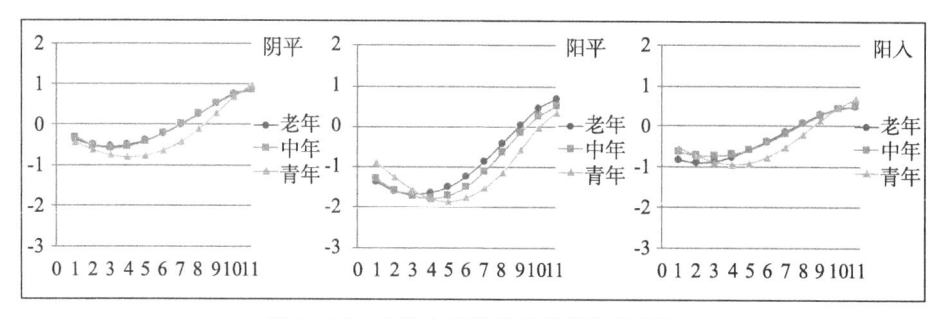

图 1-26 金沙方言降升调的代际差异图

阴平、阳平和阳入三个调类的起点和尾点音高比较一致,主要是凹点位置的差异,这决定了调型定义为升调还是凹调。除了音高标准外,我们大致可以将凹点位置在时长 20% 或之前的定为升调,在时长 30% 左右的为前凹调,40% 前后的为央凹调,50% 之后的为后凹调(朱晓农,2014)。从年龄代际角度来看,阴平、阳平和上声三个降升调的凹点位置都表现为老年人位置最靠前,中年人次之,青年人位置最靠后;从调类角度来看,老、中、青的降升调凹点位置都表现为阳入位置最靠前,阴平次之,阳平位置最靠后。我们将老年人的三个降升型曲线的调类定义成升调,阴平和阳平形成调域高低的对立,阳入是时长的区别。中年人的阴平和阳入调型相似,都是升调,阳平是前凹调。而青年人这三个调类凹点位置都更加靠后,听感上也有较为明显的凹折感,所以定为凹调,阴平和阳入是前凹调,阳平是央凹调,阴平和阳平形成调域高低和凹点位置前后的双重对立。

与金沙方言单字调的总体格局相比较,中年人的单字调格局完全一致,老年人基本一致,唯一不同的就是阳平被定义成了升调。而青年人三个调类和总体格局的差异是最大的,共同点是凹点位置都比较靠后,所以本是微升调的阴平和阳入在青年人中被定义为前凹调,而本是前凹调的阳平在青年人中被定义为凹点位置更加靠后的央凹调。同样,青年人阳去调变为中降调,也是和总体格局中的低降调存在差异。青年人这四个调类的记音情况与前人记音差别较大。究其原因,可能是之前传统的记音研究多以中、老年人作为主要的调查对象,选择的发音人中缺少青年人这一群体,而且一般只选取一到两名发音人,发音人较少,难以发现差异。同时,我们的研究结果也说明,按照年龄分段对金沙方言声调进行代际差异研究是极有意义的,这些代际差异反映的是金沙方言声调的演变趋势也从侧面反映了方言语音面貌的巨大变化。

对于青年人凹调阳平中部出现的嘎裂现象,可以结合金沙方言阴平和阳平的代际差异做出一定的解释。一个声调系统中同时存在两个调型相似的凹调,并且两个调类的起点和尾点音高值也没有太大差别,嘎裂的出现很有可能是青年人为了对这两个调类进行有效的区分而采取的一种发声策略,利用嘎裂发声突出阳平凹点"低"的特点。

以上的调查结果也引发了我们的思考:阴平、阳平、阳入三个调类在老、中、青三代发音人中呈现出的随年龄变化而凹点位置越靠后的趋势,这种现象的出现是不是偶然?这种现象究竟是一种历时演变的差异还是只是一种不稳定的状态?这几个降升调呈现出的差异对于当地人来说究竟有没有区别性的意义?当地人主要是通过哪些特征对这几个调型相似的调类进行区分,是单一特征还是综合特征?凹点位置的差异对于分辨阴平和阳平这两个调类来说有没有影响?影响有多大?这需要从听感语音学角度进行感知实验的考察,第三章对兴化方言声调的感知实验可以提供实验范本,相似调型在不同方言中会有不同的声学或听感表现,如果进行类似调型的听感实验,对普适调型库和听感范畴系统将起到很好的检验作用。

（四）小结

金沙方言有七个调类，阴平、阳平、上声、阴去、阳去、阴入和阳入，五个舒声调分别对应"升凹平降低"五种拱度类型，阴平、阳平和阳入三个调类调型相似，都有凹点和上升段，凹点位置随年龄减小呈现靠后的趋势，调型的规律性变化与代际之间的关系需要通过听感实验进一步研究。学者们对金沙话的归属意见并不一致，有吴语毗邻小片和江淮官话通泰片之争。边界地区的方言归属是学界的难题，针对江淮官话和吴语的分区问题，我们提出了"边缘吴语"的概念，以期反映出语言变化的过渡状态。而金沙话这种带有吴语的底层残留更多向官话靠拢的方言，正符合边缘吴语的概念所辖。金沙话的共时特征反映了方言变化的现状，当它带有的吴语特征消失后，就和吴语完全脱离了关系，所以把它跟通泰片方言一起划分在"边缘吴语"的范围内，详见第五章的论述。

四、泰兴方言声调

（一）方言概况

泰兴市是江苏省泰州市的下辖市，位于江苏省中部、长江下游北岸。下辖济川、延令、姚王3个街道、13个镇和1个乡，陆域面积约1 172平方千米，人口约为112万。[1]

泰兴与吴语区一江之隔。泰兴方言内部一致性很强，各乡镇之间通话没有困难。《泰兴县志·方言卷》全面描写了泰兴方言的语音、词汇和语法特点。顾黔《泰兴方言同音字汇》(1990)、《泰兴方言本字考》(1990)、《泰兴方言词汇》(1994)、《泰兴方言研究》(2015)等对泰兴方言做了深入研究。

表1-21 泰兴方言声调的记音情况

调类	阴平	阳平	上声	去声	阴入	阳入
《江苏省志·方言志》(1998)	21	45	213	44	4	5
顾黔(2015)	21	45	213	43	43	45

---

[1] 有关泰兴市的地理人口等资料信息，来源于泰兴市人民政府网 https://www.taixing.gov.cn/zjtx/index.html，网页查询时间 2023 年 10 月。

（二）声调系统

我们在泰州市区济川街道进行实地录音,选取六名发音人进行录音数据采集工作,分为老、中、青三个年龄层,男女各一人。泰兴六位发音人的声调系统都是单域六调,调型较一致。六个调类为:阴平、阳平、上声、去声、阴入、阳入,阳去字以及全浊上字归入了阴平,次浊上声字分别并入阴上。有一些调类字的合并比较特殊。例如,女2、男3、女3三位发音人的一些阳去字并入了阴去,泰兴方言中的阴去调也是一个高降调,听感上与普通话的去声调值十分相近。一些阳入字并入阴入,这也并非泰兴话独有,从泰兴东边的南通到西边的泰州,都有部分阳入字并入阴入,只是数量多少的问题。但是泰兴话部分阴入字变为阳入字却是个例。顾黔(2001)指出泰州方言阴入字大部分既有文读(阴入),又有白读(阳入),如今大量的阴入字只具有文读,这项音变速度正在加快,也许在若干年后,泰州市方言的阳入会完全混同于阴入,不论清入、浊入,统变为一个入声。

图1-27是六位发音人的声调系统。阴平是低降调,一般起点都高于上声起点,只有女1的起点比上声低,记为{32};阳平是高微升调{45},男3的阳平

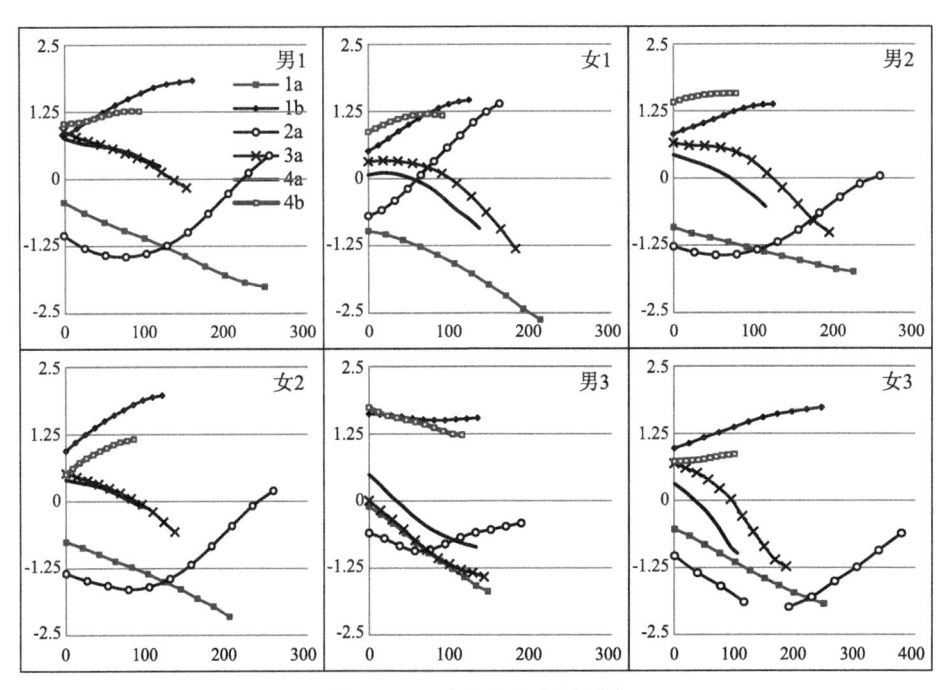

图1-27 泰兴方言声调系统

上升部分不明显,似平调;上声是个纯低调型/22/,语音实现为两个变体低凹{213}和低升{23},女3发音人的上声是低凹调,拐点处带有嘎裂,曲线中间出现断裂,但是这种嘎裂是作为低调的伴随特征,在泰兴话中并没有起到区分调类的作用,例字见图1-28。去声是中降调{43},降幅较大。阴入、阳入都是短调,阴入中降{43},阳入高微升{45},男3发音人的阴入有个别例字喉塞尾脱落,如"八""滴"等。

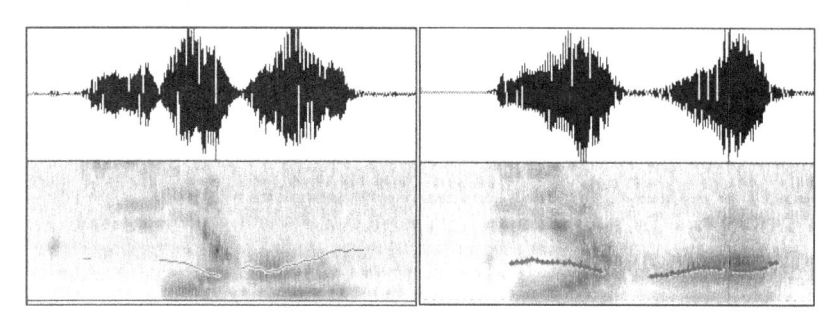

图1-28 女3上声嘎裂例字"响""假"

这六位发音人的声调时长有年龄差异,男性发音人的入声时长呈现随年龄减小而拉长的现象,男3调类的平均时长短于其他两位男性,但是入声时长却显著增加,详见图1-29。

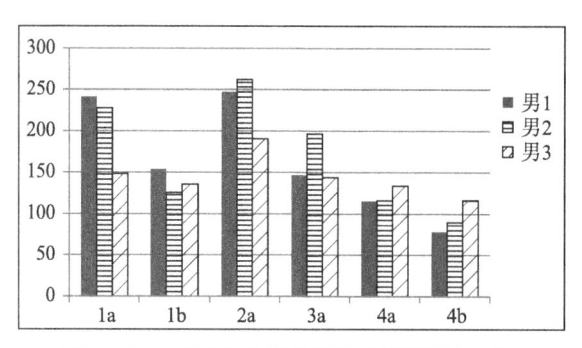

图1-29 泰兴三位男性发音人声调时长对比

表1-22是泰兴六位发音人的声调信息汇总。

表 1-22 泰兴六位发音人的声调信息

发音人	调类					
	阴平	阳平	上声	去声	阴入	阳入
男 1	32	45	213	43	4̲3̲	4̲5̲
女 1	32	45	23	43	4̲3̲	4̲5̲
男 2	32	45	213	43	4̲3̲	4̲5̲
女 2	32	45	213	43	4̲3̲	4̲5̲
男 3	32	55	213	43	4̲3̲	4̲5̲
女 3	32	45	213	43	4̲3̲	4̲5̲
调型	降	升	低(凹 0)	降		

（三）小结

泰兴话现存六个调类：阴平{32}、阳平{45}、上声{213/23}、去声{43}、阴入{4̲3̲}、阳入{4̲5̲}。新、老派区别体现在入声上，新派发音人由于入声喉塞尾脱落，入声时长拉长。泰兴话阴入字、阳入字互相归变的现象佐证了顾黔（2015）提出的"泰州阴入、阳入将会归并为一个入声调类"的推测。

五、兴化方言声调

（一）方言概况

兴化市属于泰州的下辖市，位于江苏省中部，里下河地区腹地。全市设有 1 个兴化经济开发区（临城街道）以及 26 个街道。总面积 2 393.35 平方千米，其中陆域面积约 1 949.65 平方千米，常住人口约 112.66 万人。①

兴化市方言比较复杂，市区及大部分乡镇属于江淮官话通泰片，西北部少数村镇属洪巢片。兴化方言内部从语音上大致可以分为四片：西南片、东北片、东南片、西北片（沙沟片）。西南片以市区口音为代表，靠近扬州，受扬州话影响较大，现存七个调类，有两个入声，属于通泰片；西北片以沙沟口音为代表，有五

---

① 有关兴化市的地理人口等资料信息，来源于兴化市人民政府网 https://www.xinghua.gov.cn/zjxh/index.html，网页查询时间 2023 年 10 月。

个调类,一个入声,口音与盐城较为相近,属于洪巢片;东北片以安丰口音为代表,有六个调类,两个入声,总体口音与市区相差不大,属于通泰片向洪巢片的过渡阶段,方言划归通泰片;东南片以戴南口音为代表,有六个调类,两个入声,声调与市区差异不大,划归通泰片。

《江苏省志·方言志》中有对兴化方言的音系描写,张炳钊的《兴化方言志》一书对兴化方言的语言系统做了详尽的描述。顾黔《通泰方言音韵研究》(2001)对兴化方言做了音系学的描写。刘俐李(2007)也对该点做过研究。现将前人对兴化方言的记音整理,如表1-23所示。

表1-23 兴化方言声调的记音情况

调类	阴平	阳平	上声	阴去	阳去	阴入	阳入
张炳钊(1995)	324	34	213	53	21	4	5
《江苏省志·方言志》(1998)	33	35	213	53	21	4	5
顾黔(2001)	33	35	213	53	21	4	5
刘俐李(2007)	31/51	44/55	334/213	43	54		5

(二)声调系统

由于兴化方言内部差异性较大,我们选取了上述四片中的四个代表点,即兴化市区、西北片的沙沟、东北片的安丰、东南片的戴南,进行了实地录音。兴化市区选取了六位发音人,其他地区每个方言点选取四位发音人,共18位发音人。调查结果显示,从市区到沙沟的声调数目呈现一个递减的状态,体现了兴化内部江淮官话洪巢片和通泰片共存的一个现状,而安丰、戴南正处于从通泰向洪巢过渡的一个阶段。

1. 兴化市区声调

兴化六位发音人之间有共时差异:三人是双域,三人是单域;五人是七个调类,其中一个发音人阴去和阴入正在合并中,一人是六个调类。他们的调类信息见表1-24。

表 1-24 兴化六位发音人的声调信息

发音人	双域						
	上域		常域				
	阴去	阴入	阴平	阳平	上声	阳去	阳入
男 2	66	66	324	35	323	42	45
男 3	66	66	24	35	23	42	44
女 2	56	66	434	34	322	42	55

发音人	单域:常域						
女 1	55	55	324	35	323	42	44
女 3	55	>阴去	324	35	323	42	45
男 1	55	=阴去	324	35	323	32	44

兴化方言六位发音人的人际差异相当大,大多数人有七个调类,个别有六个调类,还有因扩散变化未完成而产生调类分裂的。更重要的是,有三个人的阴去/阴入带有假声/张声,构成一个双域声调系统;还有三个人假声/张声消失,只剩下一个清冽声,所以是单域声调系统。

阴平和阳平人际差异较小,同位调变体最少。阴平主要是前凹{324},但有两个人实现为升{24},一个实现为中凹{434}。阳平最稳定,基本上都是高升型{35},只有女 2 升得少一点,是低微升{34}。

上声是纯低型/22/,语音实现为低平{22},低降{32},低凹{323/324}或低升{23}。女 2 的上声纯低调的同位变体较多,大多数调拱为低平{³22},有个下降的调头(见图 1-30 第一个例字"懂")。第二个例字"粉"是低降{32},最后有漏气。第三个例字"岛"是低降平,之后有喉塞尾,调尾突然上翘{324}。第四个例字"响"是低降,但调尾漏气,听感上是低平{322}。同一个调类里的调型表现复杂,说明纯低调的调型不具有区别特征。

阴去因为有假声的发声态,男 2、男 3 和女 2 的声调呈现上域和常域的双域特点。阳去是低降型/42/(只有男 1 有点变异,呈现为最低降{32}),基频快速下降,最后一段基频无法测量,在语图中表现为曲线较短。原因是阳去调尾处喉门松弛漏气,气压不足以振动声带,这一段是隐性时长。见图 1-31,测到的基频时长是 136 ms,但后面声带松弛漏气的隐性时长更长。

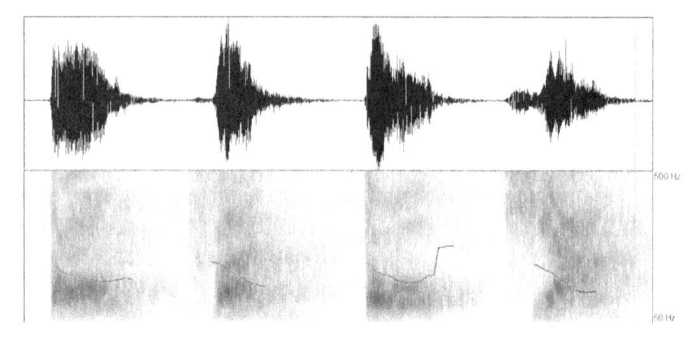

图 1-30　女 2 上声纯低调的多种表现形式,例字从左至右为"懂""粉""岛""响"

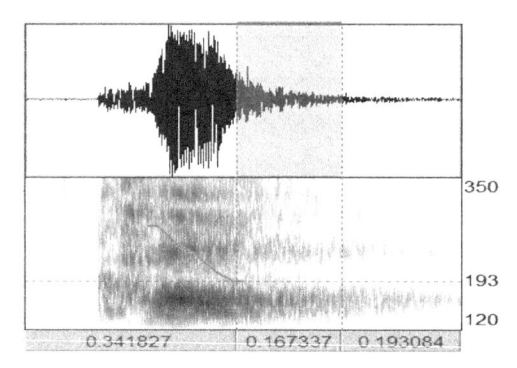

图 1-31　女 2 去声"共"k^{h}ɔŋ^{42} 的隐性时长

带有假声和喉塞尾的阴入在七个调类中变化最大。有一人假声消失,还有两人假声和喉塞尾都消失了。阳入有三人还保留短调,其余三人舒化了或在舒化中,变为中到高的微升或中平{445/44/34},图 1-32 是双域男 2 和单域女 1 的声调格局图,中间的图为男 2 发音人的上域两个调类。

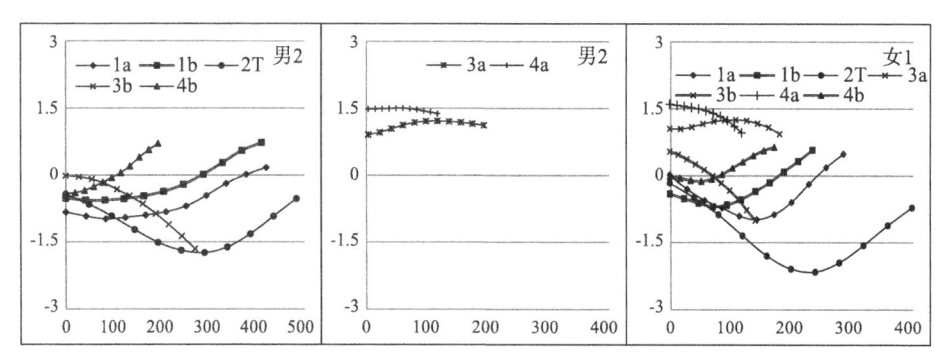

图 1-32　兴化市区声调系统(前两图为男 2 发音情况,后图为女 1 发音情况)

男 2 发音人的阴去和阴入带有假声或张声,故另分一个上域,调型是个平调,差异是时长。阴平、阳平、上声都为曲折调,但三个调类的凹点与时长明显不同,时长越短,凹点越靠前,阳平凹点大概在总时长的 15% 左右位置,可以视为升调{35},阴平是前凹调{324},而上声是央凹调{323};阳去是中降调{42}。发音人的阳入喉塞大多脱落,时长接近 200 ms,在一定程度上舒化,但阴入依然保留入声短调。阴去多为假声,个别是张声。假声最显著的声学特征就是超高频率。假声字基频值多数在 300 Hz 以上,少数能达到 400 Hz 以上,听上去紧促高昂。假声如果作为一个区别特征出现在声调系统中,即可定义一个"上域"。假声最显著的声学特征就是超高频率。

兴化市区的声调格局见图 1-33。双域七调的格局是上域两个高调,一长/66/(阴去)一短/66/(阴入)。常域五个声调:前凹/324/(阴平)、高升/35/(阳平)、纯低/22/(上声)、低降/42/(阳去),还有一个阳入高短/55/。男 2 的阳入舒化为中短{45}。男 3 的阴平是低升{24},阳入也舒化为{44}。

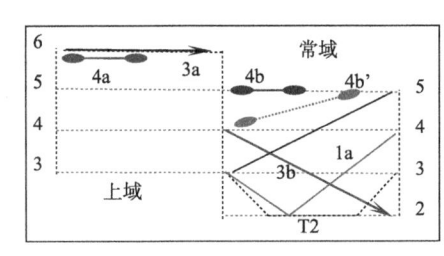

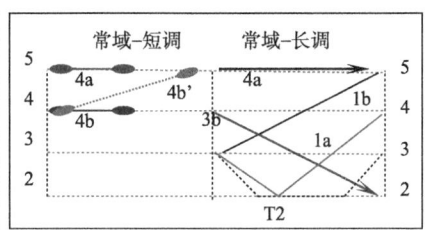

图 1-33 兴化市区声调格局(左图为双域七调,右图为单域七调)

单域的调型格局是五个长调与图 1-33(左)类似,只是阴去从上域进入常域。两个短调也一样,只是阴入从上域进入常域。阳入同样有一个舒化的高微升变体如女 3 的{45}。

2. 安丰、戴南声调系统

安丰、戴南作为通泰片向洪巢片过渡的方言点,都有六个调类:阴平、阳平、上声、去声、阴入、阳入,与市区相比,阳去调进一步并入阴平。

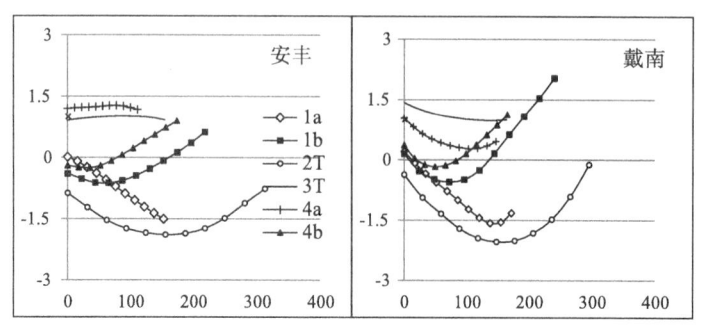

图 1-34 安丰、戴南声调系统

两个点的声调格局图对比发现,声调系统较为一致,个别调类有差别。阴平是中降调{32},戴南阴平调尾有上升部分,可能是从凹折调退化而来,也体现了它作为过渡方言的特点。阳平是高升调{35},调尾较高,上升幅度较大;上声是纯低调型,语音实现为低凹{323};去声是高平调{55};入声的阴入时长较短,阳入大部分喉塞尾脱落,分别记为{55}、{45}。

3. 沙沟声调系统

沙沟镇地处兴化西北部,方言划归江淮官话洪巢片,现存五个调类:阴平、阳平、上声、去声、入声,与安丰、戴南相比,入声减少一个。与市区、安丰、戴南正好形成一个调类数目递减的连续统,体现方言演变的一个渐进过程。

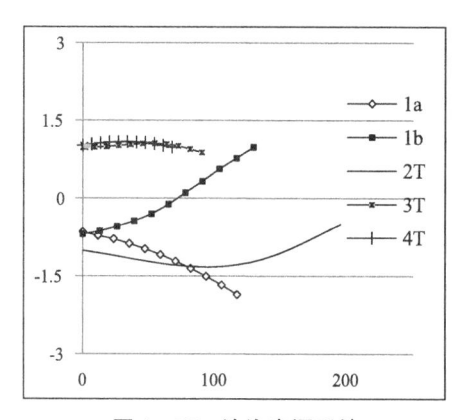

图 1-35 沙沟声调系统

图 1-35 是沙沟发音人的声调归一图,阴平是中降{32},调尾常带有嘎裂,有一段弱漏气,约 70 ms 的隐性时长。阳平高升{35},上声是低调{22},凹折感

并不明显。去声为高平调{55},入声为喉塞短调{55}。

(三) 调型和调类的讨论

1. 调型对立

昂拱调型即含有基频上升成分的调型,具有[+Rising]的共性,可定义为"R调"。兴化市区方言中有三个昂拱调:高升型的阳平、前凹型的阴平、低凹型的上声。图 1-36 是兴化市区男性发音人与女性发音人的三个调类的曲线图。

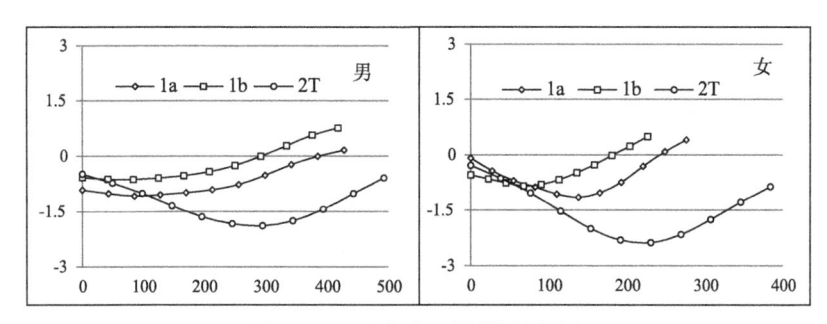

图 1-36 兴化市区昂拱调型对立

男性发音人的三个调类基频曲线并没有形成很好的对立,阴平和阳平调型基本一致,是个升调,但升幅较缓,调型似凹调,差异在音高。女性发音人三个调类曲拱呈现"前凹—升—央凹"的对立,阴平是前凹,凹点位置在 30%—40% 之间,阳平是升调,凹点位置在 20% 之前,上声是一个央凹或者低凹,凹点位置在 50% 左右。这三个调类呈现一个制约的状态,时长越长,凹点越靠后。这种同一调型中依据凹点位置的改变来区别调类的现象,在听感范畴中的影响因素到底是什么,这一点很值得我们进一步探讨。我们在第三章感知实验中重点考察了调型峰点音高、凹点位置、凹点音高三个参数在感知这三个"R调"时的区别作用。

2. 调类分合

兴化方言四个代表点有三种声调系统,声调数目的差异反映了兴化方言从江淮官话通泰片向洪巢片过渡的现象,从市区的七个调类到安丰、戴南的六个调类再到沙沟的五个调类,在声调的归并上呈现一个递减的状态,兴化市的声调分合表现了共时层面语音变化的过程。具体的分合情况见图 1-37。

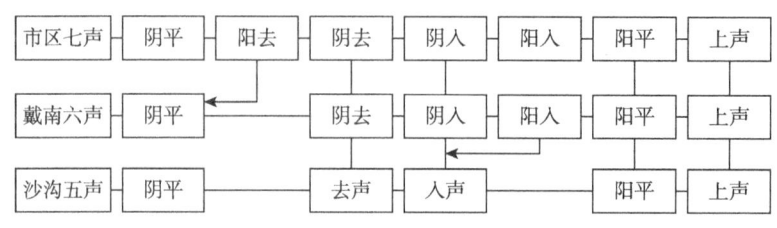

市区七声	阴平	阳去	阴去	阴入	阳入	阳平	上声
戴南六声	阴平		阴去	阴入	阳入	阳平	上声
沙沟五声	阴平		去声	入声		阳平	上声

图 1-37 兴化声调分合图

（四）小结

兴化市区方言声调有两种：双域七调和单域六调。区别是阴去、阴入带有张声或假声，为双域系统。阴平、阳平、上声为"R"调，形成制约性的昂拱对立。安丰、戴南为单域六调，沙沟为单域五调。四片方言中市区片、东北片（安丰）、东南片（戴南）属于江淮官话通泰片，西北片（沙沟）属于江淮官话洪巢片，兴化市内部形成一个从通泰片向洪巢片过渡的连续统，声调数目与声调的分合情况体现了边界地带方言过渡的特点。

六、大丰方言声调

（一）方言概况

大丰是盐城市的滨海新城区，地处江苏省沿海东部，东临黄海。大丰区下辖2个省级开发区、11个乡镇和2个街道。总面积约3 059平方千米，常住人口约64.56万。[1] 大丰境内有盐城话、大丰话和海门话三种。盐城话分布在大丰的北部，以方强镇方言为代表，属于江淮官话洪巢片。大丰话主要分布在大丰的西部和南部，部分分布在斗龙港等地区，大丰话以大中镇方言为代表，与东台话一致，属于江淮官话通泰片。启海话分布在大丰中部包括裕华、南阳等镇，一般称这些当地居民为"海门人"，启海话在大丰地区属于吴语方言岛，归入吴语太湖片，但受大丰话影响较大，与传统的启海话差异明显。

---

[1] 有关大丰区的地理人口等资料信息，来源于盐城市大丰区人民政府网 https://www.dafeng.gov.cn/，网页查询时间2023年10月。

表 1-25　大丰方言声调的记音情况

出处	调类					
	阴平	阳平	上声	去声	阴入	阳入
《江苏省志·方言志》(1998)	21	35	213	44	4	45
顾黔(2001)	21	35	213	44	4	45
李晨(2011)	21	35	213	45	4	
王政航(2016)	21	35	213	44	4	45

从表 1-25 中可以看到,学界的调查研究对大丰方言调值的记录较为统一,有出入的是李晨的调查结果是阳入已经舒化。

(二) 声调系统

我们在大丰大中镇对六位发音人进行了录音,包含老、中、青各年龄段,其中男女各一名。大丰声调有六个调类:阴平、阳平、上声、去声、阴入、阳入。次浊上并入阴上,全浊上和部分阳去字归入阴平,部分阳去归入阴去。五位发音人是双域六调,阳平、阳入带有假声。男 3 是单域五调,阳入舒化后并入阳平。

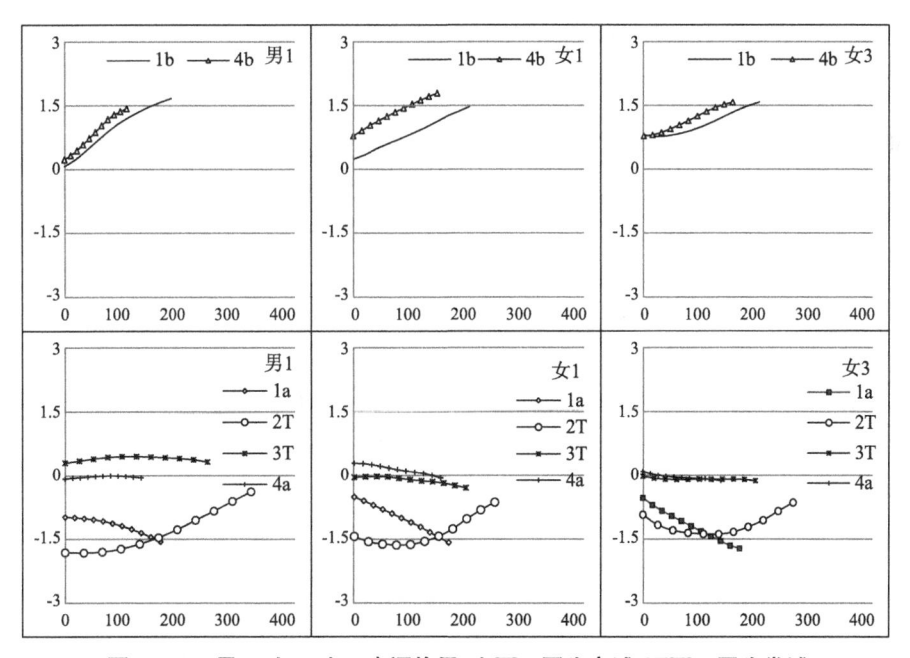

图 1-38　男 1、女 2、女 3 声调格局,上面三图为高域,下面三图为常域

图 1-38 显示，三位发音人的上域为阳平和阳入，阳平带有假声，阳入带有张声，假声的声学特征是超高频率，发张声时从喉头到口腔都比较紧张，音高较高，男 1 的阳平大多数字基频值在 300 Hz 以上，女性发音人的假声基频值达到 350 Hz 以上。阳入字喉塞尾保存完好，个别字带有假声，多数字带有张声。三位发音人的常域为阴平、上声、去声和阴入。阴平{31}是个短的低降调，但起点高于上声的起点，上声是低调，变体为低升或低凹{23/213}，去声是高平调{44}，调尾大多带嘎裂声，所以实际时长比图中的实线要长出约 70 ms。阴入调型与去声相似，但时长较短，个别字调尾带有嘎裂，时长有延长的迹象，正在缓慢舒化中。女 1、男 2 的声调也是双域系统，但和上述三位的双域有所区别。他们的上域只由阳入定义，阳平起点位于调域的中部，几乎不带假声，所以阳平属于常域。

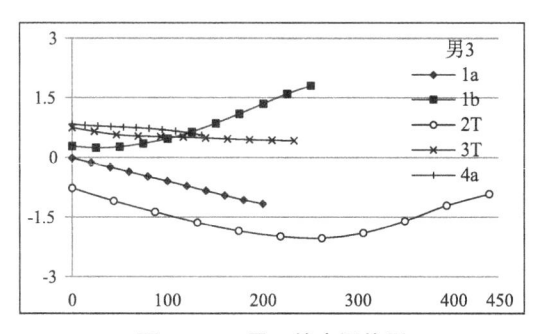

图 1-39　男 3 的声调格局

男 3 是单域五调，见图 1-39。阴平是中降{42}，阳平是中升{35}，上声是纯低调{323}，凹点位置略靠后，时长远长于平均值，阴去是低平{33}，阳入喉塞尾消失并入阳平，阴入字少部分并入阴去，大部分还保留着喉塞尾，时长大约为阴去字的三分之二，正在缓慢的舒化中。阳去、阳入均不带有假声/张声，五个调类都在常域。这是位年轻的男性发音人，受普通话的影响较大。大丰六位发音人的声调调值记录见表 1-26。

表 1-26 大丰六位发音人的声调信息

发音人	双域						
	上域		常域			
	阳入	阳平	阴平	上声	去声	阴入
男 1	<u>56</u>	56	31	23	44	<u>44</u>
女 2	<u>56</u>	56	31	213	44	<u>44</u>
女 3	<u>56</u>	56	31	213	44	<u>44</u>
双域	上域	常域				
女 1	<u>56</u>	45	31	213	44	<u>44</u>
男 2	<u>56</u>	45	31	213	44	<u>44</u>
	单域:常域					
男 3	二阳平	35	42	323	33	<u>44</u>
调型	升(平)	升	降	凹	平	

（三）小结

大丰声调系统是双域六调,阴平是中降{31}、阳平是高升{56}、上声是低凹{213}、去声是高平{44}、阴入和阳入是短调。只有一位青年发音人是单域五调,阳入舒化后并入阳平。大丰声调系统中的特殊发声态主要为:上域假声/张声,入声喉塞尾是张声的声学特征。有三位发音人的阳平带有假声、阳入带有假声或张声,构成上声域,阴平、上声、去声和阴入保留在常域。还有两位发音人的阳平假声消失,可见这种发声态的区别特征有个体差异。假声在江淮官话中并非个例,北端的连云港也发现了假声构成上域的现象。

七、如东方言声调

（一）方言概况

如东县隶属于南通市,位于江苏省东南部,是江淮官话的东南前沿或者说是吴语的东北前沿(顾黔,2003)。如东县下辖 12 个镇、3 个街道、2 个省级经济开发区、1 个农业开发区和 1 个旅游度假区。面积约 1 872 平方千米,人口约

86万。[①] 如东县域内方言复杂，大体分为三种：第一种属于江淮官话话通泰片，其中内部又存在一定差异。一是本场话，即以县城掘港为中心的掘港话（亦称"掘西话"，跟"掘东话"对举而言），包括掘港街道（绝大部分）、长沙、曹埠（大部分）、马塘、岔河、双甸、新店（北部）、苴镇、丰利、洋口（洋蛮河以东）等镇；二是西路话（亦称"栟茶话""洋西话"），从古坝北边向西，至与如皋交界一线以北地区，东至洋蛮河（通洋运河北段），包括栟茶、袁庄、河口（老秀贞乡南河以北）等镇。第二种属于吴方言（启海方言），即沙地话（亦称"沙里话""掘东话"），包括大豫镇、掘港街道（小部）等。第三种是呈现出江淮官话与吴语过渡性质的方言，如通东话（俗称"南场话"），包括掘港（西南）、曹埠（南部）等镇；南通话，包括新店镇（南部）、曹埠镇（西部）等镇。

我们分别选取了河口镇（西路话，属于江淮官话通泰片）、掘港街道（南场话，属于江淮官话与吴语过渡地区方言）、大豫镇（沙地话，属于吴语）。三地共选取了17位发音人，其中河口镇六位、掘港街道六位、大豫镇五位。如东三个方言点的声调都在常域，河口镇六调，掘港街道七调，大豫镇八调。江淮官话通泰片以六调为主，也有部分地区是七调，吴语区声调数目一般为八个。如东方言内部这三个片（吴语片—过渡片—江淮官话片）从东至西呈现声调数目递减的情况。《江苏省志·方言志》所记如东音系有七个调类：阴平{21}、阳平{35}、上声{32}、阴去{44}、阳去{33}、阴入{5}、阳入{2}，可见并不能反映如东境内方言的全貌。

（二）河口镇声调

河口镇说的是西路话，属于江淮官话通泰片，有六个调类，即阴平、阳平、上声、去声、阴入、阳入。男性青年发音人（男3）的阴入舒化后并入去声，只剩五个调类。

阴平是中降调{31}，时长较短，平均只有110 ms左右，但是发音人调尾大多带嘎裂声，所以实际时长比图中要长出约100 ms，仍为舒声降调。阳平大体是高微升调{35}，男1、女1、男2的阳平以及阳入起点处在调域的中部，而男3、

[①] 有关如东县的地理人口等资料信息，来源于如东县人民政府网 http://www.rudong.gov.cn/rdxrmzf/xq/xq.html，网页查询时间2023年10月。

女 3 的阳平、阳入起点很高,这也是新、老派的一个不同。去声是中平调{44},女 1、女 2、男 2 发得较高,起点高于阳平、阳入,尤其是女 1,而新派起点略低于老派发音人。上声是个纯低调/22/,语音变体为{212/23/313},部分例字在凹点处存在嘎裂现象,见图 1-40。

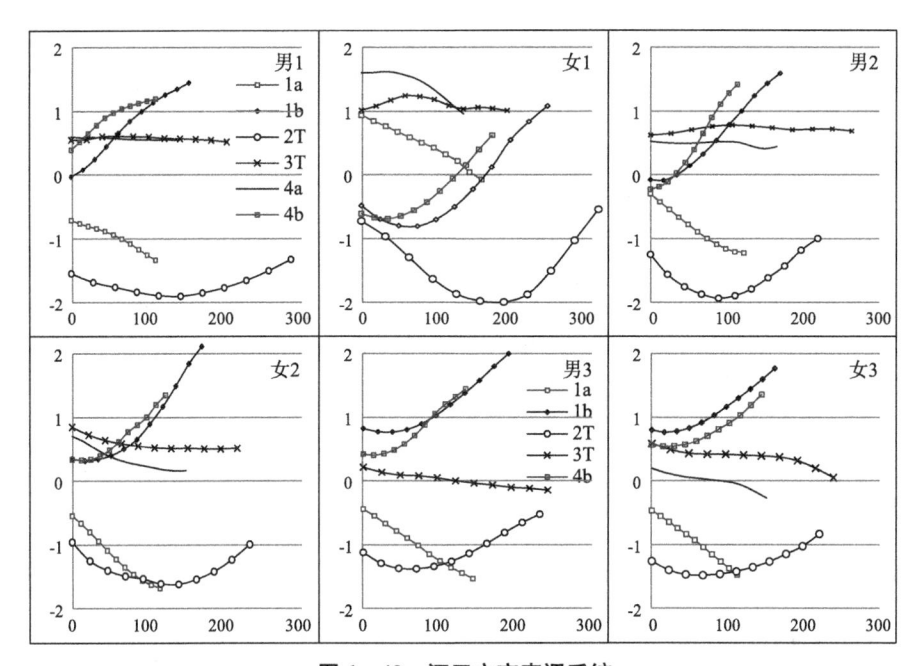

图 1-40　河口方言声调系统

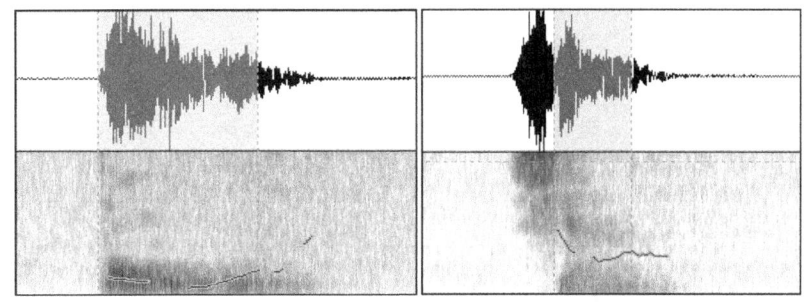

图 1-41　[左]男 1"岛"tɑo²²,[右]女 2"响"ɕiaŋ²²

阴入是个短的微降调,带有喉堵,记为{40},老派发音人阴入短促,调尾一般喉堵明显,发音时调尾挤得很紧,同时基频拉低。新派发音人中女 3 阴入

{40|44}出现分化,个别例字调尾喉堵不明显,同时时长拉长,接近阴去。而新派发音人男 3 的阴入则基本舒化,喉堵消失,并入阴去。

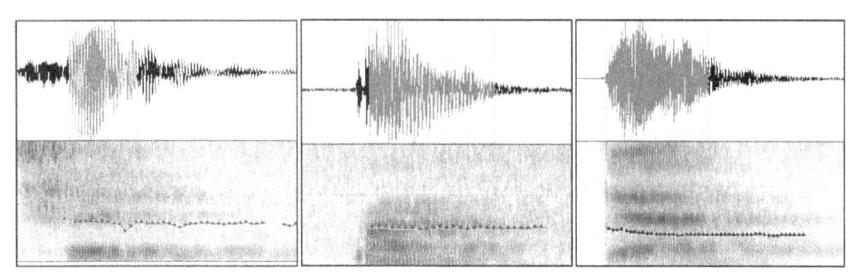

图 1-42 [左]男 1"切"tɕʰie⁴², [中]女 3"剥"po⁴⁴, [右]男 3"滴"ti⁴⁴

从图 1-42 可以看出阴入舒化的演变过程,男 1 调尾喉堵,基频拉低后又有一段隐性时长。女 3 的阴入喉堵消失,时长长化成中短调,男 3 时长进一步拖长,将隐性时长变为真正时长,直至并入阴去。可以预见未来河口的阴入将与阴去合并,完全消失,这也符合江淮官话的发展趋势。

阳入基频曲线大致跟阳平一致,是一个高短调{45},老派发音人调值略高于阳平,新派则低于阳平。老派阳入喉塞尾保存完好,时长平均在 110 ms 左右,新派发音人的阳入依然有喉塞尾,但时长大约是 150 ms,有一定程度的长化,将来进一步舒化后会并入阳平。

河口新、老派声调内部差异主要集中在入声的舒化上,新派发音人阴入、阳入都有程度不一的舒化。河口六位发音人的声调信息见表 1-27。

表 1-27 河口六位发音人的声调信息

代际	发音人	阴平	阳平	上声	去声	阴入	阳入
老派	男 1	31	35	212	44	<u>40</u>	<u>45</u>
老派	女 1	31	35	313	44	<u>50</u>	<u>45</u>
老派	男 2	31	35	212	44	<u>40</u>	<u>45</u>
老派	女 2	31	35	212	44	<u>40</u>	<u>45</u>
新派	女 3	31	35	23	44	<u>40|44</u>	<u>45</u>
新派	男 3	31	35	23	44	>去声	<u>45</u>
	拱度	降	升	低(凹)	平		

（三）掘港街道声调

掘港街道大部分地区说的是本场话，属于江淮官话通泰片，西南部分临近吴语太湖片，说的是南场话，属于江淮官话与吴语的过渡区域，语音面貌既有吴语的特点，又有江淮官话的特征。掘港方言全浊上声归入阳去，阳去并未像河口一样归入阴平，老年、中年四位发音人有七个调类：阴平、阳平、上声、阴去、阳去、阴入、阳入。青年两位六个调类，阳入已舒化并入阳去。

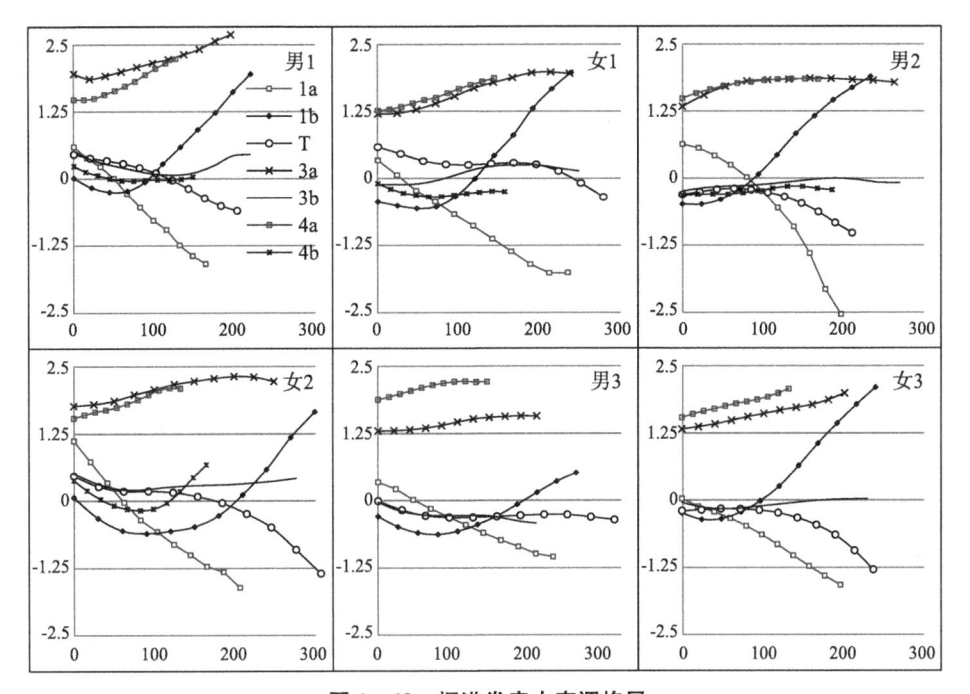

图 1-43　掘港发音人声调格局

从掘港发音人声调格局图来看，六位发音人在入声的时长和归并上有代际差异，这也导致了调类数目的不同。阴平是中降调{31}，男2和女2降调起点较高。阳平是中升调{35}，起点略低于阳去和阳入，调尾升得较高。男2的阴平与上声同化为降调，时长差不多，但降得极低，两者对立明显。女2的阳平是一个前凹调，但听感上凹感不强，她的阳入也发成类似凹调，阳去前半部分有轻微凹，这种前凹有可能是个人的发音习惯。

上声是微降调{32}。女1的上声是略微弱化的两折调{4232}，两折调在江淮官话中较少见,掘港镇的两折调正在一步步弱化成为弯降调,男 1 的微降调也是两折调退化后的一种变体。女 2 的上声是个中弯降{332},拐点位于曲线后半段,听感上有点凹,还略带两折调的痕迹。两折调在吴语中发现较多,掘港两折调是江淮官话中的个例,这点是否可以印证吴语在通泰片的影响呢?我们将在本书第五章进行详细讨论。

阴去是高微升{45},阳去是中平调{33},男 3 的阴去起点略低。其他发音人大体一致。

入声的代际差异较明显。男 1 和女 1 的阴入微升,喉塞尾保存完好,发音短促,记为{45},阳入是个短平调{30},调尾带喉堵。入声在中年发音人中有一定程度的舒化,女 2 的阳入发生分化,有一部分例字归入阴入,有个别例字喉堵消失,时长较长,已经归入阳去。阴入喉塞较为明显,有约为 50% 的例字调尾带嘎裂,这是舒化的前奏,将来可能会长化为中长调。男 2 的阴入、阳入都正在舒化中,阴入大部分喉塞尾不明显,阳入喉塞尾基本上消失,只有个别例字仍然带有喉塞,舒化程度较高,阴入、阳入基频曲线和阴去、阳去基本重合,但入声与去声的时长之比约为 2∶3,所以仍分为两个调类,有合并的趋势。男 3 与女 3 属于新派发音人,女 3 的阴入部分例字喉塞不明显,男 3 的阴入舒化程度较前者高,有部分例字喉塞消失。两位发音人的阳入喉塞尾都已消失,时长也拉得较长,皆与阳去合并,剩余六个调类。

掘港街道六位发音人的声调格局显示入声不同程度的舒化,以阴入为例,详见图 1-44,老年发音人基本上喉塞尾保存完好,中年发音人有一定程度舒化,调尾嘎裂,算作隐性时长,青年发音人已有部分例字舒化并入阴去,隐性时长变为真正时长。

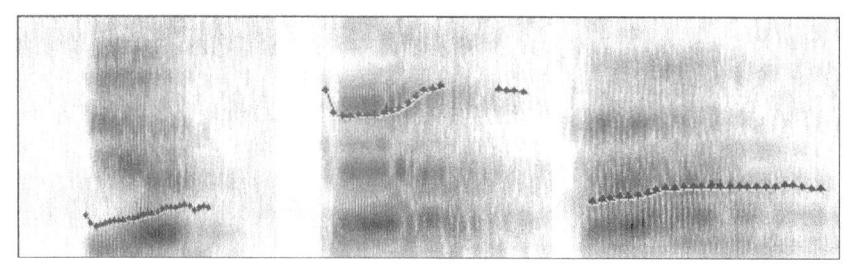

图 1-44　阴入舒化过程:[左]男 1"一"i⁴⁵,[中]女 2"得"te⁴⁵,[右]男 3"得"te⁴⁵

掘港六位发音人的声调信息见表 1-28。

表 1-28　掘港六位发音人的声调信息

发音人		阴平	阳平	上声	阴去	阳去	阴入	阳入
老派	男 1	31	35	32	45	33	45	30
	女 1	31	35	4232	45	33	45	30
老派	男 2	21	35	32	45	33	45	30|33
	女 2	21	35	332	45	33	45	30|33
新派	男 3	31	35	32	35	33	45	>阳去
	女 3	31	35	332	45	33	45	>阳去
拱度		降	升	降	升	平		

（四）大豫镇声调

大豫镇说的是沙地话，属于吴语太湖片上海小片。沙地话位于吴语的最北端，分布地域较广，有很多方言岛，但是内部却具有较强的一致性。沙地话又称启海话（海启话）、崇明话或者海门话，分布在南通市（崇川区中南部、通州区东及南部、海门区南部、启东市南部、如东县东南部、海安市东北小部等）、盐城市（大丰区小部、射阳县小部、滨海县小部、东台市小部等）等部分地区。该语言区位于吴方言与通泰片的方言区边缘，语音比较独特。其源头崇明岛自唐代武德年间在长江口形成以来，至今已有 1300 多年历史。岛上居民主要来自江南地区以及因战乱从北方迁移而来的部分移民，在长期艰苦的垦拓环境中逐渐融合，形成了崇明岛独特方言"沙地话"。这些移民在如东主要分布在东南部的大豫镇等地，人口近 10 万。前人对沙地话的研究不多，音系描写也都是根据口耳听辨。我们对大豫镇的声调进行实地考察，发现五位发音人保留中古八个调类，个别全浊上声字归入阳去，少数阳去并入阴入，但青年发音人的入声舒化程度较高。

图 1-45 中，两位老年发音人声调特点有异同：阴平都是高降{54}。男 1 的阳平是个中升调{35}，上升幅度较大，趋势较急，女 1 的阳平是个前凹调{223}，凹点位于曲线 30% 左右，与阳去的后凹调型形成对立。两人的阴上

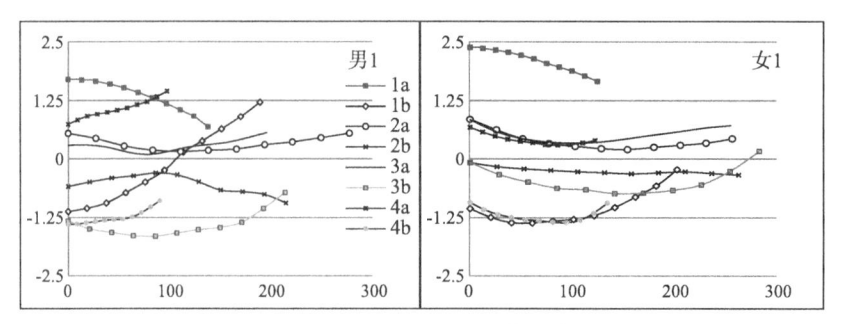

图 1-45 大豫男 1、女 1 声调格局

和阴去的基频曲线比较接近,但听感上,阴去是个平调{44},调头微降,阴上则是个央凹调,凹点大约在 45%,中年、青年发音人凹点进一步后退,成了后凹调。关于凹调的几种不同对立,后文会详细加以分析。男 1 的阳上是个中弯降{322},听感上有些凸感,可能是两折调退化而来,中年和青年发音人都是中弯降或中凸降;女 1 的阳上则是个微降的中平调{33},这也许是个体特征。两人的阳去都是凹调{212/323}。入声喉塞尾保存完好,都为微升短调,幅度相差不大,主要区别在于音高,一个是高微升{45},另一个是低微升{23}。

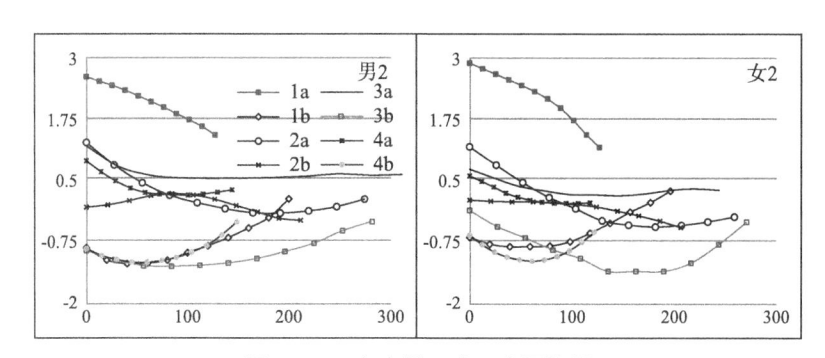

图 1-46 大豫男 2、女 2 声调格局

图 1-46 中,两位中年发音人声调系统大体一致。阴平高短降{54},发音短促,下降幅度不大,有隐性时长,调尾漏气不容易测到,所以是舒声调。阳平是低升{23}。阴上是后凹{434},凹点大约为曲线的 60% 位置,多有嘎裂。阳上发音短促,调型与平调接近,但是有略微拱形,男 2 的基频凸起较为明显,调

头低于峰点,是中弯降{343};女2阳上拐点靠后,前半段平滑,是中弯降{443}。阴去是调头微降的中平调{44},时长约300 ms,是个长调。阳去是凹调{323},凹点位于发音人调域最低点,男2前凹{213},调头微低,女2后凹{313},同是纯低调/22/的实现变体。阴入和阳入都是短平调,阴入曲线微降{44},阳入中微升{23}。女2的入声保留喉塞尾,男2阳去少部分字归入阴去,还有个别例字喉塞尾消失,时长长化并入阳平。

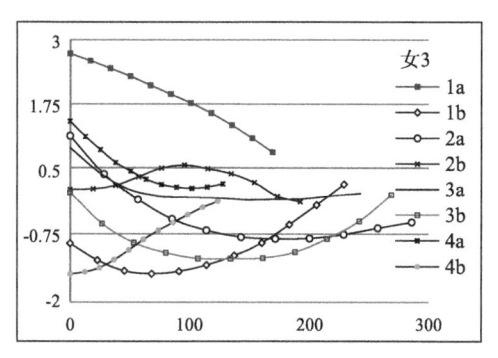

图1-47 大豫女3声调格局

图1-47中,女3代表大豫话演变的最新面貌,她的声调格局与老派有差异。阴平下降趋势更明显,时长从短降变为中短降{54}。阳平是前凹{213},凹点位于曲线的30%左右。阴上调头高于凹点,且凹点位于曲线60%左右,是个典型的后凹调{423}。阳上是个中凸降{343},降幅不大,调头只略高调尾一些,大约70 Hz。阴去调头微降,是个平调{44}。阳去也是凹调,凹点位置位于曲线的50%左右,属于央凹调{323}。阴入是降调{43},阳入是低升{23}。入声舒化程度较高,阴入大多数例字喉塞尾消失,并入阴上;阳入小部分归入阴入,大部分舒化并入阳上,只有少量还带喉塞尾的例字。所以女3的阴入、阳入大部分已经舒化,两个调类各自剩余一些,仍然保留了入声的调类。

大豫发音人调类数目都是八个,但具体调型调值各有不同,差异较大。大豫镇五位发音人的声调信息见表1-29。

表 1-29　大豫五位发音人的声调信息

调类		阴平	阳平	阴上	阳上	阴去	阳去	阴入	阳入
老派	男1	54	35	434	322	44	212	45	23
	女1	54	223	434	33	44	323	44	23
	男2	54	23	434	343	44	213	44	23
	女2	54	23	434	443	44	313	44	23
新派	女3	54	213	423	343	43	323	43	23
	拱度	降	升/前凹	后凹	降/平	平	央凹		

（五）凹调的讨论

1. 掘港两折调演化

两折调指的是听感上先凹后凸，有两个拐点，在声学上有个大致对应的声调，它的拱形为"降—升—降"，类型上归入"凹调型"（朱晓农，2010）。赵元任（1930）曾提及两折调（double circumflex tone）的调型。关于两折调的研究主要集中其变异和演变方向上。朱晓农、衣莉（2011）搜集、考察全国六大方言区（除闽语外）27个方言点的两折调，展示它们的区别作用，并探讨其可能的去向，归纳出两折调的强式和弱式。赖玮等人（2014）考察了北方方言中两折调的变体及对立，为观察两折调的演变路径提供了有利证据。此外，关于类型学上的研究，两折调归入凹调或是降调，学界有不同意见。朱晓农、章婷、衣莉（2012）在分域四度制基础上建立凹调的类型学，将两折调归为凹调中域的一种调型。袁碧霞（2021）考察了福建闽清两折调的变异，描述其音法演化路径为：降调＞弯降＞凸降＞后凸拱＞两折调。凸拱是由降调到两折调的桥梁，闽东多地的凸拱均存在向两折调演变的情况，将两折调归入降调的一种亚型。

这种调型在吴语中发现的比例较大，官话中也存在，但比例相对较小。朱晓农（2012）在《凹调的种类——兼论北京话上声的音节学性质》中提到一例徐州发音人的两折拱形，认为该两折调应从低凹调变来，并指出该例在音法演化上具有重要意义。江淮官话在洪巢片六安市中发现一例。此次如东县掘港街道是通泰片发现的第一例。

两折调的基本调型是先降后升再降下,但也有些变形。标准的两折调较为少见,大多都弱化甚至退化了。朱晓农(2011)依据大量的语音材料,将现存的两折调进行了归纳分类,见图 1-48。

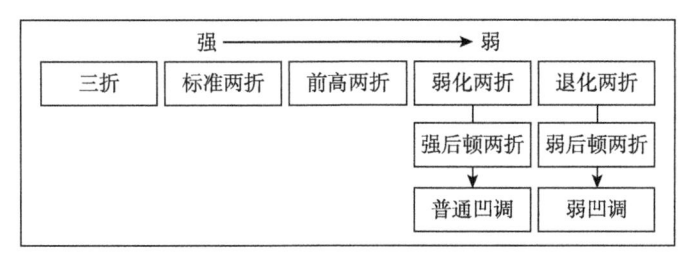

图 1-48 两折调的变体

此次在掘港发现的两折调可以在朱晓农的分类中找到,有标准两折、前高两折、弱化两折、退化两折等形式。掘港的两折调有两种不同的演变路径:一种是"两折调＜凸降＜弯降＜降调";另一种是"两折调＜后凹＜弯降＜降调"。

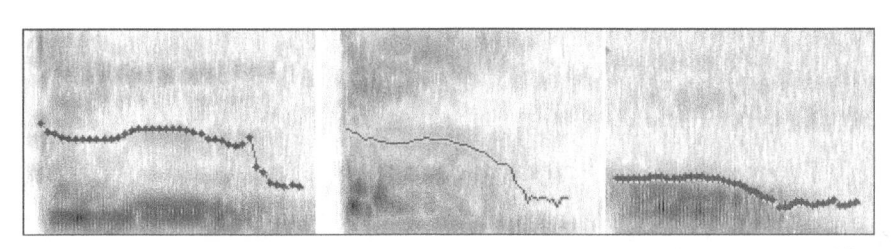

图 1-49 掘港女 1 两折调变体:[左]"走"tsou^{4242},[中]"懂"tuŋ^{4232},[右]"好"xɑo^{332}

女 1 上声中有两折调,少数例字是标准的两折调,其余大部分都是调头略高的前高两折调,也有少数退化成了弯降调或低降,见图 1-49。虽然例字"走"的降幅和升幅不大明显,但调头与峰点音高相当,是个标准的两折调。例字"懂"调头稍高过峰点,是标准两折调的微弱化,称作"前高两折"。例字"好"前段凹的部分已经弱化变平,基频变低,调头略低于拐点,退化成为一个弯降/凸降。弯降/凸降都属于降调的亚型,朱晓农(2012)指出:"弯降"和"凸降"这两个概念一方面是语音描写的需要,两者的拱形和听感都清晰稳定;另一方面是音法演化研究需要,弯降是凸降和直降之间的过渡状态,可以说明不同调型之间的转化关系。两折调的这种退化方式,先由"降—升—降"中的降、升的幅度变小,基频曲线变平缓,然后退化成了"平—降",也就是弯降/凸降,最后退出凹调的范畴,我们将演化路径描写为:两折调＜凸降＜弯降＜降调,这是两折调演化的一种途径,我们称为"女1式"。

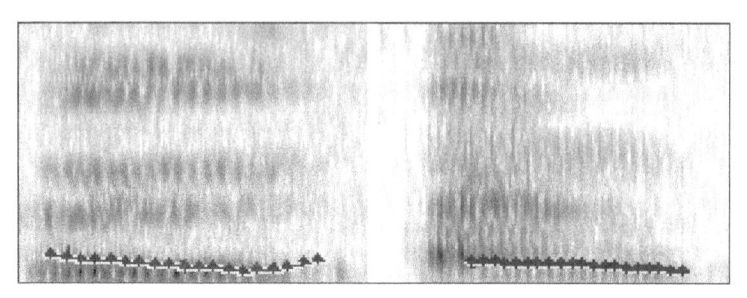

图1-50 掘港男1两折调退化变体:[左]口 gou³²³,[右]等 təŋ³²

男1上声两折调的痕迹虽然不明显,但他的两折调大多数已经退化成了一个低降,没有拐点,是个直降,见图1-50。这里的低降并非一蹴而就,中间有渐变的过程,例字"口"是后凹调,调尾有上升的部分。例字"等"调尾部分的上升没有了,演变成了一个低降直调。这也是两折调的一种退化方式,先由两折调"降—升—降"中消失后面的"降"变成了"降—升",变为一个后凹调然后进一步退化,"升"也消失了,最后只剩下了"降",我们将演化路径描写为:两折调＜后凹＜弯降＜降调,这是两折调演化的另一种途径,我们称为"男1式"。

上述两种退化方式在中年发音人和青年发音人身上都可以看到。有趣的是,两折调的退化在掘港似乎有性别差异,"男1式"是男性发音人的特征,而"女1"式则为女性发音人专属,女2发音人的大部分例字仍为两折,少数退化为弯降,女3发音人则基本退化为弯降,却也能看出两折的痕迹。

两折调归入"凹调型"的主要原因是其在演变阶段中处于低凹调和后凹调的中间环节。如东县吴语区代表点大豫镇发现的两折调,最终演变为降调,这反映了在普适调型库中可将两折调作为降调的一种亚型,这与袁碧霞(2021)对福建闽清方言的研究结果是一致的。这也是掘港方言处于吴语与官话过渡阶段的一种体现。

我们调查的只有五个发音人,后续如果对更多群体进行共时层面的研究,所得结论会更有科学性。因为不同的语言社团在共时层面上常常包含多种变异,当个体变异在社团中扩散,就成了历史音变,如果不扩散,就作为共时变体、作为可能导致音变的候选项而长期存在。因此,自然演化的大势可以在区域内的共时变异形态中探求(Ohala,1989)。

2. 凹调对立

大豫声调系统里包含三个昂拱成分调:低升型的阳平、后凹型的阴上、低或央凹型的阳去。其中凹调的类型涉及前凹、央凹和低凹,并且出现凹调三重对立的复杂格局。凹调在同一个语言中的数量可以不止一个,山东很多方言中就同时出现两个凹调(钱曾怡,2001)。凹调也可以呈现"音高—发声态"的复杂组合,中原官话东海、铜山、徐州等处和江淮官话寿县等处都有带嘎裂声的凹调(Zhu,2012)。汉语方言中的凹调分为七种:中域四种,低域三种,都是长调,见表 1-30(此表是在三域六度框架中列出了凹调的类型)。低域有弛声凹调和高低两种僵声凹调(主要表现为嘎裂凹调)。中域有普通低凹(央凹)、后凹、前凹、两折调。高域无区别性凹调,只有一个张声凹调,作为僵声凹调的变体出现在高域中。

表 1-30 不同调域中的区别性凹调(朱晓农等,2012)

高域	中域	低域
张凹{505}	后凹/52̲3/	
	前凹/32̲4/	僵凹/404/
	两折/3232/	
	低凹/323/	嘎凹/202/
		弛凹/213/

这些调型在具体的声调系统中因为音高的变化会出现很多变体,例如,中域/323/语音变体有{323,324,434,303,323}等,低域/202/语音变体有{303,304,204}等。两折/3232/语音实现为{3242,4232,5242}等。后凹/52̲3/变体有{42̲3}。弛声凹调/213/变体有{313,312}。五个非嘎裂凹调都有僵声变体,在凹点处或嘎裂{303,304,503,304}或弱僵{323,523}等。嘎凹有高域变体:嘎裂

张声凹调{505}。后凹与前凹以特征[±high](高低)来区别,后凹有高调头,而前凹是低调头。七种凹调在分域四度制的分布情况见图1-51。

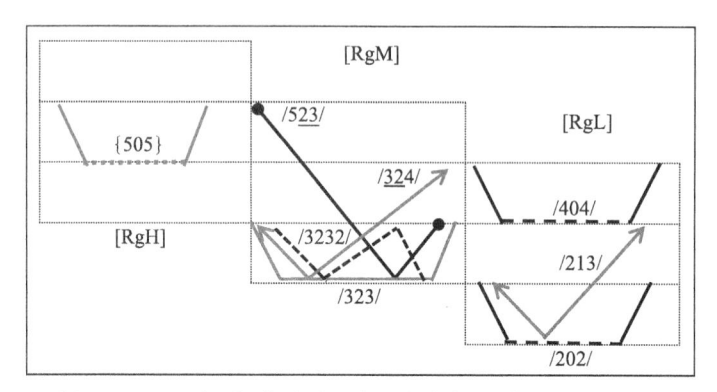

图1-51 七种凹调在分域四度制中的表达(朱晓农等,2012)

大豫五位发音人的三个调类之间的对立呈现性别差异。男1、男2的阳平都是升调。阴上是凹调,男1的凹点在基频曲线的50%左右,属于央凹调{323},男2的凹点在基频曲线的70%左右,属于后凹调{523}。阳去凹点最低,虽然一个是央凹,一个是前凹,但都是纯低调的实现变体,都是低凹调。这种对立模式是"升调—央/后凹调—低凹调",详见图1-52。

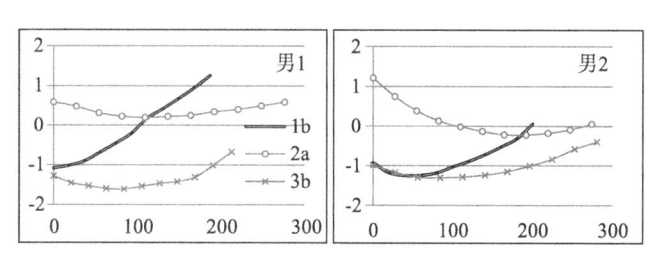

图1-52 男1和男2的昂拱成分调对立

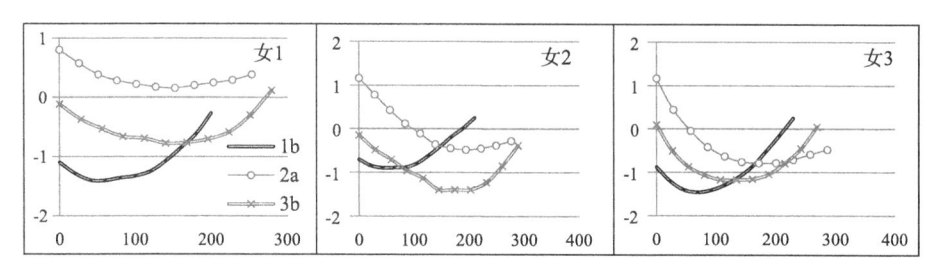

图1-53 女1、女2和女3的昂拱成分调对立

图 1-53 显示三位女性发音人凹调也有异同:女1、女2和女3的阳平都是前凹调{213},其中两位女性实现为纯低调,而女2的纯低调是阳去。凹点在基频曲线的30%左右。阴上是后凹调,凹点位置大于基频曲线60%,女2和女3的调头远高于调尾,属于后凹调{523},女1的调头略高,接近于央凹。阳去是央凹{323}。所以女1的三种凹调的对立模式是"低凹(前凹)—后凹—央凹"。女2和女3三种凹调的对立模式是"前凹—后凹—低凹(央凹)"。

纯低调在大豫五位发音人中有两个实现变体,男1、男2、女2为阳去的低凹调,而女1、女3为阳平的前凹调。

（六）小结

如东三个点从声调的数目上看,河口六调、掘港七调、大豫八调,舒声调的拱度模式分别为:"降升低平""降升升低平""降升低平后凹央凹"。复杂程度递增,将这三个点的声调格局做个比较,似乎就可以看出从官话到吴语的一个过渡过程。掘港和河口方言中有吴语的一些特征,如入声调类的保留、两折调的演变,凹调的三重对立等等,这种处于官话与吴语边缘地带的方言特征,似乎与吴语更加相似,所以我们考虑划分出一个"边缘吴语区",将正在演变中的通泰片方言包含在内,详见第五章的论述。

本章小结

一、洪巢片、通泰片的声调类型

（一）洪巢片

本章对江苏省江淮官话洪巢片的扬淮片的五个方言点(扬州、淮安、连云港、盐城、兴化沙沟)、南京片两个方言点(南京、溧水)声调进行了实验研究,具体的调值调型见表1-31。

表 1-31 洪巢片方言点调型调值表

方言片	方言点	阴平	阳平	上声	去声	入声
扬淮片	扬州	降 51	凹 324	低 31	平 55	45/55
	淮安	降 53	升 35	低 212	平 44	55
	连云港	低 304	凹 325	降 52	升 45/56	34
	盐城	降 52	低 212/214	降/平 443/44	升 35	55
	兴化沙沟	降 32	升 34	低 323	平 55	55
南京片	南京	降 41	升 24	低 212/21/22	平 33	45
	溧水	降 31	降/凹 42/424	低 313	平 44	55

从调型上来看，阴平有六个方言点是降调，连云港为低凹调；阳平主要以凹调为主，三个升调，盐城为低凹调；上声有五个方言点为纯低调的凹或降，调型有很多变体，两个方言点为降调；去声有五个平调，两个升调。所以洪巢片方言的声调的调型以"降凹低平"为主。虽然洪巢片方言声调少有复杂的发声态，但是调型丰富，以不同的拱度作为区别特征。

洪巢片各方言点也有自身特点：扬州阴平调尾带有嘎裂，存在一段隐性时长，而这段弱漏气声很难听到，去声中有部分例字有假声作为伴随特征，凸显[＋高]的区别特征。淮安方言上声是个纯低调，入声有性别差异，男性为平调，女性为升调，且新派女发音人入声个别例字带有假声。连云港由于受到中原官话的影响，阴平是嘎裂凹调，去声假声，三域/双域五调在江淮官话洪巢片只此一例，通泰片也较少见。兴化沙沟和盐城方言兼有洪巢片和通泰片的语音特点，声调个体差异较大，全浊上和浊去字文白异读现象正逐渐从年轻人身上褪去，盐城方言的口音逐渐具有洪巢片的典型特征。南京、溧水两个方言点声调格局总体差别不大，南京入声喉塞尾脱落具有明显的代际差异，中年、青年发音人有不同程度的舒化现象。

（二）通泰片

本章对江淮官话通泰片 10 个方言点（泰州、南通、金沙、泰兴、兴化市区、兴化安丰、兴化戴南、大丰、如东河口、如东掘港）和吴语 1 个点（如东大豫）进行了声调实验研究,涉及泰州、南通、泰兴、兴化、大丰、如东6个市县。具体的调值调型见表1-32。

表1-32 通泰片方言调型调值表

调类	阴平	阳平	上声	阴去	阳去	阴入	阳入
泰州	降32	平55	低213	降32	>1a	32	55
南通	降31	升35	平44	降53	低213/203	43/54	44/45
金沙	升34	升/凹24/324	平44	降52	低31	54	34
泰兴	降32	升45	低213	降43	>1a	43	45
兴化市区	凹324	升34	低22	升56	降42	66	45/44
兴化安丰	降32	升34	低323	平55	>1a	55	45
兴化戴南	降32	升35	低323	平55	>1a	55	45
大丰	降31	升56	低213	平44	>1a,3a	44	56
如东河口	降31	升35	低213/313	平44	>1a	40	45
如东掘港	降31	升35	低332/32	升45	平33	45	30

以泰州和南通为代表点,金沙与如东河口、如东掘港是通泰片与吴语的过渡地带,泰兴、兴化、大丰为通泰片与洪巢片的交界点,如东大豫是吴方言区。这几个点能够较为全面地反映通泰片核心区域和边缘区域方言的声调情况。通泰片内部一致性不强,声调数目五到七个。兴化的四个点,即兴化市区七调、安丰和戴南六调、沙沟五调,如东的三个点,即大豫八调、掘港七调、河口六调,这种声调数目递减的连续统体现了语言变化的过程和方言交界地带影响的现状。剩下的四个点声调系统,南通是七调,泰州、泰兴、大丰是六调。所以,通泰片还是以六调为主(七个点),七调为辅(二个点),个别五调(一个点)。通泰片大多为单域声调,三个方言点是双声("上域+中域"或"中域+下域")调域,有两个入声,喉塞尾保存完好,入声调值有"阴高阳低"和"阴低阳高"两种情况。阴平大体是降调,阳平升/平皆有,上声是纯低调,阴去是降/平调,拱度上出现频率依次为"降平低升凹",这也体现了充分利用拱形来区别不同调类是大多数汉语方言调系的特点。

二、几个重要问题

本章对每个点的声调系统进行了人际差异的描写,讨论了与声调四个参数(声域、长度、高度、拱度)相关的几个重要问题:入声的发声态与时长、入声的演化路径、声调的发声态与声域、声调系统内的拱度对立、声调数目的连续统。

(一) 入声

入声有两个特征:有塞音韵尾以及时长短,所以入声在听感上较短而急促。如果再细一点,可以把塞音尾分为-p/t/k 无声除阻塞音尾(唯闭音,用-P 来表示)和喉塞尾两类。朱晓农(2015)从吴语、粤语等方言声调材料证实,短性与塞尾这两个特征可以相互独立:短调可以独立存在,而不管塞尾是否已经丢失;塞音尾可以独立存在,而不管时长是否已经拉长。

1. 喉塞尾

在我们调查的 18 个方言点中有七个方言点声调是五调,保留一个入声。入声的喉塞尾有两种情况:依然保留和基本脱落。

表 1-33　洪巢片方言点入声喉塞尾有无情况表

喉塞尾	方言点						
	扬州	淮安	连云港	盐城	南京	溧水	沙沟
有	+	+		+		+	+
无			+		±		

洪巢片方言的入声喉塞尾大部分保存完好,连云港的喉塞尾完全脱落,南京市区喉塞尾脱落的情况有明显的代际差异,青年人基本脱落,老年人保留。连云港由于位于江淮官话的最北端,与中原官话紧密相连,受到中原官话的影响比较大,入声舒化可以理解。而南京是江苏省的省会城市,是江苏省经济政治文化的中心,人口流动大,为了交流方便,使用普通话频率远高于江苏省其他城市,所以受到普通话的影响,入声的变化也较大。

2. 时长

(1) 一个入声。

江淮官话七个方言点保留一个入声,从时长上可以分为以下三种情况。

① 长调:入声时长为 160—300 ms。连云港因喉塞尾脱落,导致时长变长,先开音节化,再长化。

② 短调+长调:入声时长为 80—150 ms。南京的喉塞尾脱落有代际差异,老年人的入声时长为 80 ms 左右,青年人在 120—150 ms,处于开化路径中。

③ 短调:入声时长为 80—100 ms。四个短调的方言点,淮安的入声又比兴化沙沟、溧水、盐城三地长一些,有些发音人的时长达到 150 ms。

我们发现,江淮官话洪巢片的入声时长具有地域差异,在地理位置上越接近通泰片的方言点,入声的时长会越短,更好地保留短调和喉塞尾的性质,而越接近中原官话区的方言点,入声时长会拉长,直至近似合并到相似调型的舒声调中。

连云港地区的入声和阳平调型相似且在不断合并中,我们通过两个听辨实验发现连云港当地人在"单字实验"中对于两个调类的误判率达到 64%,而在"单句实验"的连续语流中,两个调类的误判率减至 39%,难以辨别的多数是含有阳平字的例句。连云港方言阳平调和入声调发生"近似合并"的原因除了入声舒化之外,还有可能受到周边方言辐射扩散的影响。

(2) 两个入声。

江淮官话通泰片都为两个入声,从时长上可以分为以下两种情况。

① 短调:入声时长为 100—120 ms,阴入长、阳入短。大丰、南通市区、兴化戴南、泰州、泰兴、如东河口等地方言点的阴入和阳入的音高特点为:阴低阳高。其中,南通市区的人际差异较大,有两位发音人发的音也有阴高阳低的现象,这需要更多的发音人进行验证,这里我们暂定归为第一种情况。

② 短调+长调:入声时长为 100—180 ms,阴入短、阳入长,阳入比阴入平均时长多出 40—60 ms。兴化市区、兴化安丰、金沙、如东掘港等地方言点的阴入和阳入的音高特点为:阴高阳低。

我们发现,江淮官话通泰片两个入声的时长与音高之间具有较好的对应关系。保留短调的入声,基本实现阴入调值低于阳入调值。而阳入一旦长化,大于 120 ms,有的长达 180 ms 的方言点,阴入调值会高于阳入调值。

3. 音高

《南通地区方言研究》指出,通泰片大部分地区入声调值"阴低阳高",只如东一地"阴高阳低"。我们的调查却发现通泰地区的入声存在"阴低阳高"和"阴高阳低"两种情况,且没有呈现区内地域分布的规律性。倪志佳(2015)、李露瑶(2018)调查发现如皋南部地区的入声也是"阴高阳低"。可见,通泰方言入声"阴高阳低"并不是单独现象。究其原因大致有以下四点。

(1) 语言底层说。通泰方言"阴低阳高"和吴语的"阴高阳低"之间并无明显的继承关系,它们可看作方言中阴入、阳入两种不同关系的代表。闽方言的南北部、客、赣方言中均出现了入声"阴低阳高"现象,这或许可为"通泰、客赣同源"假说提供语音材料。

(2) 语言接触说。人口的集中移动导致语言的接触,如吴语区常熟、苏州等地的入声均是"阴高阳低",这些地区和如皋南部隔江相望,因地域相邻、人员往来而产生语言接触,使得如皋南部入声"阴高阳低"。

(3) 发声态影响。处于声调上域的张声等特殊发声态导致入声调值的变化,如大丰阳入字带有张声,拉高了阳入字的基频,从而出现"阴低阳高"的现象。

(4) 声调演化说。通泰片方言的两个入声,阴入相对稳定,阳入有可能向其他调型相似的调类演变,表现为阳入的时长延长,调值降低,在我们调查的材料中,阳入时长一旦长化,阴入调值往往会高于阳入调值。较低的调值或许更有利于调类的消失或转变,阳入调处于动态变化中。

4. 入声演化路径

朱晓农(2015)认为,入声演化有三条独立途径:第一条是先开化(音段变化),第二条是先长化(时长变化),第三条是先变声(发声态变化)。前两条是入声演化的主要路径。这三条入声演变路径在江淮官话的入声演变中都存在。

第一条开化路:洪巢片的连云港入声的喉塞尾脱落,基频值高于阳平调,但大部分例字的时长已大于同形舒声调的阳平调,结合听感实验,我们得出入声与阳平已"近似合并"的结论。

第二条长化路：通泰片的兴化市区阳入调时长有代际差异，老年人达到 130 ms，但是依然保留着喉塞尾，而中、青年人阳入时长逐渐拉长，喉塞尾也消失。

第三条变声路：这条发声态变化的例子在方言中很少见，但可能引起理论上极有趣的 flip-flop（跳跃翻转），即"阴低阳高"现象。通泰片的泰州和大丰是很好的例证，但是两者的演化路径也有差异。泰州方言阴入是以僵声（弱喉堵态）结尾，挤紧声带结果就会形成嘎裂声，阴入的发声态拉低了阴入的基频值，从而低于阳入调，这与朱晓农（2008）认为潮安闽语入声的"阴低阳高"是发声态影响的结果是一致的。而大丰的声调是双域六调，上域为阳平和阳入，阳平带有假声，阳入字喉塞尾保存完好，个别字带有假声，多数字带有张声。而张声的发声态引起超高基频，使得阳入进入了高域，阴入依然在中域，出现了阳入调值高于阴入的现象，即"阴低阳高"。

（二）发声态与声域

声调的首要声学性质是音高，其次为发声态以及时长。如果一个语言中具备了发声态对立，尤其是非测噪的气声、假声等，那么就会自然引发音高的高低升降不同，发声态决定了声调的音高，从而体现为声域的高低。江淮官话声调系统中有三种声域系统：单域、双域（"上域＋常域"或者"常域＋下域"）、三域。

洪巢片的连云港阴平全都带有嘎裂声，并能因此与同为凹调的阳平区分开来，故单独构成一个下域。其中有三人的去声带有假声，基频值非常高，构成一个上域，所以连云港市区方言是一个分域三级的声调系统：普通的常域、上域的张声/假声、下域的嘎裂声/弱僵声。在长江以北的官话方言中发现三域声调系统对于类型学具有重要意义。

通泰片的兴化市区、大丰、南通市区三个调系是有特殊发声态构成的声域系统。两个点是"上域＋常域"，一个点是"常域＋下域"。兴化市区调类有两种：双域七调和单域六调，区别是阴去、阴入带有张声或假声，故有上域和常域两个调域。大丰市区方言以双域系统为主，其中五位发音人的阳入是带有假声/张声，故有上域和常域两个调域；只有男性青年的声调都在常域，假声/张声消失,只剩下一个清冽声,所以是单域声调系统。南通市区有七个调类,有两位发音人是双声域,阳去带有嘎裂,拐点是发音人声域的最低点,故有常域和下域两个调域。总体而言,通泰片声域系统较洪巢片复杂。

(三) 拱度的对立

声调模式有三种情况,最全面的是"调型模式"包括声域、长度、音高;其次是"音高模式";最简单的是仅考虑拱形的"拱度模式"。拱度模式是指一个调系中的声调由哪几种拱形组合。拱度可以分为"降、平、低、升、凹"五种。"低"指纯低调,定义为一种不以拱度[－Cnt]作为区别特征的低调,涵盖最低降、最低平、低凹、最低升、嘎裂低凹、弛声低凹等各种拱形的低调,带或不带特殊的发声态。其余四种都以拱度为区别特征[＋Cnt],包括:降类、平类、升类、凹类。300多个官话系统中,降调最常见,其次是平调,凹调最少(朱晓农,2015)。我们对江淮官话洪巢片和通泰片声调的拱度数量进行统计,发现降调占31.9%,平调占25.1%,纯低调占23.6%,升调占16.7%,凹调占2.7%,这符合官话系统中调型比例的一般规律。但是,江淮官话的纯低调几乎都实现为凹调,个别为降调,所以从声调曲线的实际表现来看,昂拱形的凹调较为丰富。江淮官话的声调拱度有两个特点:阴平调型的变化与凹调拱度的多样。

1. 阴平凹(升)调与"R调"的对立

我们所调查的18个方言点的阴平多数为降调,只有连云港、兴化市区、金沙三个方言点,阴平实现为凹调或升调。连云港的阴平属于纯低调,带有嘎裂的凹调{304}。而凹调的调型更加接近中原官话的阴平,体现了连云港从江淮官话向中原官话过渡的特点,这是由于方言的语音扩散与影响导致的声调调型的变化。

通泰片的兴化市区和金沙两地的阴平调型变化则是声调系统内部调节的作用。兴化市区的阴平主要是前凹{324},有两人为升调{24}和中凹调{434},前凹调是一个过渡调型,处于不稳定的变化中,它的实现主要是与高升型的阳平和低凹型的上声形成调型对立。金沙的阴平调型具有明显的代际差异,从老年人到青年人,阴平从升调变为前凹调。阴平、阳平和阳入三个调类调型相似,都有凹点和上升段,凹点位置随年龄减小呈现靠后的趋势,都是为了实现三个调类的区别对立。

属于吴语区的如东大豫声调系统里也包含三个相似调型：低升型的阳平、后凹型的阴上、低或央凹型的阳去。这种在一个声调系统中具有对立和区别特征的"R调"，其拱度相似，都有凹点和上升段的共性，一般包括升调、前凹、央凹、后凹等拱度。这些调型相似的不同调类，起区别特征的要素是什么？是凹点在时长的位置，是凹点音高值，抑或是峰点音高值？调型的规律性变化与代际之间的关系到底是什么？我们在第三章通过听感实验做了进一步研究。

2. 凹调的变化——两折调的演化

江淮官话的凹调实现为多种拱度，涵盖了普适调型库中所有的凹调拱类：前凹、央凹、后凹、两折调。两折调的拱形是"降—升—降"，并不是典型的"降—升"型凹调。这种调型在吴语中发现的比例较大，官话中也存在，但比例相对较小。而我们在如东县掘港镇方言中却发现了两折调的现象，而且两折调的演化有两条路径："两折调＜凸降＜弯降＜降调"和"两折调＜后凹＜弯降＜降调"。这种演化方式在中年和青年发音人身上都可以看到，有趣的是，两折调的退化在掘港方言中似乎有性别差异，前者属于男性发音人的特征，而后者则为女性发音人专属。吴语区的如东大豫镇也发现了两折调，最终演变为降调。因此，我们认为在普适调型库中可以将两折调作为降调的一种亚型，这也是掘港方言处于吴语与江淮官话过渡阶段的一种体现。

（四）调类数目连续统

江淮官话声调的调类数目是五到七个，从洪巢片到通泰片呈现逐渐递增的趋势。

兴化市由于地处江淮官话通泰片与洪巢片的交界，虽然市区及大部分乡镇属于江淮官话通泰片，西北部少数村镇属洪巢片，但是兴化市内部方言比较复杂，大致分为四种当地话。我们调查了兴化西北部的沙沟（洪巢片）、兴化东北部的安丰（通泰片）、兴化东南部的戴南（通泰片）、兴化市区（通泰片）。通过研究发现，沙沟单域五调，只有一个入声。安丰和戴南单域六调，入声分阴阳，阳去并入阴平。兴化市区为双域（上域＋常域）七调。兴化四个点声调呈现"七—六—五"数目递减的连续统，体现了该区域方言从江淮官话通泰片向洪巢片方言过渡的特点。

  如东县处于江淮官话通泰片与吴语太湖片的交界地带。虽然大部分乡镇属于通泰片,少数村镇属吴语区,但域内方言复杂,大致分为三种当地话。我们调查了河口镇(通泰片)、掘港街道(江淮官话与吴语过渡地区方言)、大豫镇(吴语),通过研究发现,如东三个方言点的声调都在常域,河口镇六调、掘港镇七调、大豫镇八调。江淮官话通泰片以六调为主,也有部分地区是七调,吴语区声调数目一般在八个。如东三个点声调呈现"八—七—六"数目递减的连续统,体现了该区域方言从吴方言向江淮官话通泰片方言过渡的特点。

第二章　声学语音学视角下的双字调研究

声调语言的两个或两个以上音节连在一起的时候,音节所属调类的调值有时会发生变化,叫作连读变调。两字组连读变调是连读变调的最小单位,语流音变均以两字组连读变调为基础。想要深入研究一种方言,连读变调是必须调查的一项内容,因为连读变调不仅反映了语音内部自然调节变化的规律,也可以发现语法、语义影响和制约的条件,同时连读变调的语音形式也是研究单字调演化的一扇窗口。本章从声学语音学视角对江淮官话北端的连云港灌南县以及南端的南通市金沙镇进行了双字调变调模式的分析,发现江淮官话两个点的双字连读发生变调的情况有异同:通泰片的金沙变调数量少于洪巢片的灌南;两地曲拱调的调型更容易变调,尚未发现变调与词汇意义和语法结构之间有对应关系,变调大多集中在前字部分,具有内部趋同性,这也符合前变型是汉语方言连调变化的主要规律。

第一节　双字调的调位与模式

一、双字调的调位

一种语言或方言中全部单字调构成的系统是语音的静态格局,是声调研究的初始状态,但每个音节的声调并不是一成不变的。当单字进入语流后,受前后字的影响会产生一系列有规律的动态变化,即为"连读变调"。连读变调离不开特定的语音环境,不同汉语方言中连读变调的规则也不一致。如果结合实验语音手段考察,连调的语音变化相比单字调调值而言,既有非声调特征性的变化,也有声调特征性的变化(吴永焕,2014)。

连读变调的非声调特征性变化是指连调仅仅在调值上发生了细微变化,在高、低、升、降、曲拱等声调区别特征方面,相比单字调调值并未发生变化。例如,普通话"阴平+阴平""阳平+阳平""去声+去声"等双音节连读字组中的连调变化,仅仅表现为调值发生了变化,而声调的高、低、升、降、曲拱的区别性特征并未改变。这一类非声调特征性变化通常不会影响到母语者对该声调的范畴感知。

连读变调的声调特征性变化是指调值在高、低、升、降、曲拱等声调区别特征方面发生了有别于单字调调值的显著变化,连读变调与单字调声调特征的范畴感知出现了较大差异。例如,普通话变调相对于上声单字调来说呈现为降调与曲拱调的调型差异,而且已经影响到母语者对声调特征的范畴感知,所以易被察觉。连读变调的声调特征性变化又可分为两类情况:非调位性变化和调位性变化。如普通话上声{214}有{21}变调与{35}变调,{21}变调可以根据语音分布条件预测和回推出来,属于非调位性变化。而{35}变调与"阳平+上声"这类连读字组的连调读音发生了中和,无法回推出单字调的本调,所以在一定程度上影响到了调位系统内部不同调位的分别,因此,{35}变调属于调位性的连调变化。吴永焕(2020)用"调位恢复效应"和"连调中和效应"来解释这两种不同的调位变化情况。

我们在考察灌南和金沙方言双字调时,依据的是声学数据,它可以清晰地辨析声调在音高、时长等方面的细微变化,所以记录的声调调值非常多,包括连调的非声调特征性变化和声调特征性变化。连读变调的调查记音应以连读变调层面的"变"为重点考察对象,无论是调位性连调变化还是非调位性连调变化,在人的声调听辨感知层面,既然已经发生了声调特征性的变化,就应该准确记录和描写,不应因非调位性连调变化的音系表现简单而放弃该类连调的调查记音,但是有些声调变体在语谱图上呈现了声学参数的细微差异,人耳听辨并没有范畴上的对立,这就需要将声学和听感两种判断相结合。所以记录完所有调值变化后,我们会请当地的发音人来辨认这些声调变体是否有区别声调范畴的作用,如果他们认为该变体未发生声调的变化,在连读变调的调查研究中就处理为不变调或是调位的某个变体。

二、双字调的模式

汉语方言双字调的研究是在单字调的基础上展开的,探讨的是单字在词语组合中的连读变调。林茂灿(1980)和吴宗济(1992)对普通话双字调进行了实验语音学的研究。廖荣蓉(1983)、石锋(1986)、李小凡(2004)等人对汉语方言的连读变调模式进行了细致的描写。学者们陆续采用新的方法对连读变调进行了考察,例如,游汝杰(2001)、朱晓农(2005)等使用LZ法研究吴语的连读变调问题,为五度值的实验计算提供了新思路。随着研究的深入,学界不再局限于对双字调的前字后字音高、时长的对比分析,而是采用语音学理论对双字调的连读变调进行解释。例如,王嘉龄(2002)、朱维蔚(2008)、马秋武(2009)等利用了"优选论"这一生成音系学理论解释了天津方言连读变调的成因。"优选论"认为,实际的语言形式是两种力量交互作用的结果。一种力量源于省力原则,即人类在能量上力求以最低限度的付出换取最大限度的回报;另一种则源于辨义原则,即要求语言尽可能清楚地传达信息。

本研究对双字调进行声学分析和阐述时,依据了刘俐李《汉语声调论》(2004)中的语音连调模式的理论,分别是原生式、互换式、类化式、包络式和调协式五种。原生式连调是指连读调与单字调相同,没有明显变化的一种连调模式。对于汉语各方言的连调模式来说,原生式连调并不是很多;互换式连调是指在单字调系统内,甲调换为乙调,乙调换为丙调的一种模式;类化式连调又称类型化连调,指的是不同的单字调因某些类属相同或相似而读同一种调值的连调模式;包络式连调是指在连调中首字曲拱向右延展的一种连调模式;调协式连调是指相邻的声调互相影响,为省力而协同发音或为凸显区别产生的连调方式。调协式连调中往往会出现曲拱调节或音区调节,尤其在有曲折调的方言中,曲折调的弯拱多数变为或降、或升、或平的直拱。这种调节大多以单字的弯拱为基准做改造,或截取曲折调的某一段,或略去曲折调的折点或者彻底更换。

我们选取了江淮官话洪巢片和通泰片各一个方言点,分别是江淮官话北端连云港的灌南县和南端的南通市的金沙街道,以期反映江淮官话双字调的一些演变模式,灌南县位于江苏省东北部沿海、黄淮平原南部,地处苏北四市四县交界。灌南因灌河而得名,灌河是横贯江苏省北部地区的黄金水道。县域总面积约

1 030平方公里,常住人口约61万,现辖11个镇。① 灌南方言属江淮官话。境内曾分属古海州、涟水。方言也大致分为南北两片。其间有一条江淮官话区洪巢片内部划分的小区方言同言线:东起堆沟港镇、田楼镇,中经三口镇、新安镇,西经涟水县高沟镇向西南延伸。同言线以北接近古海州音,与中原官话更接近。同言线以南原属涟水县。这两个区域在声调上的区别之一为阴平和上声的调型,前者阴平为凹调,上声为高降调(详见第一章的连云港发音人的声调),后者阴平为高降调,上声大多为凹调(见表2-1)。金沙街道位于长江入海口北翼,与上海、苏州隔江相望,面积约66.17平方千米,常住人口约12.36万人。② 原来的金沙镇现调整为金沙街道与金新街道。金沙在南北朝时期为长江、黄海交汇处的南布洲,俗称"古沙",金沙文化属吴越文化,对于其方言归属学界是有争议的(详见第五章论述),我们采取了顾黔(2013)将金沙方言纳入江淮官话的归属结论,依据《中国语言地图集》(2012)的地理分区界限,标记出了两地的位置,如图2-1。

图2-1 灌南县和金沙街道的地理位置(《中国语言地图集》,2012)

---

① 有关灌南县的地理人口等资料信息,来源于灌南县政府官网 http://xxgk.guannan.gov.cn/gnzx/about.html,网页查询时间2023年10月。
② 有关金沙街道的地理人口等资料信息,来源于江苏政务服务网 http://tzjs.jszwfw.gov.cn/,网页查询时间2023年10月。

第二节　灌南方言双字调变调分析

一、双字调发音表

在前一章的单字调声学研究中,连云港市区的方言是一个分域三级的声调系统,除普通的中域外,既有上域的张声/假声,又有下域的嘎裂声/弱僵声。六人都是阴平、阳平、上声、去声和入声五个调类,根据是否包含声域的上域和下域,又分为三域和双域声调类型。入声喉塞尾已经舒化,时长拉长,但还未与其他调类合并,保留了入声的调类。为了避免声域的复杂性导致双字调的音变因素复杂,我们选取了连云港灌南县作为调查点。该地作为江淮官话的北端,与中原官话靠近,单字调的声域中虽然有假声和嘎裂声,但是作为伴随特征,并不具有音位的区别性。灌南方言的声调格局归纳如表2-1所示。

表2-1　灌南方言单字调格局

调类	阴平	阳平	上声	去声	入声
调型	高微降	前凹	央凹/低平	中平	前凹
调值	54	324	323	44	324

灌南方言有五个单字调,共25种双字调组合,每一种调类组合选择九个双音节词,共225个实验词。实验所选的双音节词参考游汝杰《汉语方言学教程》(2016)附录部分"汉语方言两字组连读变调调查表",基本为灌南方言常用词,有口头用语,也有书面用语;为了切分音节方便,不选声母为/r/的音节,后字尽量不选零声母音节,且排除轻声和儿化音;每种组合的词包括并列、动宾、偏正、补充等结构的合成词和少量单纯词。具体实验词见表2-2。发音人选择了年龄在30—50岁的四位中年人,发音稳定。

表 2-2　灌南方言双字调发音表

调类组合	双音节词
阴平＋阴平 阴平＋阳平 阴平＋上声 阴平＋去声 阴平＋入声	香蕉　阴天　书包　花生　西瓜　开车　搬家　香烟　跟车 推头　玻璃　猪皮　开门　锅台　花瓶　虾皮　冰糖　高楼 招手　高考　浇水　乡长　收礼　烧火　开水　工厂　辛苦 冰棒　鸡蛋　猪圈　烧饭　超市　开会　功课　锅盖　鞭炮 铅笔　锅屋　开学　中国　天黑　蜂蜜　三百　单独　垃圾
阳平＋阴平 阳平＋阳平 阳平＋上声 阳平＋去声 阳平＋入声	房间　黄瓜　晴天　楼梯　农村　磨刀　聊天　龙虾　河堆 茅房　皮鞋　农忙　抬头　皮球　葡萄　煤油　厨房　长城 苹果　房顶　骑马　牛奶　门口　棉袄　牙齿　红枣　门板 麻将　煤炭　爬树　鱼刺　迷路　迟到　长寿　随便　难看 毛笔　逃学　排骨　回答　皮夹　红色　同学　零食　成熟
上声＋阴平 上声＋阳平 上声＋上声 上声＋去声 上声＋入声	火车　表哥　苦瓜　买花　养鸡　老师　雨衣　小偷　剪刀 眼皮　买油　小船　打雷　养牛　酒瓶　可怜　果园　走神 水果　冷水　可以　小狗　买米　处理　雨伞　马桶　点火 赌气　马路　炒菜　写字　讨厌　广告　晚饭　草地　酒店 小麦　买药　九百　粉笔　请客　表叔　小学　老实　坦白
去声＋阴平 去声＋阳平 去声＋上声 去声＋去声 去声＋入声	上车　看书　蛋糕　电灯　放心　健康　卖花　货车　碰杯 借条　剃头　下棋　太阳　带鱼　地球　化肥　面条　树林 大米　舅奶　下午　大饼　送礼　卖酒　汽水　地板　中奖 地蛋　上冻　看病　睡觉　大树　唱戏　故意　炸弹　照相 放学　过节　卖药　快乐　大雪　树叶　顾客　病痛　事实
入声＋阴平 入声＋阳平 入声＋上声 入声＋去声 入声＋入声	发烧　杀猪　结冰　石灰　读书　雪花　铁丝　白天　结婚 磕头　发财　踢球　黑桃　国旗　发明　食堂　木材　刷牙 月饼　黑板　热水　拔草　失火　屋顶　侄女　木板　脚底 鸭蛋　识字　习惯　失败　出汗　白菜　绿豆　国庆　发胖 鸭血　蜡烛　雪白　发黑　复杂　及格　八百　毒药　隔壁

二、双字调变调模式

灌南方言五个调类进入双字组后,发音人个体差异变大,调型更丰富,调值也发生了一定的改变。阴平位于双字组前字时,有央凹和高微降两种调型,调值分别为{323}和{54};当阴平位于双字组后字时,调型、调值与单字调同,为高微降调{54}。当阳平位于双字组前字时,有前凹和中升两种调型,调值分别为{324}和{24};当阳平位于双字组后字时,调型、调值与单字调同,为前凹调{324}。当上声位于双字组前字时,有央凹、低平、微升三种调型,调值分别记为

{323}、{33}和{45};当上声位于双字组后字时,调型、调值与单字调同,为低平调{323}。当去声位于双字组前字时,有中平和低平两种调型,调值分别为{44}和{33};当去声位于双字组后字时,调型、调值与单字调同,为中平调{44}。可以看出,去声在双字调中比单字调多了一种调型。当入声位于双字组前字时,有中平和低平两种调型,调值分别为{44}和{33};当入声位于双字组后字时,调型、调值与单字调同,为前凹调{324}。

因此,灌南方言单字调阴平、阳平、上声位于双字调中会多出一种调型,而入声字在双字调中则会多出两种调型。我们先根据声学参数进行调值记录,然后请当地人听辨,并参考单字调值,运用音位对立原则对不构成调位对立的调值进行了归整,具体见表2-3,音高曲线图见附录一。

表2-3 双字调调位变体

调类	单字调调位		双字调调位	变体
阴平	/54/	前字	/323/	{323}、{324}、{423}
			/54/	{64}、{53}、{43}
		后字	/54/	{54}、{53}、{51}、{43}、{32}
阳平	/324/	前字	/324/	{323}
			/24/	{24}、{35}、{45}
		后字	/324/	{535}、{325}
上声	/323/	前字	/323/	{323}
			/33/	{32}、{33}
			/45/	{34}、{45}、{56}
		后字	/323/	{53}、{52}、{50}、{44}、{42}、{40}、{32}、{31}
去声	/44/	前字	/44/	{55}、{45}
			/33/	{42}、{32}
		后字	/44/	{45}、{35}、{34}、{25}、{24}、{23}
入声	/324/	前字	/44/	{44}、{55}、{65}
			/33/	{43}、{32}、{33}、{22}
		后字	/324/	{545}、{325}、{323}、{34}

由表 2-3 可以看出,灌南方言双字调有七个调位,比单字调多两个,而双字调调位中存在不少变体,少则一个,多则八个。

调位这一概念不只包括单字音声调,也包括二字、三字以及多字连读时的声调表现。调位性变调指的是在连读变调中一个调型变为这个声调系统中的另一个和它接近的调型,而这种变调要基于不会和其他声调发生混淆的前提。非调位性变调则是指变调后的调型和原调型相同,还是同一调位,只是调值发生了一定范围内的改变,比如,{53}变成{42},而这种变化并不会引起人们听感上的差异,两个调值属于同一调位的不同变体。我们在统计时,删除调型、调值变化细微以及人耳听辨不出的变调情况,得到最终的灌南方言双字调模式,详见表 2-4(表中用斜线"/"来分隔两种不同的变调情况,下划线表示发生变调的组合,括号内是原调式)。

表 2-4　灌南方言双字调模式

后字 前字	阴平	阳平	上声	去声	入声
阴平	<u>323+54</u> (54+54)	<u>54+324</u> (54+324)	<u>54+323</u> (54+323)	<u>54+44</u> (54+44)	<u>54+324</u> (54+324)
阳平	<u>324/24+54</u> (324+54)	<u>24+324</u> (324+324)	<u>24+323</u> (324+323)	<u>324/24+44</u> (324+44)	<u>24+324</u> (324+324)
上声	<u>323/45+54</u> (323+54)	<u>33+324</u> (33+324)	<u>45+323</u> (323+323)	<u>33+44</u> (33+44)	<u>33+324</u> (33+324)
去声	44+54 (44+54)	<u>33+324</u> (44+324)	<u>32+323</u> (44+323)	<u>33+44</u> (44+44)	<u>33+324</u> (44+324)
入声	<u>44+54</u> (324+54)	<u>33+324</u> (324+324)	<u>32+323</u> (324+323)	<u>33+44</u> (324+44)	<u>33+324</u> (324+324)

由表 2-4 可知,灌南方言五个单字调两两组合后有 25 种双字调模式,其中有 17 组双字连读发生变调,剩下八组前后字均未发生变调,调型、调值与原调式相同。在发生变调的组合中,后字都不变调,保持和单字调一样的调值。

(1) 在"阴平+X"组合中,只有当后字为阴平时,前字发生变调,由微降调变成了读若上声的央凹调。这是一种语音异化现象。

（2）在"阳平＋X"组合中，当后字为阳平、上声和入声时，前字由原来的前凹调变为中升调，为调型组合变出新调型{24}；当后字为阴平和去声时，前字阳平2位女发音人不变调，2位男发音人变为中升调。

（3）在"上声＋X"组合中，当后字为上声时，前字为调型组合变出微升调{45}；当后字为阴平时，仅1位男性发音人是微升调。

（4）在"去声＋X"组合中，当后字为阳平、上声、去声和入声时，前字发生变调，由中平调变成了读若上声的低平调。

（5）在"入声＋X"组合中，入声在前字时，全部发生变调，且与本调差异较大。当后字为阴平时，变成了读若去声的中平调；当后字为阳平、上声、去声和入声时，变成了读若上声的低平调。

在灌南方言双字调模式中存在调式合一的现象，即两个调类组合、变调后合并为一种声调模式，具体如下。

（1）"阴平＋阳平"和"阴平＋入声"调式合并，均为{54＋324}。

（2）"阳平＋阳平"和"阳平＋入声"调式合并，均为{24＋324}。

（3）"上声＋阳平""去声＋阳平""入声＋阳平""上声＋入声""去声＋入声"和"入声＋入声"调式合并，均为{33＋324}。

（4）"去声＋阴平"和"入声＋阴平"调式合并，均为{44＋54}。

（5）"去声＋上声"和"入声＋上声"调式合并，均为{32＋323}。

（6）"上声＋去声"、"去声＋去声"和"入声＋去声"调式合并，均为{33＋44}。

因此，我们归纳出灌南方言双字调有{323＋54}、{54＋324}、{54＋33}、{54＋44}、{324/24＋54}、{24＋324}、{24＋33}、{324/24＋44}、{323/45＋54}、{33＋324}、{45＋33}、{33＋44}、{44＋54}、{32＋323}这14种模式。

我们的双字调调查词表虽然包括了词的不同结构方式，但研究结果发现该方言双字组是否发生变调与双字组的语法结构没有对应关系。

三、双字调变调类型

灌南方言的双字连读变调属于语音变调，字组连读时只发生调型、调值等语音变化，不发生语法语义关系的变化，属于单纯的语流音变，其作用是调节发音。我们依据刘俐李(2004)的五种语音连调模式,对灌南方言双字调模式进一步归类,发现该方言涉及的变调类型有原生式、类化式和调协式。

1. 原生式

原生式是指连读调与单字调相同,没有明显变化。灌南方言有8组连调是原生式,具体见表2-5。

表2-5 原生式模式

调类组合	原调式	连调式
阴平＋阳平	54＋324	54＋324
阴平＋上声	54＋33	54＋33
阴平＋去声	54＋44	54＋44
阴平＋入声	54＋324	54＋324
上声＋阳平	33＋324	33＋324
上声＋去声	33＋44	33＋44
上声＋入声	33＋324	33＋324
去声＋阴平	44＋54	44＋54

表2-5中8种调类组合连调式的调型、调值和单字调一致,按照原生式方法组合。

2. 类化式

连调中不同的单字调因其某些类属相同或相似而读同一种调值,这是类型化连调方式,简称类化式。类化式连调有两种:字调类化和调式类化。字调类化是连调中两种以上的单字调类在某一范围内合一;调式类化是两种以上不同组合的字组读同一调式。字调类化往往导致调式类化。类化连调的结果使得连调调式少于字组组合,使本该比单字调系统复杂得多的连调系统得以简化,连调调式数越少,其类化程度越高。

灌南方言两字组调式应有25种,但最终得出的连调调式只有14种,属于调式类化。其中,{54＋324}覆盖了2种字组:"阴平＋阳平"和"阴平＋入声";{24＋324}覆盖了2种:"阳平＋阳平"和"阳平＋入声";{33＋324}覆盖了6种:

"上声/去声/入声＋阳平"和"上声/去声/入声＋入声";{44＋54}覆盖了两种:"去声＋阴平"和"入声＋阴平";{32＋323}覆盖了两种:"去声＋上声"和"入声＋上声";{33＋44}覆盖了三种:"上声/去声/入声＋去声"。

上声低平调{33}是一个出现频率最高的类化调值,灌南方言前字变调中有八组都变为{33}。

3. 调协式

调协式指相邻的声调互相影响,为省力而协同发音或为凸显区别而出现的连调方式。灌南方言双字调中的调协式连调有如下特点。

(1) 在"阴平＋阴平""阳平＋阳平""上声＋上声""去声＋去声""入声＋入声"这些前、后字相同调类的组合中,前字都变调,由原来的{54＋54}、{324＋324}、{323＋323}、{44＋44}、{324＋324}变成{323＋54}、{24＋324}、{45＋323}、{33＋44}、{33＋324}。变调后的调式音高起伏大,区别明显。汉语要求字调平仄相间、错落有致,同调字组不符合这种要求,所以这也是声调组合链中的求异表现,符合声调组合的"曲拱相异律"。

(2) 有凹调的方言中,凹调的弯拱多数变为或降或升或平的直拱。在"阳平＋X"组合中,前字基本都由原来凹调的弯拱{324}变成升调的直拱{24};在"入声＋X"组合中,前字基本也都由原来凹调的弯拱{324}变成平调的直拱{44}和{33},少部分变为{32}。这种调节大多以单字的弯拱为基准进行改造,或截取凹调的某一段,或略去凹调的折点,只发起点和终点,或者彻底更换。{32}截取了弯拱{324}的前段,而{44}则是完全改换。这种连调中的曲拱调节是为了减少音高升降转换的频次,使发音更加省力、方便。

(3) 在同一调式中,调型间的衔接有平滑衔接和跳跃衔接之分。灌南方言所有连调调型间相邻调素(调素是具有音区特征的、构成调型的最小单位)的音区落差都在0—2之间,属于平滑衔接,它是调型衔接中常见的方式,很符合语流链接的要求。这种连调中的音区调节是为了使音高变化适中,使声带接近自然状态,发音更省力。

灌南方言五个单字调中有三个是凹调,一个是高微降,一个是平调。双字调组合中前字凹调的调型不稳定,容易发生调型变化,前字变调的现象比较多。

灌南方言双字连读变调的类型和多数汉语方言一样,从整体上说,汉语多为双音节词,如果变调过于繁复,难免增加负担,所以便出现原生式、类化式这样的类型,让原本可能复杂的变调模式合并、归整,使其简单化,从而提高了交际效率。从个体上看,各调类组合间,或相同调类组合求异,以突出区别;或调节曲拱,打磨掉不适合连读发音的因素,以使发音更加省力、方便。清晰和省力是语流发音时的两大原则,在言语表达中达到了巧妙结合。

第三节　金沙方言双字调变调分析

一、双字调发音表

金沙方言有7个单字调类:阴平、阳平、上声、阴去、阳去、阴入、阳入。阴平是微升调{34};阳平是前凹调{324};上声是中平调{44};阴去是一个高降调{52};阳去是纯低调,"低"是这个调类的主要特征,实现为中降{31};阴入是高微降调{54};阳入是微升调{34}。金沙方言5个舒声调分别对应升、凹、平、降、低5种拱度类型,并以此作为区别特征。

金沙方言有7个单字调类,共49种双字调组合,本实验每一种调类组合选择6个双音节词,共294个实验词。实验所用双音节词参考游汝杰《汉语方言学教程》(2016)附录部分"汉语方言两字组连读变调调查表",基本为金沙方言常用词,包括了不同结构的合成词。具体选词如表2-6所示。

表2-6　金沙方言双字调发音表

调类组合	双音节词
阴平＋阴平	阴天　西瓜　飞机　开车　搬家　高低
阴平＋阳平	猪皮　天堂　安排　开门　低头　心疼
阴平＋上声	高考　辛苦　浇水　青草　资本　猪肚
阴平＋阴去	高兴　花布　青菜　开店　锅盖　天气
阴平＋阳去	军队　干净　鸡蛋　车站　开会　生病
阴平＋阴入	天黑　钢铁　钢笔　猪血　初一　中国
阴平＋阳入	生活　消毒　猪肉　三月　开学　收拾

续　表

调类组合	双音节词
阳平＋阴平	床单　聊天　磨刀　同乡　茶杯　提高
阳平＋阳平	皮球　红糖　葡萄　轮船　皮鞋　抬头
阳平＋上声	苹果　钢板　存款　门口　全体　鞋底
阳平＋阴去	迟到　棉裤　蓝布　咸菜　长凳　皇帝
阳平＋阳去	程度　劳动　黄豆　原地　麻袋　桃树
阳平＋阴入	头发　颜色　毛笔　流血　湖北　皮夹
阳平＋阳入	同学　成熟　邮局　茶叶　明白　牛肉
上声＋阴平	打开　火车　剪刀　广东　养鸡　普通
上声＋阳平	酒瓶　可怜　好人　打雷　粉红　感情
上声＋上声	稿纸　打水　厂长　老虎　保底　水果
上声＋阴去	广告　口气　补票　板凳　打扮　炒菜
上声＋阳去	启动　小道　本事　子弹　剪断　草地
上声＋阴入	粉笔　打铁　宝塔　请客　美国　理发
上声＋阳入	小学　主食　九月　体育　酒席　解毒
阴去＋阴平	细心　跳高　看书　教师　汽车　菜单
阴去＋阳平	太阳　放平　剃头　化肥　算盘　看齐
阴去＋上声	报纸　借口　快板　对比　倒水　到底
阴去＋阴去	告诉　照相　世界　看戏　放假　破布
阴去＋阳去	干部　泡饭　态度　种树　看病　炸弹
阴去＋阴入	送客　四百　顾客　爱国　印刷　退出
阴去＋阳入	教育　四十　汉族　算术　炸药　化学
阳去＋阴平	电灯　夏天　用功　卖瓜　上山　树根
阳去＋阳平	地球　大门　面条　调查　病人　问题
阳去＋上声	代表　字典　地板　问好　胃口　卖酒
阳去＋阴去	饭店　上课　病假　卖票　浪费　大蒜
阳去＋阳去	大树　电话　社会　运动　让路　味道
阳去＋阴入	自觉　幸福　负责　面色　第一　办法
阳去＋阳入	大学　病毒　树叶　面熟　卖药　技术
阴入＋阴平	国家　北京　说书　杀猪　吃亏　菊花
阴入＋阳平	足球　国旗　黑桃　刷牙　剥皮　铁桥
阴入＋上声	黑板　脚底　缺点　吃苦　发火　出口
阴入＋阴去	百货　黑布　国庆　脚气　发票　切菜
阴入＋阳去	识字　脚步　一定　失败　发病　铁路
阴入＋阴入	发黑　一百　铁塔　鸭血　出国　出色
阴入＋阳入	积极　八十　黑白　毕业　吃肉　复杂

续 表

调类组合	双音节词					
阳入＋阴平	十三	白天	读书	木瓜	学生	立冬
阳入＋阳平	食堂	白糖	毒蛇	绿茶	六年	敌人
阳入＋上声	石板	拔草	局长	月饼	着火	热水
阳入＋阴去	达到	白菜	学费	读报	白布	热气
阳入＋阳去	活动	立定	绿豆	杂事	植树	六袋
阳入＋阴入	及格	直接	合作	蜡烛	绿色	摸黑
阳入＋阳入	学习	特别	直达	十月	六十	毒药

二、双字调变调模式

金沙方言七个单字调类进入双字组后，与灌南方言相比，调型差异变化较大，变体较多。下面对金沙方言七个调类分别处于前字和后字位置的调型及调值情况进行分析。

阴平位于双字调前字时，有平、升、降三种调型，调值分别是{33}、{34}和{32}。阴平位于双字调后字时，也有三种调型，分别是微升调{34}、高降调{42}和低降调{21}。相较于单字调时的升调，双字调中的阴平增加了平调和降调两种调型。按照变调最易保存早期调值的规律，金沙方言的阴平调之前很有可能是一个降调，而江淮官话通泰方言阴平调基本为降调，也从侧面反映出金沙方言声调系统属于通泰方言的特点。而平调{33}则可以看作升调{34}变为降调{32}时的一种过渡状态，整体趋势略微下降。

阳平位于两字组前字时，声调曲拱呈现出升、降两种不同的调型，当后字为阴平、阳平、阳去、阳入时，前字阳平整体呈上升趋势，记为升调{24}，凹感较为明显的几位发音人的凹点和起点在同一度区间内，记为{224}，可以看作{24}的变体。另外，由于某些发音人个别调类起点的略高或略低，还出现了{23}、{223}、{34}、{13}、{213}等多种变体。当后字为上声、阴去和阴入时，前字阳平是降调{21}，两位女性发音人起点略高，调值为{32}。所以，阳平位于前字时，有升调{24}和降调{21}两种调型。阳平位于后字时，调型、调值和单字调相同，保持原央凹调{324}，并存在{113}、{213}、{224}、{214}、{435}、{24}、{13}等多种变体。大部分发音人阳平后字除了保持原调{324}以外，在前字为阴去和阳去时还出现了下降的变调{31}、{21}、{41}、{32},统一记为低降调{21}。总的来看,阳平在双字调中比单字调多出了一种调型。

上声位于两字组前字时,其调值呈现出性别差异,男性发音人起点和尾点位置分布比较集中,虽呈现微小的上升趋势,但大体都落在四度区间内,记为平调{44};女性发音人与男性发音人的起点相同,但女性发音上升幅度更大一些,记为微升调{45}。实际上,这些调值的微小差异在听感上并没有明显的差别,也不构成调位对立,所以{55}、{33}、{34}、{45}都可以看作{44}的变体,统一记为高平调{44}。因此,上声位于两字组前字位置时保持原调,并未发生变调。上声位于两字组后字位置时,基本还是保持原高平调{44},也存在{45}、{33}、{55}等变体。有五位发音人"上声+上声"和"阳去+上声"组合中的后字上声都出现了两种调型,高平调和降调,降调的起点人际差异明显,可记为低降调{21}或高降调{51}、{42}、{31}等调值。总之,上声在双字组前字不变调,在后字位置时比单字调多出高降调和低降调两种调型。

阴去位于两字组前字时,调型基本不变,但调尾的下降终点个体差异较大,记为{54}、{53}、{52}、{51},也有一位发音人在上声、阳去、阴入前时起点略低,记为{43}。在听感上基本相同,都为高降调{52},即阴去前字保持原调,没有发生变调。阴去位于两字组后字时,大多仍保持原降调,起点和尾点都比较集中,从调域最高处下降到调域低部,调值为{52},包括{53}、{51}、{43}、{42}等变体。除保持原调以外,"阴去+阴去"组合中的后字还有一个低降调调型,调值为{21}或{31}。两位女性发音人"阳平+阴去"组合中的后字还存在一个上升调型的变调,调值分别是{35}和{24}。因此,阴去在双字组前字位置不变调,在后字位置表现出高降、低降、中升三种调型,调值分别是{52}、{21}、{24},比单字调多出两种调型。

阳去位于双字调前字时,除了在阳去调前面有升和降两种调型之外,其他调类组合中的前字阳去调型都是下降的,起点和终点略有不同,可记为微降调{32}、{21}或平调{33}、{22}。"阳去+阳去"组合中阳去前字的升调调值统一记为微升调{34}。阳去位于后字时,仍然是降调。不同组合中阳去后字的起点位置较为分散,存在{53}、{52}、{51}、{42}、{41}、{31}、{21}等多种变体,不构

第二章 声学语音学视角下的双字调研究 | 127

成调位对立,所以都记为{31}。有三位发音人"上声+阳去"组合中的后字阳去出现了两种调型,除降调之外还存在前凹调变调,记为{313}。因此,阳去位于双字调前字位置时,有降调和升调两种调型,调值分别是{32}和{34};阳去位于双字调后字位置时,有降调和凹调两种调型,调值分别是{31}和{313}。相比单字调,阳去在双字组中增加了两种调型。

阴入位于双字调前字时,调型没有变化,起点和时长略有不同,依然可记为高降调{54}。后字阴入降幅更大,个体差异明显,有{54}、{53}、{52}、{42}等多种调值,看作高降调的多种变体,都记为{52}。因此,阴入无论是处于两字组前字还是后字位置,都没有产生新的调型,仍然保持原高降调。

阳入位于双字调前字位置时,除了后字为"阳去"中保持微升调{34}不变,其他组合中的阳入均变成了微降调,记为{32}。阳入位于双字调后字位置时,变调较为丰富,除了"阳入+阳入"组合,其他调类组合中的后字阳入基本都有升和降两种调型。微升调{34}存在{35}、{24}、{224}等变体。降调{21}存在{54}、{52}、{43}、{42}、{32}、{31}等变体。因此,阳入在双字组中有微升、微降、低降三种调型,调值分别是{34}、{32}和{21},比单字调多出两种调型。

金沙方言的阴入在双字调中不变调,上声和阴去在双字调的前字位置不变调。其他调类在前字和后字的位置上都有一种、两种或三种变调形式。我们以音位对立原则为基础,结合单字调调值及听感,对金沙方言的调值及调位进行规整,并总结出金沙方言双字调调位及其变体情况,如表 2-7 所示,音高曲线图见附录二:金沙方言双字调。

表 2-7　金沙方言双字调调位及其变体

调类	单字调调位		双字调调位	变体
阴平	/34/	前字	/34/	{34}
			/33/	{33}
			/32/	{32}、{43}、{21}
		后字	/34/	{34}、{35}、{45}、{23}
			/21/	{21}、{52}、{51}、{43}、{42}、{41}、{31}

续 表

调类	单字调调位	双字调调位		变体
阳平	/324/	前字	/24/	{24}、{23}、{34}、{13}、{223}、{213}、{224}
			/21/	{21}、{32}
		后字	/324/	{213}、{224}、{214}、{435}、{24}、{13}
			/21/	{21}、{31}、{41}、{32}
上声	/44/	前字	/44/	{44}、{55}、{33}、{34}、{45}
		后字	/44/	{44}、{33}、{55}、{45}
			/21/	{21}、{51}、{42}、{31}
阴去	/52/	前字	/52/	{54}、{53}、{52}、{51}、{43}
		后字	/52/	{53}、{52}、{51}、{43}、{42}、{31}、{21}
			/24/	{24}、{35}
阳去	/31/	前字	/32/	{31}、{32}、{21}、{33}、{22}
			/24/	{23}、{34}、{24}
		后字	/31/	{53}、{52}、{51}、{42}、{41}、{31}、{21}
			/313/	{313}、{424}
阴入	/54/	前字	/54/	{54}、{43}、{5}、{4}
		后字	/52/	{54}、{53}、{52}、{42}
阳入	/34/	前字	/34/	{34}、{44}、{33}
			/32/	{32}
		后字	/34/	{34}、{35}、{24}、{224}
			/21/	{54}、{52}、{43}、{42}、{32}、{21}、{31}

通过上述分析可以看出，金沙方言七个单字调类在两字组的连调中，前字与后字在一定程度上发生了连读变调，发音人之间的个体差异较大，变调后的调值有的变成了其他单字调的调值，有的形成了新的调值，即有的变调属于调位性变调，有的变调属于非调位性变调。调值在发生变化的同时，调型也变得更多样了。升调或凹调在音系学上被认为是相对活跃、容易发生变化的调型。相较而言，金沙方言七个调类中，阴平、阳平和阳入比其他几个调类在两字组中的变调类型更加丰富一些，这几个调类的调型是升或凹。我们归纳出了金沙方

言双字调变调模式,如表 2-8 所示。

表 2-8　金沙方言双字调变调模式

前字＼后字	阴平	阳平	上声	阴去	阳去	阴入	阳入
阴平	33+34 33+32	32+324	33+44	33+52	34+31	33+54	32+34 32+21
阳平	24+34	24+324	21+44	32+52 32+34	24+31	21+54	24+34 21+34
上声	44+34 44+52	44+324	44+44 44+21	44+52	44+31 44+313	44+54	44+34
阴去	52+34 52+21	52+324 52+21	52+44	52+52 52+21	52+31	52+54	52+34 52+21
阳去	32+34 32+21	32+324 32+21	32+44 32+21	32+52	32+34 34+31	32+54	32+34 32+21
阴入	54+34 54+31	54+324	54+44	54+52	54+31	54+54	54+34 54+21
阳入	32+34	32+324	33+44	33+52	34+31	33+54	32+34

除了后字的轻声变调以外,金沙方言 7 个单字调类共有 49 种双字调组合模式。有 26 种组合连读发生了变调,有 23 种没有发生变调。

相较于北部吴语如上海话、苏州话,金沙方言的连读变调并不复杂,变得不多,存在大量不变调的情况。变调呈现一定的规律性。

(1) 阴入在双字调的前后位置保持原调,上声和阴去在双字调的前字位置保持原调。其他调类在前字和后字的位置上都有 1 种、2 种或 3 种变调形式。

(2) 变调发生在阴平、阳平、阳入为前字的双字调组合中,即前字为升或凹调型的调类容易发生变调。

三、双字调变调类型

我们对金沙方言两字组连读变调的研究发现,该点方言连读变调属于语音连调,是纯语音环境或语音条件制约的连调方式,不受语法或语义因素制约的连调。通过与刘俐李(2004)归纳的 5 种连调模式的特点对照,我们对金沙方言双字调的连读变调模式做进一步的归类。

1. 原生式

金沙方言 30 种连续变调模式都属于原生式变调,具体包括:"阴平＋阳去"{34＋31}、"上声＋阴平"{44＋34}、"上声＋阳平"{44＋324}、"上声＋上声"{44＋44}、"上声＋阴去"{44＋52}、"上声＋阳去"{44＋31}、"上声＋阴入"{44＋54}、"上声＋阳入"{44＋34}、"阴去＋阴平"{52＋34}、"阴去＋阳平"{52＋324}、"阴去＋上声"{52＋44}、"阴去＋阴去"{52＋52}、"阴去＋阳去"{52＋31}、"阴去＋阴入"{52＋54}、"阴去＋阳入"{52＋34}、"阳去＋阴平"{31＋34}、"阳去＋阳平"{31＋324}、"阳去＋上声"{31＋44}、"阳去＋阴去"{31＋52}、"阳去＋阳去"{31＋31}、"阳去＋阴入"{31＋54}、"阳去＋阳入"{31＋34}、"阴入＋阴平"{54＋34}、"阴入＋阳平"{54＋324}、"阴入＋上声"{54＋44}、"阴入＋阴去"{54＋52}、"阴入＋阳去"{54＋31}、"阴入＋阴入"{54＋54}、"阴入＋阳入"{54＋31}、"阳入＋阳去"{34＋31}。

2. 互换式

互换式变调指的是某个调类在连读时的调与其单字调不同,但调型仍然在单字调系统范围内,即由一个调类变成了单字调系统中的另一个调类。互换式的变调方式一种是只涉及单字调中某个调类或某几个调类变化的"个别置换式",还有一种是涉及所有调类变化的"整体推链式"。

金沙方言中的互换式变调属于"个别置换式",主要表现为阴平和阳入两个升调在和阳平组合时("阴平＋阳平""阳入＋阳平"),前字阴平和阳入会由微升调{34}变成中降调{32},调型和调值都和阳去调一致。而"阳去＋阳去"组合中的前字阳去有两种变调模式,其中一种就是由中降调{32}变成微升调{34},调型和调值与阴平一致,所以是在单字调系统内发生了互换式变调。

3. 类化式

类化式变调产生的原因主要是语言的经济性原则和记忆的简便性原则,使得方言中的声调系统简化。

金沙方言中类化式连调模式主要出现在以阴平和阳入为前字的调类组合中,阴平和阳入单字调是调型与调值都相似的两个调类,所以两个调类的变调模式也是非常相似的,例如,"阴平＋阴去"和"阳平＋阴去",两字连读的调值都为{32+52}。

4. 调协式

调协式变调是指在连读过程中出于省力或同调相互有异的原则调节调型，导致原来的调值发生改变。在"阴平＋阴平""阳平＋阳平""阳入＋阳入"这几个调类组合中，调值由原来的{34+34}、{324+324}、{34+34}变成了{33+34}、{24+324}、{32+34}，变调后的调式区别相对来说比较明显，前字由升调变成平调，凹调变成升调，升调变成降调。两字组由原来的"升升""凹凹""升升"变成"平升""升凹""降升"的组合。两个调型相同的调类在组合时前字调型会产生调节和变化，这属于声调组合中凸显区别特征的方式。金沙方言中除了阴平、阳平、阳入三个调类，其他调类和本调类组合时基本都保持原调，没有发生调型的改变，主要是因为这些调类都是平或降的调型，所以金沙方言的调协式变调主要是发生在降升调型的组合中，而变化原因则是为了减少发音时音高的转化频次，从而达到发音省力目的。

金沙方言双字调的语音连调模式有原生式、互换式、类化式、调协式四种。和其他很多汉语方言相似，金沙方言中这些两字组连读变调的模式其实是兼顾了语音发声的省力原则和尽可能提高交际效率的原则。而原生式、类化式这两种类型的存在，就会使得方言声调的变调系统相对来说，不会过于繁杂。相同调类在组合时尽量能够使其相互区别，曲拱度比较复杂的调类尽量使其变得简单，一方面能够保持语义的区别，另一方面则能够使变调方式尽量简化，达到交际中言语清晰和省力的目的。

本章小结

（一）灌南和金沙双字调的异同对比

本章从声学语音学视角对江淮官话北端的连云港灌南县以及南端的南通市金沙镇进行了双字调的分析。灌南方言5个单字调两两组合后有25种双字调模式，17组双字连读发生变调，占比68%。金沙方言7个单字调两两组合有49种双字调模式，发生变调的有26种，占比53%。比较两个方言点双字调，它们之间的共性具体如下。

（1）前字较易发生变调，调型多为升调或凹调。灌南方言双字调的变化较多发生在前字位置，后字较单字调调型与调值基本没有变化。金沙方言变调主要发生在阴平、阳平、阳入为前字的双字调组合中，即前字为上升或凹调的曲折调类容易发生变调。

（2）前字时长短于后字时长。与单字组相比，双字组中每一调类的调长无论前字、后字都有不同程度的缩短。而入声前字的时长缩减幅度远远大于舒声，所以入声字在双字调中更易保持其短调的特点，不易舒化。

（3）两地方言双字调的语音连调模式都有原生式、类化式、调协式三种。两个方言点双字调的差异为：金沙方言的阴入在双字调的前后位置都保持原调，上声和阴去在双字调的前字位置保持原调不变。金沙方言的双字调的语音连调模式增加了互换式。

（二）双字调变化的原因分析

语音是不断演变的，声调也不例外。连调是在单字调的基础上派生出来的语流音变。如果派生连读变调的单字调底层在声调历时演变进程中率先发生了变化，而连读变调的语音形式仍保留在人们的口语中，连调的语音形式将是研究单字调演化的一扇窗口。

从连读变调的变调环境与变调条件角度考察，汉语方言连调可分为音义变调、语音变调两种不同的层级类型(李小凡,2004)。因此，连调的语音形式也是研究词汇概念意义和语法意义甚至语用功能的一扇窗口。音义变调如轻声调、重叠变调、小称变调等，通常是以词或特定的语法格式为变调条件的。无论是音义变调的形成，还是语音变调的派生，语法语义影响、制约连调，往往都是借助载调语言成分韵律结构的调整或组配来实现的，而两字组的连读变调是韵律结构的最小单位。

声调"折度打磨说"(刘俐李,2005)指出，声调连读时语音层面需要曲拱调节，减少折度即减少音高变化升降转换的次数，如由降转升为一次，由升转降为一次，减少声调的曲拱变化符合语言经济性原则和发音省力原则。

（三）词末变调

通泰方言中存在着一种特殊的词末变调现象，指部分多音节词的末字不论其单字调为何，一律读作同上声一样的调值（大多数表现为低凹调{213}）（倪志佳，2015）。鲁国尧（1988）提出泰州话的部分入声字在某些词语的末尾读为上声，但不是连读变调造成的。王韫佳（1998、2001）发现了海安、泰县（今姜堰）、泰州、东台和如皋北部中也有类似现象，且认为这是一种与词性有关的变调现象。汪如东（2000、2011）根据海安话中大量的末字"变上"词的现象，将这种词末变调视为连读变调的一种。倪志佳（2015）根据如皋方言的变调材料，指出词末变调对韵母基本没有影响，除了入声韵在变调之后发音不再短促，喉塞尾丢失，变为开尾韵。

一般所说的连读变调是指在语流中音节和音节相连时彼此影响而产生的一种调值变化，具有条件性，而词末变调与末字本调以及前字调均没有明显的关系，不能将词末变调视为单纯语音层面上的连读变调。通泰方言的这种词末变调主要在日常口语中使用，书面词和新词不发生变调，且同一类口语词变调也不稳定。从功能看，词末变调的使用限于名词，相当于一个名词标记。因此，词末变调应是一种跨层的音义变调，并且它的分布和功能与小称变调具有很大的相似性。

我们在金沙方言的名词双字调组合中，发现部分词的末字容易读成低凹的现象，但并不具有普遍性，可能反映的正是这种词末变调的问题。

（四）结论

本章对江淮官话两个方言点的双字词的语音形式进行了音变模式的分析，发现具有以下特点。

（1）通泰片的金沙方言虽然单字调类较多，但是双字变调的数量却少于洪巢片的灌南，有些在单字调中已经发生的声调要素的变化在双字调中依然保留其底层，例如，入声时长的变化证实了连读变调的语音形式是研究单字调演化的一扇窗口。

（2）洪巢片灌南的前字大多会变调，主要是因为灌南五个单字调有三个是凹调，即阳平、上声、入声。凹调的曲拱变化比升调或降调复杂，在双字调中容易发生改变,是发音省力的自然规律。

(3)两个方言点双字连读发生变调的情况虽然较多,除了金沙方言的名词双字调组合中部分末字容易读成低凹,从而体现一定的语义功能之外,尚未发现双字调与词汇意义或语法结构之间的关联性。

(4)两个方言点的变调形式多集中在前字部分,符合前变型是汉语方言连调变化的主要规律。

第三章 听感语音学视角下的声调研究

听感语音学视角下的声调研究主要聚焦于声调范畴的感知。声调的组成要素包括音高、长度、声域等,不同要素的变化都可能改变声调的范畴。在不同声调的感知范畴内,无论两个样本的声学参数差别有多小,仍被感知为不同的声调。江淮官话的两个方言点(通泰片的兴化和金沙)以及吴语的如东大豫的方言声调调型都具有三个拱形相似、带有上升段或[＋Rising]特征的调类,这种"R调"具有音位学的意义,利用听感语音学的方法对其进行感知实验,可以更好地理解声调范畴的决定因素是什么。本章以兴化方言的声调感知研究为例,考察了峰点音高、凹点位置、凹点音高三个参数对于感知"高升—前凹""前凹—央凹""高升—央凹"三组调型的区别作用,说明听感范畴的类型包括互补范畴和交叉范畴,证明声调的声学性质是连续的,但是声调的感知范畴却是离散的,声调的听感范畴与类型学范畴有着对应关系。

第一节 声调范畴的研究

一、听感范畴和类型学范畴

语音知识产生的知觉效应主要有两类:范畴知觉和语音连贯。人们大脑中的音位是一个感知范畴,音位的感知是一个从复杂的物理变量到音位范畴的认知过程,单从语音的物理变量很难计算出音位,因此,需要通过语音的感知和认知实验测试出音位的感知范畴(孔江平,2019)。听感语音学就是研究如何识别连续体成员的类别,以及连续体上刺激之间的差异(Keith Jonson,2012)。由于语音合成技术的日趋完善,心理测验方法的改善,言语控制、听觉反馈中的语音规律分析得越来越深入,思维和听觉神经生理的研究日趋进步,听感语音学的研究领域日益宽泛,研究方法也日趋成熟。

声调的感知实验结果显示,在同一个声调的感知范畴内,无论两个样本的基频差异有多大,感知的结果是相同的;在不同声调的感知范畴内,无论两个样本的基频差异有多小,仍被感知为不同的声调。即声调的声学性质是连续的,而声调的感知范畴是离散的。研究者需要设法在声调的声学连续统中划出界限,以区别不同的听感范畴。目前,关于声调相关实验大多是针对最简调而设计的。赵元任先生(1922)最早把声调定义为音高对时间的函数,与音高、长度、声域(实现为发声态)组合而成的复合调相比,最简调只区别随时间变化的音高。

相对于声调的声学连续统,声调的听感范畴是否连续并不清晰可辨。研究者需要分清实验过程中的参数和作为实验结果的范畴。参数是实验中所取的维度,如斜率大小、曲线高低、拐前段时长等;范畴则是沿着音高等曲线连续变化的参数轴上所分出来的,是听感上受到类型学制约的充分而必要的类。听感范畴有属于个别语言的,还有跨语言的。前者是"调位类",后者是具有普遍性的"调型类"。"调型"是普适调型库里所定义的类型学范畴,它是多向量的。

本章对于"声调范畴"的界定包含两层含义:一是听感范畴;二是类型学中的范畴,即"调型"。我们对于兴化方言声调范畴的研究并不涉及发声态的听感,除了一般的单变量实验外,还尝试了多变量实验,以测试声调听感上的多参数范畴是否与类型学中的调型范畴相匹配,从而检验调型范畴是否可以得到听者的证实。

二、声调感知研究

最近二十年来,听感实验结果认为,声调感知可分为范畴感知、连续感知,以及介于两者之间的类/弱/准范畴感知三种类型。

声调范畴以平、升、降等拱形来分类,感知实验通常采用的刺激音是从一个范畴(例如,平调)到另一个范畴(例如,升调)之间的某个参数(例如,基频)或某些参数(例如,凹调的拐前段时长和尾点基频)连续变化的一系列变体,被试辨认这些变体的范畴归属。如果在辨认曲线上呈现一段持续高峰和一段低槽,折线的中间交叉地带通常属于范畴边界,即为典型的范畴感知。跨范畴边界的两个相邻刺激的辨认率差别远远大于处于边界同侧的两个相邻刺激的辨认率差别(王韫佳,覃夕航,2015)。例如,普通话母语者对阴平和阳平的区分呈现出范畴感知的模式,在刺激连续统的第 7 号和第 8 号刺激之间,阴平的辨认率上升了 100%,阳平的辨认率下降了 95%(王韫佳、李美京,2010)。

连续感知除了端点外,没有一个刺激音可以获得 100% 的辨认率,且辨认曲线在各个刺激音点上呈现平缓地上升或下降,曲线各段斜率相近、没有明显的陡势(荣蓉,2013)。汉语普通话的研究结果多为典型范畴或类范畴感知(高云峰,2004;曹文,2010;金健,2010;金健、施其生,2010;荣蓉、石锋,2013;张锐锋、孔江平,2014),也有研究者得到了连续感知的结果(刘娟,2004)。然而对于类范畴或弱范畴化的考量标准,并没有一个清晰的界定。高云峰(2004)认为,区分函数在范畴边界出现高峰,但在范畴内部又比机遇值高很多,所以弱感知并不属于严格意义上的范畴感知。也有人指出,杭州方言阳平凹调在拐前段时长上的感知是较接近连续感知的类范畴感知,因为从辨认曲线上直观判断,它是一种介于范畴感知和连续感知之间的状态(金健,2015)。可见,对类范畴感知的确定比对严格意义上的范畴感知的确定要宽容和自由。

对于范畴边界的确定标准,目前除了用辨认百分比区分(王韫佳、李美京,2010),也有采用函数计算范畴边界的宽度、区分峰陡峭度作为范畴化程度的参数(王韫佳、覃夕航,2015)。或者以半音值来计算听感边界位置和宽度(金健,2015),或者转化为五度值进行对比(曹文,2010)。

对于声调的范畴化感知结果与拱形差异之间的对应关系,有学者认为,相异拱形的感知结果呈现出典型的范畴化特征,但相似拱形的感知结果却呈现出弱范畴化或非范畴化的特征(刘思维,2015;王韫佳、覃夕航,2015)。对于具有较复杂的曲拱特征的声调来说,实验刺激的设计也会对实验结果产生影响。目前很多汉语声调感知实验的做法是把目标声调置于负载句甚至是有意义的词中(高云峰,2004;金健,2015),但这种实验方法并不符合经典的范畴感知实验范式。为避免相邻音节的语音和词义对目标字的声调辨认产生影响,经典范畴感知实验使用的刺激为孤立音节。

现有声调的感知研究主要使用的是声学或数学参数,如某个基频点(Hz、半音或五度值),或某个时间点(ms),或某个函数值。实验的目的,或者是测试被试(声调或非声调母语者)对平、升、降等拱形类的听感差别,其结果可能超越声调研究范围;或者是测试声调母语者对特定语言或方言的范畴,即"音位类"的感知边界。实验的结果是,在理想状态的范畴听感中,被试在已知的范畴(音位)中区分变体不比随机区分好多少,但在音位分界两旁的区域内会显示出连串高峰值。音位感知和音位一样,它的划分只属于特定语言,但是音位概念的应用在一定程度上存在普适性,并且不同个体语言实验数据的不断积累,也会有助于我们了解语言的共性。

在外文文献中,声调的范畴感知一般是指对平、升、降等拱形类的辨别。此类研究大部分是用来比较声调和非声调母语者对这些拱形类的辨认度,如泰英比较(Gandour et. al,1998)、汉英比较(Bent et. al,2016;Xu Yi,2016)、汉德比较(Peng Gang et. al,2010)、汉法比较(Halle, P. A et al,2004)等。也有些研究是比较两组说不同声调语或汉语方言(集中在普通话和粤语)的被试对这些拱形类的辨认度(Gandour,1983;Zheng Hong-Ying et al,2012),两种研究的主要结论基本相同。在区分实验中,非声调母语者仅表现出心理物理学(psychophysical)的听辨界线,而声调母语者则表现出语言学的听辨界线。由于受母语声调系统中调类/调拱的规约,声调母语者对某些范畴的感知更为敏感,比如粤语中阳上是微升拱,因此粤语被试就对升拱特别敏感。

总之,目前声调感知研究仍有以下几个问题亟待解决。

(1)复杂调类音高特征的范畴感知。声调范畴感知的研究主要集中在普通话和粤语(Francis et al. ,2003),较少涉及其他方言,而对于调型复杂或调类之间区别精微的方言,范畴感知的研究更加重要。例如,斜率大小、调型凹凸、拐点位置是否存在范畴感知(金健、施其生,2010)。

(2)复杂调类的多维知觉音征。对于普通话的声调感知都是极简调的感知,在某些吴语方言中,调类之间存在多维的区别特征,除音高差异外,还伴有发声态或时长上的区别(Rose, 1989)。我们在通泰片的兴化和金沙已经发现这种多维知觉音征现象,这些是否为羡余特征呢?如果不是,那么何为主要音征,何为次要音征,这需要用感知实验判明。

(3) 声调范畴感知的类别。在单变量和多变量实验中,声调感知是范畴感知、连续感知,还是介于两者之间的类/弱/准范畴感知呢?如何根据听感结果界定这几个范畴?

(4) 听感实验要解决的是连续的声学数据与离散的听感范畴之间的关系。但是以什么标准在连串声学数据的某处将两个听感范畴分开?这就需要引入声调类型学的概念。我们需要依据声调类型学范畴去划分听感范畴,同时也要用声调的听感范畴去验证或调整声调类型学范畴。

第二节 兴化方言声调感知实验

一、兴化方言三个 R 调的声调范畴

兴化市区及大部分乡镇的方言属于江淮官话通泰片,西北部少数村镇的方言属于江淮官话洪巢片。兴化市区老派方言的单字调有七个调类,即阴平、阳平、上声、阴去、阳去、阴入和阳入。图 3-1 是根据兴化老派发音人单字调的数据进行平均后的曲线(章婷、朱晓农,2014),基频值进行了 LZ-score 归一化处理。兴化方言的阴入为喉塞尾短高调,没有变体。阳入主要有三个变体,变异很大:少量例字并入阴入(4ba),余下的一半仍为喉塞尾短低调(4b),另一半发生舒化(4bM),曲线接近阳平而稍短。图 3-1 中三条深色曲线从上到下是下文实验要用到的阳平、阴平、上声,其余浅色曲线用作调系格局参照。

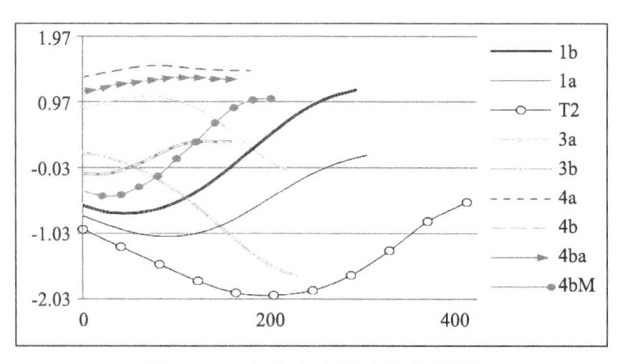

图 3-1 兴化方言单字调均线图

从图 3-1 中可以看出,兴化方言的阴平、阳平和上声三个声调在拱形上都是由下降段加上升段组成,其中上升段是三个声调都必有的区别特征[+Rising],合称为"R 调"。普适调型库中升拱类和凹拱类的调型共有八个(朱晓农,2018),兴化方言三个"R 调"都在其中(表 3-1 中加 * 者)。

表 3-1 普适调型库中升拱类、凹拱类长调

拱度	调型	上域	常域	下域	拱度	调型	上域	常域	下域
升拱类	高升	46	35 *	24	凹拱类	前凹		324 *	213
	中升	35	24	13		央凹	404	323 *	202
	微升		45	23		后凹		523	
	后凸升		354			两折		4242	

依据拱形及凹点位置,"R 调"可分为升型调和凹型调两种。其中,升型调是凹点位置在时长 20%或之前,而凹型调则是在此之后。在凹型调中,凹点位置在时长 30%前后的为前凹调,40%前后的为央凹调,50%之后的为后凹调(判别标准还有音高)(朱晓农,2014)。照此标准,兴化方言的三个"R 调"可确定为:阳平为高升调{35},阴平为前凹调{324},上声为央凹调{323}。记录兴化方言声调比较重要的材料有三种,其中《江苏省志》(1998)和顾黔(2001)把这三个"R 调"都记为{35/33/213},张炳钊(1995)则记为{34/324/213}。前两种的阳平和后一种的阴平更接近于我们的记音。

由于兴化方言声调中阴平和阳平同为常态发声的凹调,一个前凹、一个央凹,所以它的央凹调的凹点就比一般央凹调(比如,普通话第三声)稍偏后,出现在 50%的时点上。

兴化方言声调感知实验的一个基本假设是:声调的听感范畴对应于普适调型库中的调型。兴化方言中罕见的"R 调"三足鼎立的情况是极宝贵的验证样本。以感知实验来探讨这三个拱形近似的"R 调"的听感分界是否与调型有相关性。如果没有相关性,那么调型定义就要修改,甚至调型库要加以调整;如果有相关性,那就初步验证了感知范畴与类型学范畴这两种独立的范畴之间具有对应性,这将为声调的听感研究和类型学研究拓展出一个新的领域。

二、实验设计

感知实验合成采用的原始语音材料来自一名土生土长的兴化市区本地68岁的老年女性发音人的录音。实验刺激声音合成方法采用PSOLA基音同步叠加,在Praat软件中通过修改原始样本音的基频和时长,合成新的刺激音,从而形成不同的声音刺激系列,即从一个范畴到另一个范畴之间的某个参数连续变化的一系列变体。感知实验采用辨认实验的方法,即随机播放一个语音样本,让被试于听后5秒内在给定的两个语音中选定一个。每组实验有10—13个语音样本,每个语音样本随机出现6次。听辨实验用E-prime软件进行。感知实验共有10名被试,年龄在20—50岁之间,文化程度为初中到大学,均为土生土长的兴化本地人。

考虑到兴化方言3个R调的起点高度都是分域四度制中的中域{3}度,实验将变量设定峰点音高、凹点音高、凹点位置3个参数。选择这3个参数是因为它们具有类型学意义。凹点位置对调型的规定意义前面已讲述。凹调的凹点音高和所有声调的最高点都是语言目标,具体到R调上,凹点和峰点音高都是语言目标。我们用这3个参数对3种R调进行两两对比的听辨实验:高升 vs. 前凹、前凹 vs. 央凹、高升 vs. 央凹。实验采用孤立音节,选用了声韵母相同的"田/天"(高升—前凹组)、"低/底"(前凹—央凹组)、"麻/马"(高升—央凹组)3组字。

以往的同类研究中常使用一个拐前段时长为参数。这里需要对"拐点"和"凹点"进行辨析。拐点中包括"凸点"。凹点是声调目标,具有语言学意义。两者的区别同样适用于"拐前段"和"凹前段"。不过,由于我们的实验只讨论凹点,不涉及凸点,所以拐点可临时性地用作凹点的同义词。从物理角度看,拐前段时长和凹点位置(或拐点位置)所指相同,区别在于,拐前段时长是纯物理参数,而拐点位置是个相对概念,用百分比表达的相对时长或"同化时长"(equalized duration)来表示。绝对时长对于声调(同为舒声或入声)、发音人(同样的发音风格)、语言3个维度上的内部差异和调际、人际、语际3个维度上的外部比较,以及类型学的调型对照都没有意义,而相对时长可用于上述3个维度(6种比较)和调型的对照。

三、 高升型与前凹型的听感区别

兴化方言中的高升调阳平{35}和前凹调阴平{324}相比,起点高度无实质性的差别,其区别主要表现在以下方面:高升调凹点位置较前、凹点音高较高和峰点的音高较高。

1. 实验1:凹点位置对区分高升调和前凹调的作用

实验1选用的是声韵母同为"tian"的高升调"田"和前凹调"天"。合成音节样本的声调时长固定为两字的均值461 ms,基频也是两字的均值:起—凹—峰点音高分别为150—142—251 Hz(除了第一个刺激为直线外,起点音高为142 Hz)。合成过程从声调的0处开始,以时长的6.9%为步长逐步改变凹点位置(刺激的凹前段时长),逐渐加长至时长的83%处,共合成13个刺激样本。刺激合成示意图见图3-2左,听感结果见图3-2右,具体数据见表3-2。

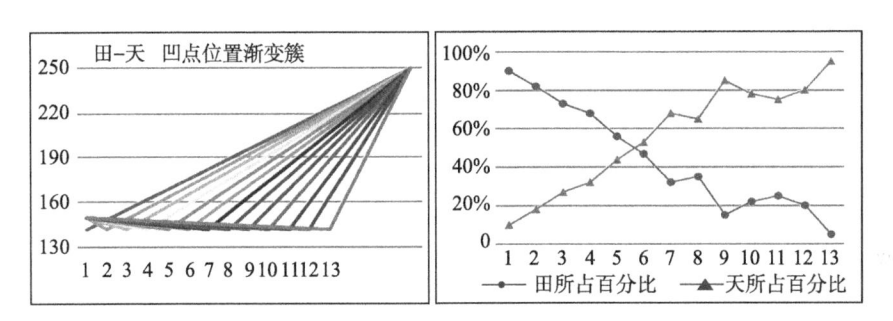

图3-2 高升—前凹的凹点位置对立组:[左]凹点位置变动的刺激合成图;[右]不同凹点位置的听辨结果图

表3-2 "田—天"凹点位置渐变簇听辨结果

刺激	1	2	3	4	5	6	7	8	9	10	11	12	13
时长	0	6.9%	13.8%	20.7%	27.6%	34.5%	41.4%	48.3%	55.2%	62.1%	69.0%	75.9%	82.8%
田	90%	82%	73%	68%	56%	47%	32%	35%	15%	22%	25%	20%	5%
天	10%	18%	27%	32%	44%	53%	68%	65%	85%	78%	75%	80%	95%

实验结果显示,刺激1高升调"田"的感知辨认率为90%,前凹调"天"的感知辨认率为10%。从刺激1到刺激5,辨认为高升调的比例从90%降到了56%,交叉点出现在刺激5和刺激6之间。从刺激6开始,辨认为前凹调的比例(53%)开始超过高升调(47%),并一直到刺激13稍有反复地上升。

上述结果有3个凹点位置值得讨论:刺激4的凹点位于时长的20.7%处、刺激5的凹点位于时长的27.6%处和刺激6的凹点位于时长的34.5%处。从表3-2可以看出,从时长的0处一直到时长的20.7%处,辨认为高升调的比例均为前凹调的两倍以上(90%:10%,82%:18%,73%:27%,68%:32%),说明在时长20%处及之前,倾向于辨认为高升调。到下两个时长点27.6%和34.5%处,辨认为高升调和前凹调的比例接近于一半对一半(56%:44%,47%:53%),说明被试对两者的辨认不是很确定,相当程度上是在猜测。不过,同样明显的是,在27.6%处之前稍倾向于辨认为高升调,到34.5%处则稍倾向于辨认为前凹调,而两种调型的分界线就在30%处,即图3-2右中两条感知曲线的交叉处。现实中的兴化方言高升调比前凹调调尾要高,实验时将其控制为两者的平均音高,仅是为了测试对凹点位置时段比例的感知。在此基础上,我们进行了预测,如果峰点音高用高升调的数据,感知交叉点应提前。对照高升调、前凹调的类型学定义——凹点位置分别在时长的20%和30%处,实验1基本证实了这两个类型学定义具有感知辨认的经验基础。

2. 实验2:峰点音高对区分高升调和前凹调的作用

实验2仍选用声韵母同为"tian"的高升调"田"和前凹调"天"作为实验字,合成音节样本的声调时长固定为两字的均值461 ms,基频以高升调"田"(起—凹—峰点音高分别为151—145—306 Hz)为起始音节,以前凹调"天"(起—凹—峰点音高分别为148—139—195 Hz)为目标音节,中间分9步改变基频,合成8个基频曲线不同的刺激样本,均匀地进行线性内插,从上到下共得到10个刺激样本。刺激合成示意图见图3-3左,听辨结果见图3-3右,具体数据见表3-3。

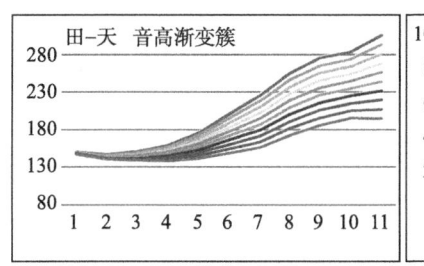

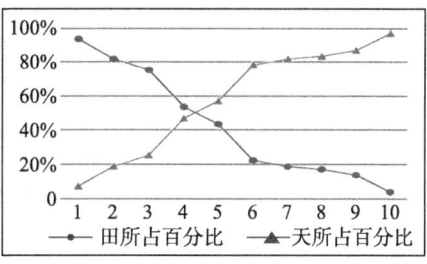

图3-3 高升—前凹的峰点音高对立组:[左]音高刺激合成图;[右]音高听辨结果图

表3-3 "田—天"音高渐变簇听辨结果

刺激	1	2	3	4	5	6	7	8	9	10
田	93.3%	81.6%	75.0%	53.3%	43.3%	22%	18.3%	16.7%	13.3%	3.3%
天	6.7%	18.4%	25.0%	46.7%	56.7%	78%	81.7%	83.3%	86.7%	96.7%

实验结果显示,刺激1到刺激3辨认为高升调"田"的比例要明显高于辨认为前凹调"天"的比例。感知边界在刺激4到刺激5之间,被试对这两个刺激的辨认极为模糊,辨认率在一半上下,说明猜测的成分很大。从刺激5到刺激6,辨认率有一个陡变(相差20%多),从约4∶6变为约2∶8,并以这个比例渐升至刺激10的辨认率。凹点位置在本实验中是从第二个时长点(10%处)逐渐过渡到第四个时长点(30%处)的。凹点的音高是个变量,但从第1个到第10个刺激的差距极小(从145 Hz到139 Hz),尤其是中间过渡阶段的5个刺激(从刺激3到刺激7),基频相差只有2 Hz,常人听感是无法辨别的。与此相反,对前凹调的辨认率却从25%增长到了81.7%,可见是峰点音高在起作用,而凹点音高跟峰点音高相关,即凹点音高并不是一个独立的因素。

3. 讨论

兴化方言高升调{35}与前凹调{324}的辨认有凹点位置、凹点音高、峰点音高3个特征,后两者在合成中相关度极高($R^2=0.989$),见图3-4。

凹点位置和峰点音高两个参数对兴化方言高升调{35}与前凹调{324}两个调型的区分都起着重要作用。在实验1峰点(及相关的凹点)音高固定的前提

$y=16.93x-2160$
$R^2=0.989$

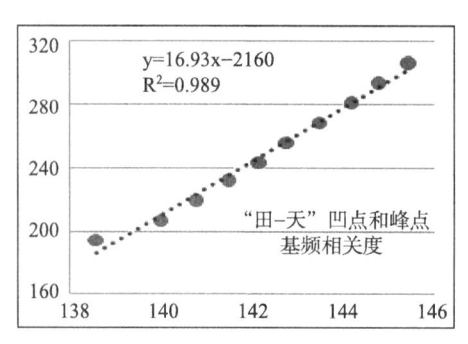

"田-天"凹点和峰点基频相关度

图 3-4　高升调(例字"田")与前凹调(例字"天")凹点和峰点基频的相关度

下,凹点位置起到明显的区别作用:在时长的 30% 前倾向于辨认为高升调,在 30% 之后倾向于辨认为前凹调。在实验 2 中,峰点音高差别极大(凹点音高与之相关),起到明显的类别区分作用,到第 6 个刺激样本时,尽管凹点位置还在 20% 的时点,已基本被辨认为是前凹调了。由此证明之前的预测:峰点音高若提高,判断为前凹调的时点会提前。

上述两个实验分开来看,可以看到凹点位置和峰点音高的独立作用;合起来看,则可以看到凹点位置和峰点音高相互补充的作用:在实验 1 中,由于峰点音高固定为高升调和前凹调的均值,所以凹点起作用的位置稍后。类型学研究认为,高升调凹点定义为时长的 20% 处或之前,前凹调凹点在时长的 30% 前后,过渡带约在时长的 25% 左右或稍后。但实验 1 中高升调和前凹调的分界交叉点,即过渡带的中心在时长的 30%。而在实验 2 中,峰点音高作用明显时,前凹调凹点就前移到 20% 处。即平均而言,兴化方言高升调与前凹调的凹点位置边界在 25% 到 30% 时点之间,与类型学中的定义高度吻合。

上述两个实验的听辨结果折线近似于两条直线,即辨认的比例大体上是均匀地上升或下降,所以"田""天"两字听辨分界线的两侧并不能明确显示有多宽的过渡带,这种情况即过去所说的"连续感知"。

四、前凹型与央凹型的听感区别

兴化方言中有两个凹调:前凹调阴平{3<u>2</u>4}和央凹调上声{32<u>3</u>},两者的起点音高基本上相同,区别也有三点:凹点位置、凹点音高和调尾峰点音高。

1. 实验3—实验4:凹点位置对区分前凹调和央凹调的作用

实验3选用的是声韵母同为"di"的前凹调"低"和央凹调"底"。合成音节样本的声调时长固定为两字的均值490 ms,基频也是两字的均值:起—凹—峰点音高分别为157—124—171 Hz。合成过程从时长的2.5%处开始,以时长5%为步长逐步改变凹点位置,逐渐加长至时长的62.5%处,共合成13个刺激样本。刺激合成示意图见图3-5左,听辨结果见图3-5右,具体数据见表3-4。

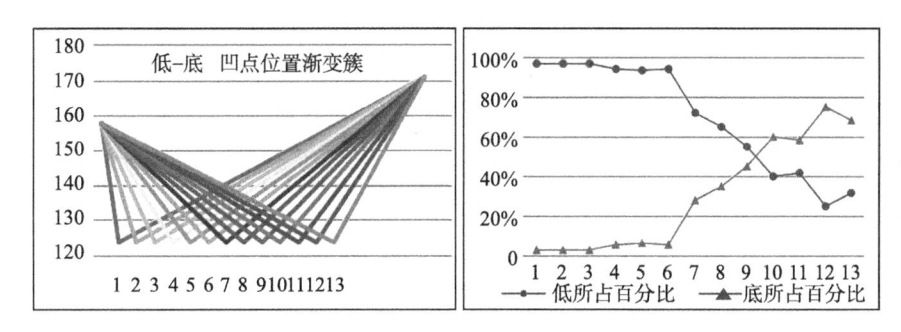

图3-5 前凹—央凹的凹点位置对立组:[左]凹点位置变动的刺激合成图;[右]不同凹点位置的听辨结果图

表3-4 "低—底"凹点位置渐变簇听辨结果(1)

刺激	1	2	3	4	5	6	7	8	9	10	11	12	13
时长	2.5%	7.5%	12.5%	17.5%	22.5%	27.5%	32.5%	37.5%	42.5%	47.5%	52.5%	57.5%	62.3%
低	96.7%	96.7%	96.7%	94.0%	93.3%	94.0%	72.0%	65.0%	55.0%	40.0%	41.7%	25.0%	31.7%
底	3.3%	3.3%	3.3%	6.0%	6.7%	6.0%	28.0%	35.0%	45.0%	60.0%	58.3%	75.0%	78.3%

实验结果显示,当基频取均值时,从刺激1到刺激6感知为前凹调"低"的辨认率均接近100%。刺激6的凹点位置是时长的27.5%处,这也说明在时长的30%之前,被试基本上辨认为前凹调。这个数据与实验1前凹调凹点位置的数据相符。从刺激7开始,感知为央凹调"底"的辨认率突然增加,并一直到刺激13稍有反复地上升。

为了比较,我们进行了实验4,以考察"低—底"凹点音高和峰点音高的区别度。实验 4 合成音节的样本音高用前凹调"低"为母本,起—凹—峰点音高分别是 156—145—180 Hz(比实验 3 的凹点高了 21 Hz、峰点高了 9 Hz),合成音节样本的声调时长仍固定为两字的均值 490 ms,只改变凹点所在的位置,合成过程从时长的 2.5%处开始一直到 62.5%处,共合成 13 个刺激样本。刺激合成示意图见图 3-6 左,听辨结果见图 3-6 右,具体数据见表 3-5。

实验结果显示,以前凹调"低"为母本合成的 13 个刺激样本,被试辨认为前凹调"低"的比例接近 100%,辨认为央凹调"底"的概率小到可以忽略。这说明在前凹调和央凹调的辨认实验中,如果峰点音高(及与之相关的凹点音高)固定为前凹调的数据时,凹点位置的变动丝毫不起区别作用。

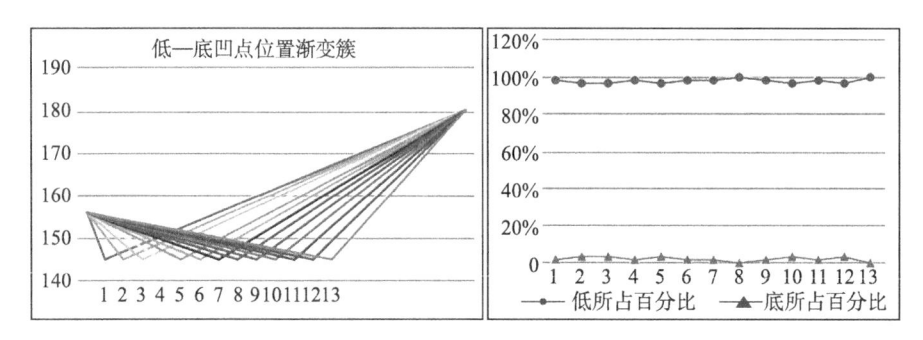

图 3-6　前凹—央凹的凹点位置对立组:[左]凹点位置变动的刺激合成图;[右]不同凹点位置的听辨结果图

表 3-5　"低—底"凹点位置渐变簇听辨结果(2)

刺激	1	2	3	4	5	6	7	8	9	10	11	12	13
低	98.3%	96.7%	96.7%	98.3%	96.7%	98.3%	98.3%	100%	98.3%	96.7%	98.3%	96.7%	100%
底	1.7%	3.3%	3.3%	1.7%	3.3%	1.7%	1.7%	0.0%	1.7%	3.3%	1.7%	3.3%	0.0%

两组实验对比结果显示,凹点位置是否起作用,跟峰点(及相关的凹点和整体)基频相关。当基频使用单个实验字的数据时(实验 4 用的是前凹调"低"),全部倾向于辨认为该字,凹点位置不起任何作用。当基频取两个实验字的均值时,凹点位置起一定作用。前凹调与央凹调的凹点位置区别,前凹调的凹点在时长的 30%左右,央凹调的凹点在 40%左右。理论上应该在时长的 35%,即

刺激7和8之间,或者至少也应该在刺激8和9之间。上面的实验结果是在刺激9和10(靠近9)之间,即时长的43%左右,显得稍后。这是因为基频取的是两字均值,说明在难以从既不高也不低的基频处获得区别信息时,凹点位置需更为明显,即更为靠后时,央凹调才更容易被辨认。

2. 实验5:前凹调和央凹调的多参数感知实验

实验5仍选用声韵母同为"di"的央凹调"底"和前凹调"低"为实验字,合成音节样本的声调时长固定为两字的均值490 ms。基频以央凹调"底"(起—凹—峰点音高分别为158—103—162 Hz)为起始音节、前凹调"低"(起—凹—峰点音高分别为156—145—180 Hz)为目标音节,中间分9步改变基频,合成8个基频曲线不同的刺激样本,均匀地进行线性内插,从下到上共得到10个刺激样本。刺激合成示意图见图3-7左,听辨结果见图3-7右,具体数据见表3-6。

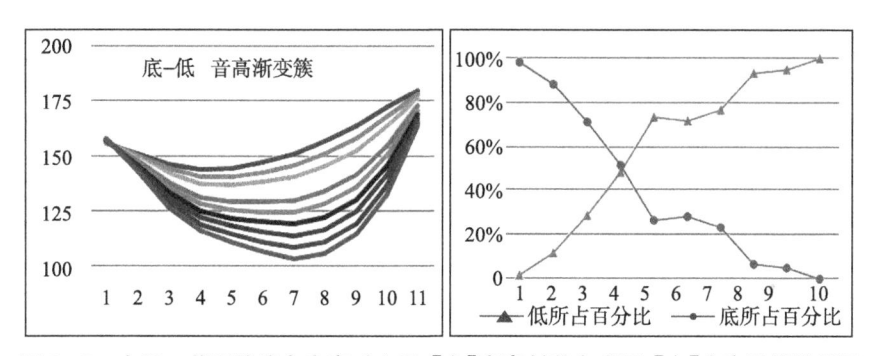

图3-7 央凹—前凹的峰点音高对立组:[左]音高刺激合成图;[右]音高听辨结果图

表3-6 "底—低"音高渐变簇听辨结果

刺激	1	2	3	4	5	6	7	8	9	10
底	98.3%	88.3%	71.2%	51.7%	26.7%	28.3%	23.3%	6.7%	5.0%	0.0%
低	1.7%	11.7%	28.8%	48.3%	73.3%	71.7%	76.7%	93.3%	95.0%	100.0%

实验结果显示,10个刺激样本的听感曲线大体上还是线性上升或下降,刺激5之前的辨认曲线变化稍快,而这正是辨认两个声调的交叉点前后,之后的曲线斜率稍平缓些。

本实验的变量多于1个,属于多参数实验。在起—凹—峰点基频和凹点位置4个变量中,起点音高的差别只有2 Hz,可以忽略。其余3个参数都在变动,从央凹调渐变为前凹调。其中调尾峰点音高差别较小(18 Hz),凹点音高差别很大(42 Hz),凹点位置也从时长的60%处逐渐移动到30%处。如果这3个变量仅是连续的声学参数值,那么结果很难说明什么。不过,时间参数可以范畴化为10等分时段,基频也可范畴化为四度听感制,这样我们就能讨论实验结果。由表3-6可见,央凹调和前凹调的凹点分界在刺激4和刺激5之间靠近刺激4的地方,即凹点位置在时长的30%和40%之间极靠近30%处(约31%)有一个感知边界,这符合央凹型和前凹型的时段比例(前凹调凹点在30%前后,央凹调在40%前后)。为区别两个同现的凹调,央凹实际的语音变体凹点位置更为靠后,到了60%处。

与"田—天"相同,"低—底"的凹点基频和峰点基频也高度相关($R^2 = 0.991$),而凹点的差别远超于峰点(42 Hz>18 Hz),因此,可以把凹点音高作为自变量,峰点音高作为因变量,见图3-8。

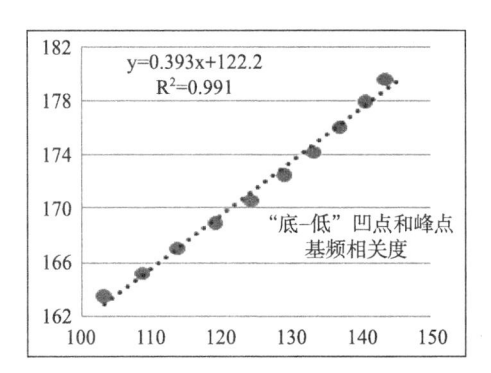

图3-8 央凹调(例字"底")与前凹调(例字"低")凹点和峰点基频的相关度

3. 讨论

在上述三个凹点位置中,实验1(高升—前凹)和实验3(前凹—央凹)实验字的基频取的都是均值,改变了凹点位置,能够起到一定的区别作用。实验4的基频单取前凹调字的数据,无论凹点位置如何变化,结果全部辨认为前凹调。这说明仅改变凹点位置起不到任何区别作用,凹点位置只有在基频起作用的情况下才起伴随作用。

实验 5 和实验 2 多参数听感实验把声调看成一个"综合体",即亨德森(Henderson,1967)所说的"complex"。一般实验只测试一个变量,其结果有两个缺憾:第一,听辨结果是强制性的二选一,所以总归可以得到某种结果。至于人脑是否真的是一个参数一个参数地辨认声调,单变量实验并不能告诉我们答案。第二,两个单变量的凹点位置实验(实验 1 和实验 3),结果其实并不令人十分满意。

多变量实验看似有点无头绪,但因为声调类型范畴本身就是多个参数参与构成的,比如实验测试的前凹调和央凹调,两者的区别就包括凹点位置、凹点音高、峰点音高三项,所以我们的实验证明听辨区分处恰好是这三项变量同时起作用的地方。

五、高升型和央凹型的多参数听感区别

高升调和央凹调的区别较大,一般而言,实验意义不大。但是,为了进行对比,我们设计了一个与实验 2 和实验 5 相同的三参数听感实验 6。实验选用的是声韵母同为"ma"的高升调"麻"和央凹调"马"。合成音节样本的声调时长固定为两字的均值 429 ms。基频以高升调"麻"(起—凹—峰点音高分别为 165—140—274 Hz)为起始音节、以央凹调"马"(起—凹—峰点音高分别为 141—103—135 Hz)为目标音节,中间分 9 步改变基频,合成 8 个基频曲线不同的刺激样本,均匀地进行线性内插,从上到下得到 10 个刺激样本。刺激合成示意图见图 3-9 左,听辨结果见图 3-9 右,具体数据见表 3-7。

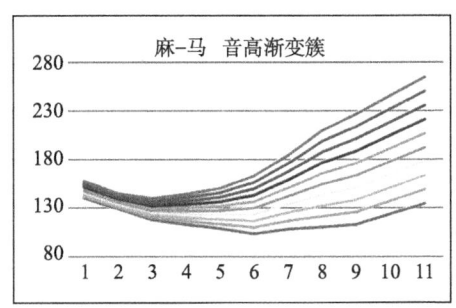

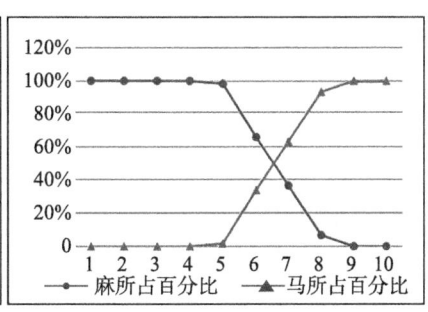

图 3-9 高升—央凹的峰点音高对立组:[左]音高刺激合成图;[右]音高听辨结果图

表 3-7 "麻—马"音高渐变簇听辨结果

刺激	1	2	3	4	5	6	7	8	9	10
麻	100%	100%	100%	100%	98.3%	66.1%	36.6%	6.7%	0%	0%
马	0%	0%	0%	0%	1.7%	33.9%	63.4%	93.3%	100%	100%

实验结果显示，刺激 1—5 和刺激 8—10 的感知辨认率都达到或接近 100%。辨认折线在刺激 5 和刺激 8 之间出现陡峭升降，随机辨认出现在刺激 6 和 7 之间，听感分界即在这两个刺激样本之间。此处的凹点位置从时长的 20%（高升调"麻"）逐渐移后到 50%（央凹调"马"），峰点音高与凹点音高同样高度相关（$R^2=0.952$），见图 3-10。所以可以认为峰点音高对于高升调{35}和央凹调{323}的感知辨别起主要作用，凹点位置起到了辅助作用。

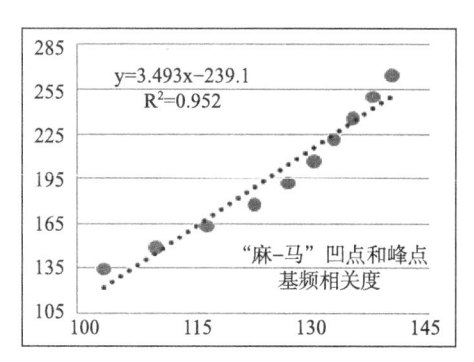

图 3-10 高升调（例字"麻"）与央凹调（例字"马"）凹点和峰点基频的相关度

像图 3-9 右这种辨认曲线在范畴边界呈现陡峭斜率的情况，属于范畴感知。一般认为，范畴感知中，跨范畴边界的两个相邻刺激的感知辨认率的差别远远大于处于边界同侧的两个相邻刺激的感知辨认率，如普通话母语者对阴平和阳平的听感区别，在渐变刺激的第 7 个和第 8 个样本之间，阴平的辨认率一下子上升了 100%，阳平的辨认率则下降了 95%。实验 6 的数据显示的是有一快速过渡段的范畴感知情况，边界两侧的刺激 6 与刺激 7 的差（29.5%），几乎等同于右侧的刺激 7 与 8 的差（29.9%）和左侧的刺激 5 与刺激 6 的差（32.2%）。

从合成的曲线簇来看,兴化方言高升调和央凹调的音高像是连续统,但从类型学角度看并非如此,高升/35/和央凹/323/这两个调型之间,还有两个过渡调型:前凹型/324/和中升型/24/(见表 3-1),所以高升型和央凹型并不是两个在声学上连续分布的调型,相应的听感范畴几乎互补而不相交。对于普通话的阴平(属高平型)和阳平(属高升型)来说也是如此,两者之间还有一个微升型/45/。真正在声学和类型学上都是连续的是高平型/55/和高微降型/54/这样的调型,至于听感是否也会出现这种一步到位的范畴转换,将是下一步需要深究的课题。

第三节 声调感知的理论问题

一、声学参数、听感与最小距离

兴化方言有高升{35}、前凹{324}、央凹{323}三个"R 调",为在语言内部比较近似的拱形提供了难得的样本。跨语言比较由于被试的母语背景不同,语感会有所不同,所以难以直接比较听感范畴的异同。本章以凹点位置、凹点音高、峰点音高为三个参数,对兴化方言三种"R 调"的三种组合(高升—前凹、前凹—央凹、高升—央凹)进行了多项听辨感知实验,得出的结论是:不同参数对"R 调"感知的作用不同;峰点音高起的作用最大,其次是凹点位置;凹点音高与峰点音高有极大的相关性。

一般来说,不同拱形的感知要比相同拱形的感知范畴化更明显,如高云峰(2004)认为以拱形区别的两个声调的知觉模式是范畴感知,拱形相同或音高不同的两个声调的知觉模式为连续感知模式。然而,这只是大致说法,并非绝对。严格地说,需要先对拱形的异同进行定义。实验中的高升调对于前凹调来说是不同的拱形,按说听感范畴化应该更明显,但实际上听辨曲线(见图 3-2 右和图 3-3 右)是线性升降的,即一般说的"连续感知"。前凹调对于央凹调来说是相同的凹拱,按说听感范畴化不很明显,但实际的听辨曲线(图 3-5 右)出现了连串的高峰值,说明有所谓"类范畴感知"存在。这种不协调现象,可以用"最小距离"解释,即用两个声调在相同测量点上基频差的平方之和来定义两个拱形的相似度。从图 3-1 可以看到,不同拱形的高升调和前凹调之间的最小距离为 5.59(化为 LZ-score 的基频值),小于相同拱形的前凹调和央凹调之间的最小距离 8.66。所以,尽管高升调和前凹调在类型学上属于两个不同的拱度类型(升型和凹型),但两者的声学距离却较小。而声学距离较小的调型,听感距离也相应较小。从这里我们可以看到,类型学中的调型(升型和凹型)并不与声学距离完全吻合,即声学距离近的不一定比声学距离远的更有可能属于同一调型。

二、离散与连续

1. 离散性:听感范畴的属性

兴化方言声调感知实验的意义之一是,明确了"尽管基频是连续的,但听感结果都是离散的、范畴性的"。而以往听感实验中的"连续感知"和"类范畴感知"两个概念,似乎并未说清范畴的离散性。

在高升—央凹组的实验 6(图 3-9)中,由于两类声调的拱形区别明显,最小距离(27.72)也较大,所以在辨认折线的两端感知辨认率都达到或接近100%,这属于互补型范畴感知。与其相对的是交叉型范畴感知,如高升—前凹组(或前凹—央凹组)中,两者声学拱形相似,最小距离为 5.59(或 8.66),远小于高升—央凹组的 27.72。不过,它们的听感范畴依然是范畴性的,不是连续性感知,只是这种范畴性是有交叉的。

按照定义,范畴就是"独立而离散的基本类别",所以听感范畴永远是离散的,而不能是连续的,否则就需要重新定义"听感范畴"。正如光谱是连续的而视觉范畴的颜色却是离散的一样,频谱是连续的而听感范畴的调型却是离散的,而且频谱和听感范畴都是因语言不同而范畴所统辖的范围有所不同。比如,张家和李家是两个范畴,如果两家毫无瓜葛,那么就是互补型听感范畴;如果两家的支脉有联姻,当仅有几对联姻时像是类范畴感知,若有多对联姻时像是连续感知。但无论如何,张家和李家还是两个独立的家族或范畴。所以,类别除了有维特根斯坦说的家族相似性,还有家族联姻性,不过这都不妨碍独立而离散的基本类即范畴的存在。

2. 交叉范畴感知：重新命名连续听感

图3-2右（实验1）和图3-3右（实验2）的听辨曲线大体上都是小斜率线性的，缺乏连串的高峰值，即辨别度是逐渐改变的，意味着从高升和前凹两种调型的感知边界处到终点有较长的过渡地带，这也是以往将其解释为非范畴的连续性感知（较早的研究者如Abramson, 1979）的原因。由于我们将听感以及上位的认知范畴定义为离散的，所以我们不使用"连续感知"这个可能混淆、模糊客观存在和主观认知区别的术语。我们认为，高升型和前凹型的听辨是两个独立的、离散的，但有一定程度相交的"交叉范畴"（其实早在1979年Abramson的研究中已经用到"overlap"一词）。交叉程度与最小距离成正比，因此交叉度可用最小距离来定义。

如果一条听辨曲线出现由持续（接近）100％突然翻转为持续（接近）0的情况，则表示两者为"互补范畴感知"，见图3-9右"高升—央凹组"听辨折线图。如果听辨曲线整体呈现较平缓的线性变化，则表示两者为"交叉范畴感知"（以往的"连续感知"），见图3-3右"高升—前凹组"听辨折线图。如果把两种曲线混合，即既有持续（接近）100％的辨认率，又有小斜率升降，则表示两者为"低度交叉范畴感知"，如图3-5右（我们理解这似乎可以与"类范畴感知"相对应）。不过，图3-5右的持续高峰值是由合成取点造成的，不一定反映听感范畴，即前4个点的凹点位置都在20％时点前，这是升型调的特征。真正体现前凹调凹点位置的是第6个时点（27.5％），如果以此为合成样本起点，那么听辨曲线就近似于一条直线，即所谓"连续感知"。所以，至少在兴化方言声调的感知实验中，类范畴感知这个概念可以排除。

三、外标认知论：听感范畴与类型范畴的互证

声调的范畴感知实验，其基本目的就是把声调连续的声学参数值映射到离散的听感范畴上。因而，最重要的问题就是以什么标准在连串声学数据的某处切分开两个听感范畴，如何根据多项类似的实验来确定听感范畴系统。这就像人的生理年龄是连续的，但区分两个年纪范畴如少年和青年，其标准并不在生

理学内部,而是从外部引进的。比如,某个社区规定 18 岁以上的人有投票权,由此划分少年和青年。连续的声学数据和离散的声调听感范畴之间的关系原则上也是如此,后者的确定需要一个非声学因素。所以我们引进了类型学的范畴——调型,以帮助划分不同的感知范畴。这是一种"声学连续统的客观存在—类型学的外在标准—听感的离散性认知范畴"三步认知法,可称为"外标认知论"。兴化方言声调感知实验即为这一理论指导下的尝试。我们的听感实验初步证实了感知范畴与类型学范畴这两个独立的概念之间的对应性和互证性,显示了两者同时具有语言学和心理学的双重内涵,这将为今后听感范畴实验和声调共性研究开辟一条新路径。

不过,"外标认知论"并不意味着在特定语言中区分两个近似声调的"音位性范畴"不重要。两个近似调型(如前凹调和央凹调,高升{35}和后凸升{354},见表 3-1)在不同语言/方言中会有不同的声学或听感表现(即前文所说的"依语言不同而范畴所统辖的范围有所不同")。我们相信,如果在统一的理论指导下,在多语言/方言中进行类似调型的听感实验,会对普适调型库和听感范畴系统起到检验作用。

本章小结

一、对江淮官话声调研究的特殊意义

兴化市区方言属于江淮官话的通泰片,有七个调类,即阴平、阳平、上声、阴去、阳去、阴入和阳入,调型中具有高升、前凹、央凹这三种"R 调"同现的特殊现象,本实验给出了三个调型相似的声调区别界限,峰点音高可以独立起区别作用,凹点位置为辅助参考,凹点音高与峰点音高极相关。这说明从类型学角度划分的调型具有听感基础,并由此进一步证明了声调的分域四度制与五度制一样,是基于听感的声调度量制。本章的实验过程为江淮官话乃至其他方言中相似调型的听感实验提供了参考范例。

二、对听感语音学理论的贡献

本章从听感语音学视角考察了江淮官话兴化方言三个凹调的声调范畴,首次从理论上明确定义了声调的听感范畴,并用实验证明了声调的听感范畴对应于类型学范畴——调型。这跟以往对听感范畴的理解都有所不同。调型是以声调类型学为逻辑分类框架,用听感为主要依据的分域四度制来表达的普适调型库中的类别,进一步也许可以把声调的听感范畴定义为调型。此外,本章的实验也论证了听感范畴的离散性,并把听感范畴分为了互补性和交叉性两类,提出了"外标认知论"的判别方法并论证了其可行性。因此,该实验结果成功地打通了听感语音学和类型学两个领域,为学界提供了一个新的认知研究范式。

第四章 发音语音学视角下的声调研究

发音语音学视角下的声调研究主要聚焦于发声态的研究。作为声调的四维要素之一的声域,根据发声态的不同类别区分为上域、常域和下域。发声态是说话时声门活动的各种状态,研究发声态的方法可根据信号的种类分为两类:生理信号和声学信号。借助实验仪器从发音语音学视角来研究声门的状况,可以深化对发声活动的认识。江淮官话声调的发声类型较为丰富:实现为上域的假声、喉塞尾的张声,实现为下域的弱弛态/弛声的气声、嘎裂和喉堵的僵声。金沙方言声调的阳平、阳去和入声调类部分发音人具有发声态的特征,如阳平调存在僵声的嘎裂,阳去调有气声的弛声,阴入和阳入有张声的喉塞尾,虽然这些发声态不具有普遍性,声调格局上无法进行分域描写,但具有代际差异的特点。本章主要采用 EGG 的生理信号考察金沙方言声调的发声类型,为调域的界定提供参考,为"清音浊流"现象提供生理和声学数据的支撑说明,并为金沙方言作为江淮官话和吴语交界地带方言的分区归属提供语音方面的材料。

第一节 发声态的研究

一、发声态的定义与分类

发声态也叫发声类型,指的是说话时声门活动的各种状态,有关发声态的研究仅凭听感很难直接得到结论,需要借助仪器才能得到客观的数据。这是从生理角度对发声态定义,也叫"生理发声态"(朱晓农,2018)。早在两千多年前,古印度的学者已经能够根据发音时喉部声门的开闭来区分无声音(aghosa)和浊音(ghosacant)两类。穆勒(Muller)在1848年提出了声带振动的肌肉弹性学说(myoelastic-aerodynamic theory),将人类对声带的研究带入了科学研究的轨道(Van den Berg,1958)。但是长期以来,对喉部及声带的研究主要聚焦在医学领域,常用的术语是"嗓音音质"(voice quality),是嗓音医学(phoniatrics)和言语医学(logopedics)的主要研究对象。进入20世纪以后,实验语音学在西方兴起,由于军事通信的实际需要,许多理工科的声学家和通讯工程师参与进来,促进了言语声学的发展和实验仪器的改进。由最初的浪纹计、喉头镜、气流计发展到X照相机、高速摄像机、语图仪等,实验语音学发展的速度越来越快。越来越多的研究者借助实验仪器来研究喉内状况,以加深对发声和言语活动的理解(彭建国,2015)。

在一些西方语言学家(如Catford,1964;Laver,1980;Ladefoged、Maddieson,1996)的发声态分类体系中,声调没有地位。也有学者认为在声调语言中,声调跟发声根本难以分开,二者往往融合在一起(Abramson、Luangthongkum,2009)。孔江平(2001)指出,从生理角度来看,声调的变化取决于声带振动的速度,因此声调研究应该属于嗓音发声的研究范围。在他的发声类型中,有四个直接与声调相关:正常嗓音、低音调嗓音、高音调嗓音和假声(孔江平,2001)。朱晓农(2009)认为:首先,发声态在语言学里最大的作用是定义音系学的概念"声域"或"调域",发声态和音长都是描写声调时的重要参数,并提出了东亚声调语言的"分域四调制"模式,这是发声态研究的全新视角;其次,发声态的研究可以为语言类型学提供支持,例如,赵元任先生提到的吴方言台州片黄岩话中的"中折调"属于发声态中的嘎裂声(朱晓农,2004);再次,发声态的研究还可以为语音演变提供线索,例如,假声在墨西哥的一种玛雅语Tzeltal中能起到表达社会角色(如男同性恋)的作用(Podesva,2007),假声在汉语方言中也有小称语素的作用(朱晓农,2004)。但在很多方言里,如吴语温州话、赣语吴城话、湘语岳阳话、江淮官话等,假声成为声调的区别或必备特征,以此构成声调的上域。朱晓农(2007)通过对假声的声学特征分析,并结合跨语言的考察,总结出"早期'厉而举'的上声是由假声引起的,并可能附有一个喉塞尾"的观点。

二、发声态的研究方法

学界目前研究发声态的方法可根据信号的种类分为两类：一类是通过收录和分析生理信号（physiological signal）进行非声学信号的分析与处理；另一类是通过收录言语声学信号（speech signal）并进行声学参数的分析与处理（孔江平，2001）。

汉语发声态研究中，通过声学实验采集言语声学信号的研究方法应用最多。不同的发声类型会在嗓音波形图和语谱图上有对应的表现。波形图中主要观察波形和振幅；语谱图可以观察共振峰位置、能量大小、气流强弱等。频谱分析是将第一谐波（H1）和第二谐波（H2）的振幅作差或作比值。以作差为例，H1 和 H2 的差值越大，表明声带越松，嗓音的高频能量越低；两者差值越小，表明声带越紧。一般来说，气声的 H1＞H2，嘎裂声的 H1＜H2，常态发声介于两者之间。利用谐波振幅的差值来研究发声态的方法，在共振峰结构相同或相近，且元音第一共振峰较高的男性嗓音材料中，能较好地反映发声态的性质（孔江平，2001）。测量信号周期性和信噪比也可以量化发声的不同，常见参数是倒谱突显峰值（CPP）。CPP 值常被用来考察气声发声态或元辅音的"浊、气"问题（袁丹、郑伟、徐小燕，2015；唐留芳，2018；袁丹，2019）。袁丹（2019）采用 H1 和 H2 的差值和 CPP 两个声学参数，考察了吴语铜泾片方言中送气擦音、不送气擦音以及送气塞擦音三类发声态。孙谨（2018）发现常态发声的 CPP 值总是大于气化发声的 CPP 值。CPP 测量的是倒谱峰与倒谱回归线的距离，一个声音中噪音成分越多，倒谱峰到回归线的距离就越小，即 CPP 值越小，越有可能是气声发声态，也有学者对比了多个常用于考察气声的声学参数，认为最可靠的参数是 CPP 值（凌锋等，2019；Hejná，2021）。

除了语音信号外，非声学信号主要有：声门阻抗信号（EGG），通过监测声带振动时声阻抗变化而将声门开放关闭运动描记为声门波图形；气流信号（air flow）和气压信号（air pressure），通过气流计或气压计测试机体发声时气流动力学的改变，进行相关参数分析；喉头肌电信号（EMG）和喉头光电信号（PGG），通过检测喉部不同生理活动时喉肌生物电活动，判断喉经肌肉系统机能状态;光导纤维频闪录像(fibre stroboscope video recording)与高速摄影和高速数字成像信号(HSF and HSDI),可以得到高帧的清晰声带振动图像等(孔江平,2001)。

通过喉头仪采集电声门图是测量发声中声带接触面积变化的一个有效工具。近些年来,该方法主要针对松紧元音、阻塞音和入声调发声性质的研究,涉及的音法发声态有张声类和气声类(宋益丹,2009;沈向荣,2010;刘俐李,2016;唐志强,2016),文章多用EGG开商和速度商判断嗓音的三种类型,讨论的音法发声态类型较为单一。只有个别文章将开商、速度商等生理参数与语谱图、谐波差、CPP等声学参数结合讨论(宝音、呼和,2020)。

原始EGG信号可以提取多个数据。其中,基频、开商、速度商都与汉语声调的发声模式密切相关,是声调发生类型研究中最常用的三个参数。以往研究通常采用两种方法对EGG原始数据进行处理:一是计算平均值和标准差,方便研究者掌握基频、开商、速度商等数据的总体特征;二是进行时长归一化操作,平均取点并绘制曲线,直观清晰地展现数值的变化趋势。

从发音的角度看,根据单一维度的声门打开程度可以界定语言中起区别意义的几种常见发声类型,从而形成一个发声态连续统(Ladefoged,1971;Gordon、Ladefoged,2001)。声门完全打开或闭合时分别对应清音和喉塞音,声门打开程度较大的是气嗓音,打开程度较小的是挤喉音,正常嗓音的声门状态处于气嗓音和挤喉音之间。在声门偏紧、正常、偏松的这个序列中,嗓音的紧张程度逐渐降低,由此形成一个三级连续体,见图4-1。

	声门收缩 ←——— ———→ 声门开启
发声类型	紧喉音　正常嗓音　气嗓音

图4-1　声门收缩连续体模型(Ladefoged、Maddieson,1996)

不同嗓音所对应的参数性质也不一样。开商值表现为声门的开合大小,其与声带的松紧程度紧密相关,声带越松的嗓音,开商值越高,所以气嗓音的开商值比较高,而挤喉音的开商值较低。速度商反映的是声带在开闭过程中的速度,它和基频成正相关。这三个参数都是以正常嗓音数据作为中间值,以此作为发声类型判断的参考数据。

声学研究的目的在于通过研究语音的声学性质,更好实现语音识别和语音合成。生理研究则更多关注发音器官的特点和整个发声过程中的动态变化。将声学和生理的多重数据相结合来研究发声态,能使我们深入了解嗓音发声类型的语言学价值。

第二节 金沙方言发声态的类型讨论

一、金沙方言声调概述

金沙街道是江苏省南通市通州区地方政府所在地。通州区方言情况复杂,其东部和南部受吴方言的影响较明显,被归为吴语太湖片的毗陵小片和上海小片,而西部和北部则被归为江淮官话通泰片。由于地处吴语和江淮官话两种方言的交界地带,通州方言带有明显的过渡特征。通州区境内通行五种地方话,分别是金沙话、启海话(崇明话)、通东话、南通话和如东话。金沙话主要通行于金沙街道和金新街道。学界多把金沙方言归入吴语太湖片毗陵小片,依据是金沙方言保留浊音的语音特征(颜逸明、敖小平,1984;许宝华、汤珍珠、游汝杰,1984;傅国通等,1986;汪平,2010)。少数研究者认为,除了"浊音"特点外,金沙方言的其他特征和江淮官话更接近,所以归入江淮官话(史皓元、石汝杰、顾黔,2006;徐荣,2012)。还有研究者提出"边缘吴语"概念,对金沙方言进行方言过渡特征的定性(瞿晗晔,2013)。

二、实验设计

对金沙方言发声态的实验利用 Audition 软件来录音,录音时采样率选择为 44100 Hz,采样精度为 16bit,录音文件为双声道立体声文件,左通道为语音信号,右通道为 EGG 信号。采集的数据可以同时进行声学分析和生理分析。录音环境为安静的宾馆房间。录音前须先做好一些准备工作,将电子声门仪与电脑、声卡、话筒连接好,调试好设备,将电极片放置在发音人喉结两侧。为了使发音人的声带处于较好的状态,录音前可让发音人适当喝些水,发音人熟悉字表后先试录一组音,测听效果,如果符合地道、自然、清晰的要求,再正式录制。录制时按字表逐一录制,每个实验词发音间隔 2 秒,录制完成后及时进行文件的命名和保存,文件统一保存为".wav"格式。

低频滤波与高频降噪是利用 EGG 进行语言学实验研究的重要步骤。在数据分析前,应先对 EGG 信号进行预处理。在采集 EGG 信号过程中,由于人在说话时喉头会因垂直运动而引入低频信号,而设备本身还会引入高频噪声信号,这两种信号叠加在有效信号中会降低信号采集的质量,影响后续信号处理的效果。因此,在提取相关参数前需要对 EGG 信号进行滤波降噪处理。我们借助软件 Adobe Audition 中自带的 FFT 滤波器和降噪处理器对 EGG 信号进行滤波降噪处理。

EGG 信号处理主要是提取基频、开商和速度商三个参数,参数通过 EGG Works 网站进行提取,提取参数具体步骤如下:首先,将经过滤波降噪处理后的 EGG 信号按照音节进行切分处理,保存为".wav"格式的文件;其次,将文件打包上传到 EGG Works 网站上,设置参考水平线为 25%,取值间隔为 0.5 ms,等待网站自动进行数据提取;最后,将网站自动提取出来的数据以".txt"的格式进行保存和下载,并导入 Excel 软件中,以便后续的数据处理和分析。

发音人信息在第二章第三节"金沙方言双字调变调分析"中已有介绍,发音人包括老、中、青年三个年龄层各 6 人,共 18 位。具体信息详见附录三。

三、发声态类型

金沙方言有七个单字调类:阴平、阳平、上声、阴去、阳去、阴入和阳入。五个舒声调分别对应"升、凹、平、降、低"五种拱度类型。具有三种特殊发声态:阳平调存在僵声的嘎裂态和喉堵态、阳去有气声的弛声和弱弛声、阴入和阳入有张声的喉塞尾。单字调的发声态表现出较强的共性,阴调类基本是正常嗓音,而阳调类则呈现出不同程度的气化嗓音或紧喉嗓音的特征。发声态有性别和代际的差异,嘎裂声具有明显的性别差异,只见于四位中青年女性发音人;气声在老中青代际之间呈现逐渐弱化的趋势,老年男性的气声显著;喉塞尾虽有普遍性,但青年人的喉塞尾占比最大,女性比男性保留了更多喉塞尾。青年人的嗓音类型具有不稳定性。

1. 嘎裂声

僵声类包括强、中、弱三种变体,中僵声为嘎裂声,是僵声类的典型代表。发声时,声带强烈往中心收缩,声带从后部到中前大部分不振动,只有前部小段漏气,气流小。带嘎裂声的音频率极低,往往测不到基频,曲线上多表现为中间折断,也有前后测不出的现象。弱僵声表现为低调和弱音强,但还没有曲线折断。

嘎裂发声态常出现在凹调中部或降调后部。大多数情况下,它只是低调的一个伴随或强化凸显特征。发嘎裂声时,声带会朝着中间位置剧烈地挤压和收缩,在语谱图上表现为波形间隔变大,或者没有基频曲线。金沙方言的阳平调有嘎裂发声态,但这不是普遍现象,只有四位中青年女性发音人具有这个发声特点。嘎裂主要出现在凹调阳平中部靠前的位置。尤以发音人 F8 最为明显,体现为所有阳平调例字。

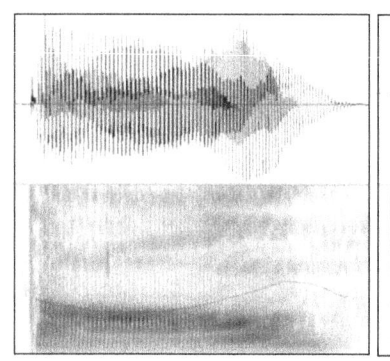

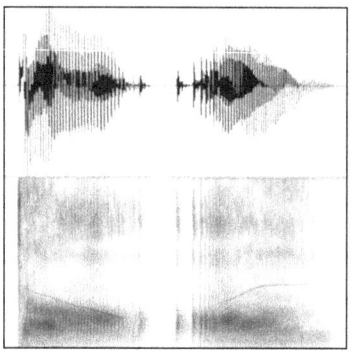

图 4-2 金沙阳平的清冽声凹调"堂"和嘎裂声凹调"堂"

图 4-2 分别是发音人 F4 和 F8 的阳平"堂"波形图和语谱图,前者为正常发声态,后者为嘎裂发声态。F8 的阳平"堂"随着喉头闭紧,中间段基频曲线消失,振幅几乎是零,波形图中间出现一段静波,喉头放松后,基频和振幅才恢复,出现一段微升的基频曲线,这种特殊的发声态是过度嘎裂的表现,也可以称为"喉堵态"。

我们在江淮官话的最北端连云港市区的方言中也发现了嘎裂声,其可以起到区别调类的作用。阴平和阳平的调型都是低凹调,可是听感上区别明显,阴平带嘎裂声,阳平属于普通的发声态即清冽嗓音。下面是两位发音人的发音图,左为老派发音人发音图,每图两字:阴平字"乡",带嘎裂声;右为新派发音人发音图,阳平字"详",普通清冽声,基频连贯。两种调型相似,区别在于中间的基频曲线是否断裂。

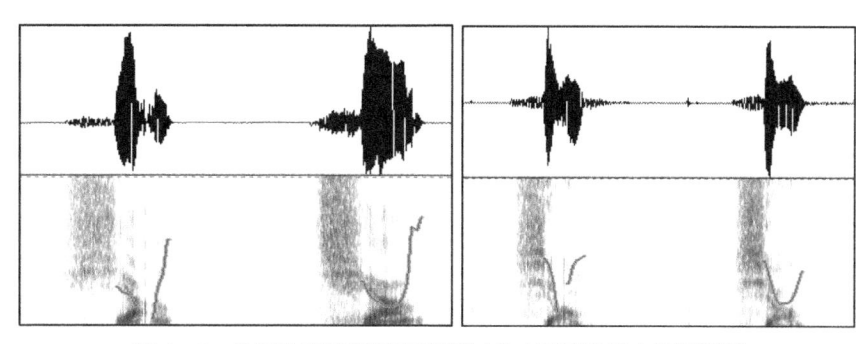

图 4-3 连云港阴平嘎裂声凹调"乡"对阳平清冽声凹调"详"

连云港方言中的嘎裂声,在听感上属于非冽嗓,存在典型嘎裂与弱僵两类。详见图 4-4,阴平"天"字在不同发音人的表现有区别。典型的嘎裂声,中间完全断裂。嘎裂声的变体弱僵声,中间没有断裂。图 4-4 左图中"天"的韵母的波形中间断裂,基频曲线也随之断裂,持续时间长达 77 ms,占整个时长 302 ms 的四分之一。图 4-4 右图中"天"的韵母中间部分不规则,音强突减,喉部紧张、声带僵硬,音高明显降低,不过基频曲线还未断裂,没有造成时断时续的突兀现象,基频的最低点为 106 Hz。

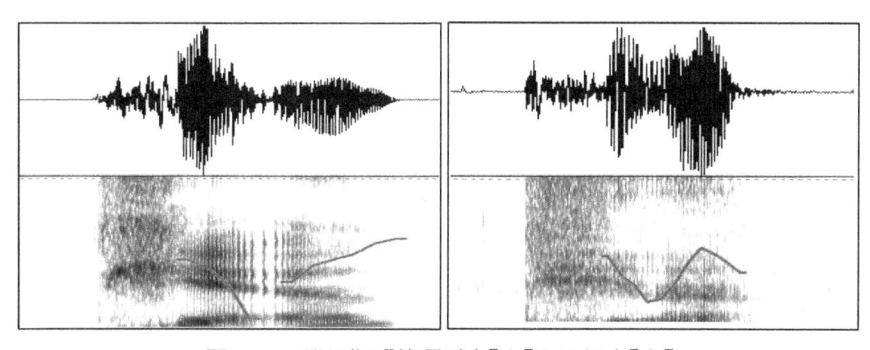

图 4-4 阴平"天"的嘎裂声[左]和弱僵声[右]

第四章 发音语音学视角下的声调研究 | 165

嘎裂声此前在南方的汉语方言和少数民族语言,如浙江台州话(朱晓农,2004;Zhu,2006)、广东韶关土话(朱晓农、寸熙,2003)、广西贺州"八都话"(麦耘,2007、2010)、藤县岭景话(麦耘,2009)、钟山壮语(麦耘,2011)中被发现。近年来,在官话方言中嘎裂声/弱僵声也被大量发现,而且在从徐州到连云港一带的中原官话方言中,嘎裂声能起音位作用,如铜山、东海的阴平也是嘎裂声低凹调,与上声的普通凹调相对立(朱晓农、杨建芬,2010)。

声调不但跟声带的振动快慢(基频)有关,同时还跟声带在振动时伴随的发声状态密不可分。如果一个声调语言中伴有某种特殊的发声态,比如气声、嘎裂声、假声等,都可能影响声调的发声和听感,从而构成特别的声调格局。因特殊的发声态起作用而形成的声调,跟用普通的清冽发声态发出的声调不具有可比性(朱晓农,2010)。

嘎裂声在江淮官话的南端金沙方言中作为一种低调的伴随特征,凸显[＋低]这个特征的作用,而且只存在于女性发音人中,而江淮官话中最北端的连云港方言中则作为一种区别声调的作用,说明发声态在江淮官话中较为多见,没有地域的区分,但是音系学上的作用却是迥异的。

2. 气声

(1) 语谱图。

气声发音时声带振动的同时有气流呼出,造成带有喉门摩擦声或呼气声的非常态发声,其特点往往表现在整个语流中(朱晓农,2018)。气声体现在语谱图上是有整个频域范围的噪声波纹,单个脉冲不清晰,共振峰颜色较淡。在声学参数上的表现是谐波振幅差值(H1－H2)偏大,倒谱突显峰值(CPP)偏小。

金沙方言中的阳去调存在气声发声态,气声听感辅音能量较弱、较浑浊,具有明显的代际差异。图4-5是老年(M3)发音人的阴去"拜"和阳去"败"的波形图、宽带语谱图和功力谱。阴去"拜"显示为较分明的黑白脉冲,是正常发声态,而阳去"败"的语谱图一片模糊,整个语流带有摩擦的噪音成分,看不出明显的脉冲,共振峰较之不明显,能量较弱,听感上也有较闷软的气流感。功力谱上,"败"的H1大于H2,而"拜"H1略小于H2。气声发声声带不全振动,使得

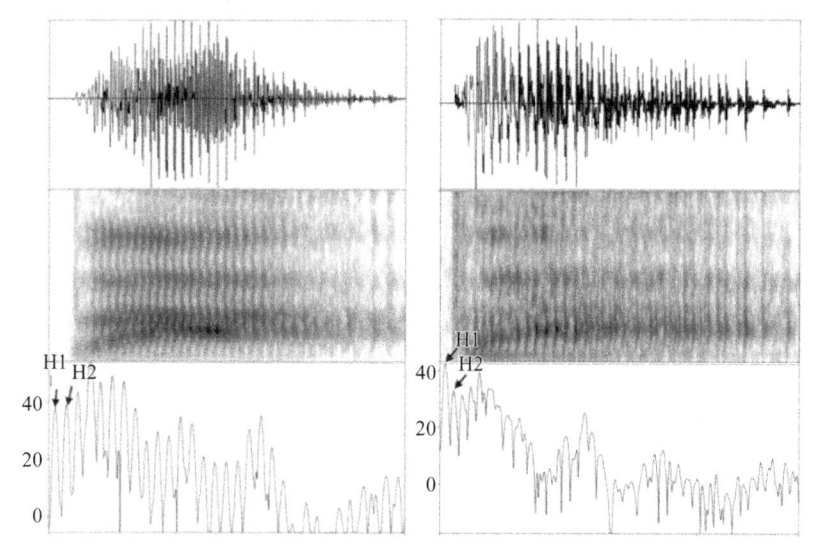

图 4-5　M3 阴去"拜"和阳去"败"的波形图、语谱图、功力谱

振动力量与振幅较小,"败"上下振动的幅度明显小于"拜"上下振动的幅度,"败"的谐波振动也没有周期性,有明显的噪音乱纹,可见阳去"败"属于典型的气声发声态。

(2) 开商曲线图。

我们也可从生理信号看一下三位发音人"拜"和"败"两个字的开商曲线图。

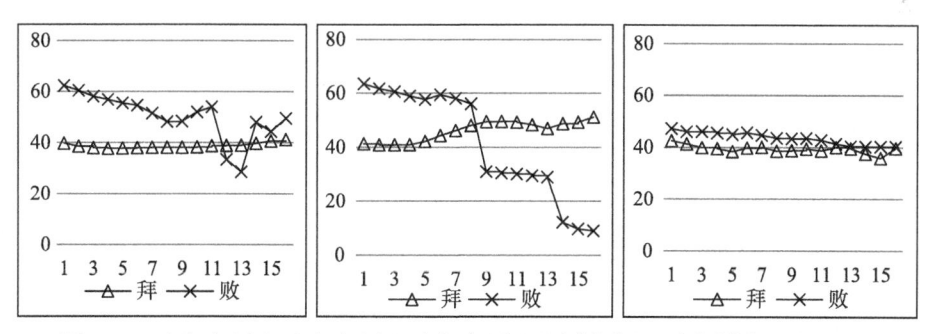

图 4-6　老年人(左)、中年人(中)、青年人(右)阴去"拜"和阳去"败"的开商曲线图

三位发音人阴去"拜"的开商曲线总体来说是比较平稳的,没有太大的起伏变化,表现为正常嗓音的发声类型。但是阳去"败"的开商曲线则差异较大:老年男性发音人(M3)阳去"败"大约前三分之二的开商值明显大于阴去"拜",呈

第四章　发音语音学视角下的声调研究 | 167

现气嗓音特征,后三分之一开始有所波动,呈现先下降后上升的趋势;中年男性发音人(M4)阳去"败"大约前二分之一的开商值明显大于阴去"拜",同样呈现气嗓音特征,后二分之一开商值急速下降,并低于"拜",呈现紧喉嗓音的特性;青年男性发音人(M7)阳去"败"开商值虽然整体高于阴去"拜",但是差值很小,开商值总体变化平稳,基本呈现为正常嗓音。因此,从开商值的角度来看,老年男性发音人阳去"败"的气化程度最深,中年男性发音人次之,青年男性发音人则基本已经变成了一个正常嗓音。除了"拜"和"败"以外,我们所录的字表中还有 13 对类似的阴去和阳去的字对组合,比如,"冻"和"动"、"雾"和"误"、"到"和"道"、"带"和"袋"等,观察这些字对的语图,可以发现同样的结果。

(3) CPP 曲线图。

倒谱突显峰值(CPP)是另一个用于反映声音中噪音水平的声学参数。CPP 测量的是倒谱峰与倒谱回归线的距离。一个声音中噪音成分越多,倒谱峰到回归线的距离就越小。一般来说,气声态的 CPP 值小于常态发声的 CPP 值。谐波振幅差等参数测量的准确性极易受到如共振峰、基频抖动以及振幅抖动等多种因素的影响,但 CPP 测量则不受此限制(Hillebrand 等,1994)。埃斯波西托(Esposito,2006)使用 CPP、H1-H2、H1-A1、H1-A2、H1-A3、A2-A3 以及(H1+H2)/2-A1 这几种声学参数测量了 10 种不同语言(方言)的发声态,测量中控制了音段(舌尖塞音+a)、性别(只选取男性发音)、时长(250ms)以及 F0(115—110 Hz),测量结果表明 CPP 是区分气化和常态发声态最稳定的参数(凌锋等,2019)。接下来我们重点分析 CPP 值,辅以 H1-H2 值综合考量。

图 4-7 是金沙方言老中青发音人各调类元音部分的 CPP 图和 H1-H2 图,从上至下分别为老年人、中年人、青年人,左列图为 CPP 曲线,右列图为 H1-H2 曲线。横坐标为取值点,纵坐标为对应点的 CPP 或 H1-H2 的均值,存在气声的调类均用深色标出,其余调类为浅色。

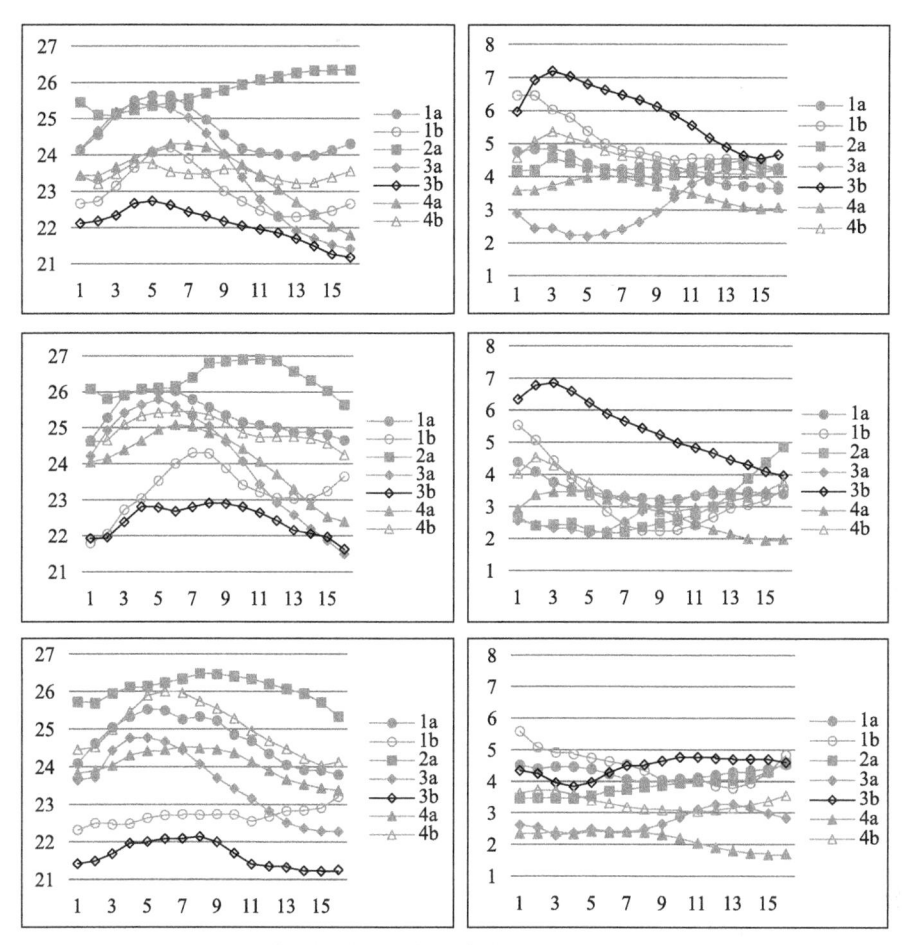

图 4-7　各年龄段发音人各调类的 CPP 曲线和 H1－H2 曲线

  金沙方言阳去调的 CPP 值在各年龄段发音人中均位于较低的位置,同时,H1－H2 值也在七个调类中的偏高位置。综合 CPP 和 H1－H2 两种声学参数可知,金沙方言中的阳去调在老年人和中年人的发音中,均具有显著的气声发声特征。老中青阳去调气化的强弱在位置上有代际差异,H1－H2 值在点 3 位置前,老年人和中年人发音是上升到最高点,后下降。青年人发音则是下降到点 4 位置再上升,而 H1－H2 值点 3 位置之前大致对应于音节中元音初始段,这说明老年人和中年人发音在阳去调的气声可能与"清音浊流"现象相关。
  除阳去调外,金沙方言其他部分调类的部分元音段也有偏气化的现象,这种特征体现在声学参数上是 CPP 值与阳去接近，处于较低的范围，H1－H2 值较高。如老中青的阳平调的前半段、老年人的阳入调初始段都符合这种情况。金沙方言气声发声态的气化程度存在性别差异，男性阳去调的 CPP 均值范围为 20.14 至 21.13，女性为 22.56 至 23.99，男性阳去调的 CPP 值均低于女性，说明金沙方言男性发音在阳平调类中的气化程度要高于女性发音。

(4) 清音浊流讨论。

汉语方言学界"清音浊流"现象最初纯粹依靠主观的听感，之后采用实验语音学的方法对该问题的讨论集中在音节首或音节中位置上是真正的带音还是不带音，直到发声态的研究才真正弄清楚其实质是后接元音前段属于发声态中的气声（或弛声）的问题。

石锋(1988)采用测量元音频谱中不同谐音振幅的方法，对苏州话的所谓"浊送气"进行了分析，认为苏州话浊塞音的后接元音存在着气化现象，浊送气是苏州话浊音声母的一种附加特征，可归为发声态中的"气声"。任念麒(1988)从声学和生理学角度研究了上海话的塞音，在单音节浊声母的语图中发现后面的元音有送气的音质，认为这是浊塞音有送气的表现，并通过声门透照分析表明浊塞音的声门缝隙比清不送气音的大。曹剑芬等(Cao, J. & I. Maddieson, 1992)采用比较几个谐波振幅的大小、测量口内气压及除阻后的气流量的方法进行了吴语中的发声类型研究，认为吴语辅音清浊对立不是声带振动的有无，而是韵母元音气声化的表现，跟声门的不同调节相关联。

"清音浊流"是指吴语中的"浊声母"在大部分吴语区实际上并不是真正的浊音，并非声母带音送气，而是清声母后接有气流的元音，"浊感"是因为发元音时声带振动且有气流呼出，而导致音节层面出现了气声的发声态，气流主要体现在韵母上(朱晓农，2018)。"清音浊流"的气声发声特征在元音开始段最为显著(陈忠敏，2010)，体现在 H1－H2 值曲线上即最初的几个采样点数值显著偏高。金沙方言老年人和中年人的阳去调符合这一特征。瞿晗晔(2013)发现金沙方言中的年轻一代已经产生了清化现象，"清音浊流"的特征不显著。我们实验中获取的 CPP 和 H1－H2 数据也体现了青年发音人与老年人、中年人在阳去调上的代际差异。图 4-7 中，青年人的 H1－H2 值在整个调类中并非处于最高位置,而老年人和中年人的CPP值与H1-H2值却较好对应,说明青年人阳去调虽然存在气化特征,但该特征与"清音浊流"的关系已经不如老年人和中年人紧密,甚至有明显差异,金沙方言处于南部江淮官话和北部吴语的边界地区,青年人的气声发声态已经具有了官话的特点。

3. 喉塞尾

喉塞尾是位于调尾的一种局部发声态,尤其是短促调时,声门闭合,阻碍气流,再释放声门,气流冲出。喉塞尾在语谱图上能观察到冲直条,在波形图对应位置能观察到峰状突起,听感上能感觉到整个音节的短促。金沙方言中阴入和阳入两个调类存在喉塞尾发声态。

图4-8是F8的两个入声字"竹""白"的波形图和语谱图。在波形图上能观察到峰状突起,语谱图对应位置能观察到冲直条。

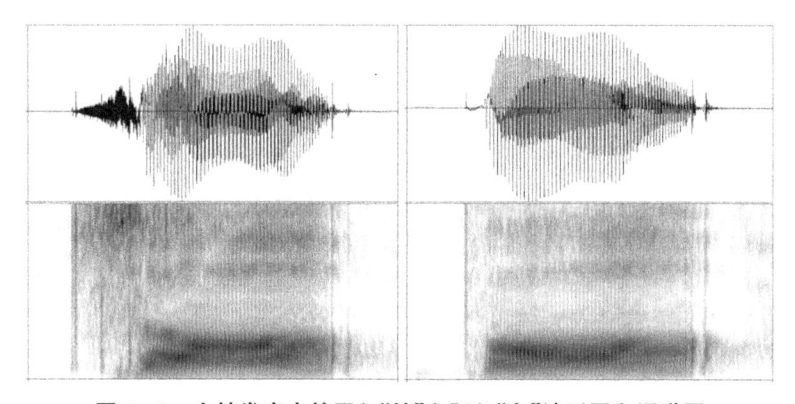

图4-8 女性发音人的阴入"竹"和阳入"白"波形图和语谱图

从喉塞尾保有率来看,阴入调的保有率(68.06%)要显著高于阳入调(55%)。女性发音人两个入声调喉塞尾的总体保有量(68.89%)大于男性(54.17%);中年人喉塞尾保有量(38%)比老年人(69.58%)、青年人(70.83%)更少。并不是所有发音人的入声调都保留了喉塞尾。金沙方言的喉塞尾在调类、性别和代际上都有差异。

第三节　金沙方言发声态的代际差异

一、发声特点的代际差异

正常嗓音的声门状态处于气嗓音和挤喉音之间。在声门偏紧、正常、偏松的序列中，嗓音的紧张程度是逐渐降低的。所以正常嗓音的确定对于发声态的研究比较关键，其分布范围依据开商均值的频率分布计算。首先提取各组发音人声调开商的最大值和最小值，确定开商的跨度。再将该组开商数据进行等距离分组，依据频数分布情况，确定开商数据的主要集中范围，最后根据该范围估算正常嗓音的分布。

本研究在原始数据的基础上均匀提取了后接元音段的开商、速度商的20个点，实现时长的归一化。为避免开头段和末尾段的影响，前后各略去两个值，最后依据16个值(16个采样点)画出各调类的开商的均值曲线图进行研究，并对不同嗓音参数进行均值计算，以确定金沙方言中正常嗓音的参数范围。据此计算出金沙方言老年发音人正常嗓音的开商值集中在42%—45%，中年发音人为37%—41%，青年发音人为38%—42%。依据正常嗓音范围，若开商值高于正常嗓音范围，声门则偏松，反之偏紧。

发音人在不同调类的整个音节的发声类型上，声门的开合和松紧是有区别的，EGG信号显示，有的调类整个音节是常态发声，但有的调类音节会有从常态到非常态再到常态的过程。金沙方言老、中、青三代发音人各调类的开商曲线如图4-9所示。其中，横坐标为提取的采样点，纵坐标为开商值(单位是%)。

阴平、上声、阴去三个调类在老、中、青发音人中属于正常嗓音范围内变化，老年发音人中开商均值曲线虽略微呈现下降趋势，但主体比较平缓，开商值整体平稳，可以看作正常嗓音。

阳平的开商值代际差异显著，以第9个采样点为分界，老年人前半段开商值呈现快速上升趋势，达到顶点值47.2%之后下降，阳平前半段和后半段都是

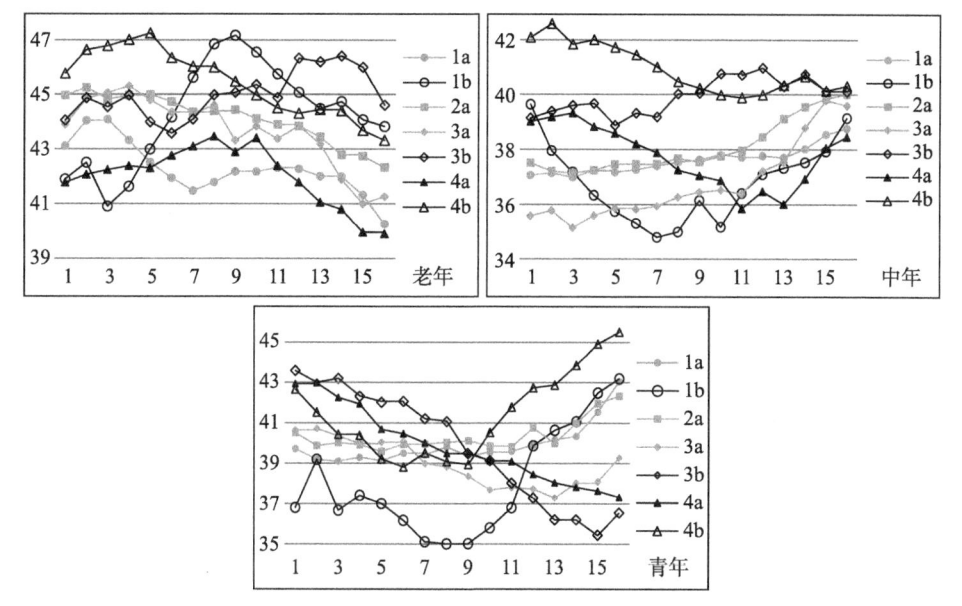

图 4-9　各年龄段发音人各调类的开商曲线

正常嗓音,在中间位置偏松。中年人和青年人前半段开商值下降迅速,到大约中间位置达到一个低值 35% 之后,后半段又呈现快速上升趋势。说明阳平的嗓音类型前后两段都是正常嗓音,老年人中间偏松,而中青年是偏紧。尤其是青年人的开商值是最低的,说明紧喉嗓音非常显著,这也验证了声学实验中、青年人具有嘎裂声发声态的结论。

阳去的开商值有代际差异。老年人和中年人的开商值整体较为平缓,到第 8 个采样点(中部位置)之后稍有上升,开商值大于 45% 和 40%,说明阳去后半段是偏松的。而青年人阳去前半段开商值都在 40% 以上,表现出较为明显的气化特征,然后一直下降,后半段嗓音渐紧,前后开商值跨度较大。

阴入的开商值代际差异较显著,老年人和青年人的开商值基本在正常嗓音范围内,到 12 个点开始,开商值小于正常范围,喉头变紧,这应该和阴入的喉塞尾有很大关系。而中年人则逐渐上升到正常范围,没有紧喉嗓音。这也验证了声学实验中年人的喉塞尾保有量最少。

阳入的开商值相较于其他调类,整体偏高,嗓音偏松。中老年人的前半段偏松，后半段受喉塞尾影响，开商值落回正常范围；青年人元音初始段偏松，中段落回正常范围，后段开商值升高，结尾处的开商值超过了起始点。在声学实验的 CPP 值和 H1－H2 值中，阳入调前半段也发现了气化的特征。

各年龄段单字调发声状态见表 4－1（表中箭头表示在整个音节的发声过程中，嗓音性质特征从开始发声到结束发声的转变。）

表 4－1　金沙方言单字调发声状态汇总表

	老年	中年	青年
阴平	正常	正常	正常
阳平	正常→偏松→正常	正常→偏紧→正常	正常→偏紧→正常
上声	正常	正常	正常
阴去	正常	正常	正常
阳去	正常→偏松	正常→偏松	偏松→正常→偏紧
阴入	正常→偏紧	正常	偏松→正常→偏紧
阳入	偏松→正常	偏松→正常	偏松→正常→偏松

金沙方言单字调的发声态表现出较强的共性，即除阴入外，阴调类基本是正常嗓音，而阳调类整体偏松，呈现出不同程度的气化嗓音特征。但发声特点代际差异显著，老年人各调类开商值总体高于中年人和青年人，说明嗓音偏松，在人群中气化程度更高；青年人多个调类的开商跨度大，起点和终点穿过了整个"偏松—正常—偏紧"连续统，与老年人和中年人相比，发音状态的不确定性更强。

二、音法发声态中的声调归属

生理实验与声学实验应该相互印证、相互补充。生理实验所得的开商等数据，可以体现嗓音的松紧特征，划定正常嗓音区间和非正常嗓音的范围；再与声学实验中的语谱图、波形图及 CPP、H1－H2 等参数对应；最后在发声态系统中找到对应的发声态类型。依据生理实验得出了金沙方言每个调类的发声过程中嗓音的松紧变化，与声学数据中的发现得到了很好的印证：存在嘎裂声的发音人,阳平中部的开商值偏低,嗓音偏紧;阳去调有气声发声态,开商值在发音人的各调类中偏高,嗓音偏松;阴入调的喉塞尾保有量显著高于阳入调,阴入调的开商值在老年人和青年人中后段偏低,嗓音偏紧。

但声学表现和生理表现也有不完全对应的情况。如阳入调的开商值总体较其他调类更高,整体偏气,但CPP和H1-H2值并没有体现出较明显的气声特征;两个入声调的喉塞尾在语谱图和波形图上的调类差异、代际差异与性别差异,也没有完全与开商值对应,有喉塞尾并不代表喉塞尾部分的开商值较正常嗓音范围偏低,而是在入声的后半段,开商曲线经历了一个与前半阶段相比明显下降的过程,这跟CPP值和开商值并未取调尾的最后两个点数值有关。青年人的阳去后段、阴入前段和阳入中后段的偏松或偏紧,无法对应具体的特殊发声态。这也验证了青年人的发音具有较强的不稳定性。青年人正常嗓音范围在开商值上的进一步确定,需要根据实际发音情况而有所调整。

吴语中的"清音浊流"实际上就是不带声的弛声。弛声是整个音节的属性,声母不带声,声学表征和听感特征都表现在韵母的前半部分。弱弛声是弛声的一种变体,处于常声和弛声的过渡状态。发音人在阳去调中存在"清音浊流"现象,元音初始阶段的气化特征显著。但是生理实验同时也表明,元音中后段也存在嗓音紧张程度偏低的气化特征,说明气嗓音的来源可能不仅仅是"浊流"。

朱晓农(2018)提出了音法发声态或音节发声态的概念,认为音法(音节)发声态是生理发声态音法化了的范畴,在语言(尤其是声调语言)中可起区别作用,或可定义演化阶段。结合声学和生理实验的结果,金沙方言存在张声类、气声类和僵声类共三类五种特殊发声态情况。

表4-2 金沙方言的特殊发声态的对照表

发声类	发声态	金沙方言的发声态情况
Ⅰ.假声	1. 假声	无
Ⅱ.张声	2. 张裂声	阴入、阳入存在喉塞尾
	3. 喉塞尾/喷音	
	4. 前喉塞/内爆音	

续　表

发声类	发声态	金沙方言的发声态情况
Ⅲ．常声Ⅰ（清声）	5. 不送态	/
	6. 清送态	/
	7. 弱送态	/
Ⅳ．常声Ⅱ	8. 振声	/
Ⅴ．气声	9. 弱弛态	阳去为弱弛态或弛声
	10. 弛声	
	11. 浊气态	
Ⅵ．僵声	12. 弱僵态	部分发音人阳平为嘎裂声或喉堵态
	13. 嘎裂声	
	14. 喉堵态	

本章小结

一、发声态研究对江淮官话声调的特殊意义

发声态研究能辅助我们对金沙方言的声调格局进行考察，为调域的划分提供科学依据，为"清音浊流"现象提供生理和声学数据支撑，从而加深我们对其成因和特点的理解。该单点方言处于江淮官话和吴语的交界区域，从生理和声学两个维度进行声调的综合分析，不仅可以为其他方言点相关研究提供范例，还能为方言区划分与归属提供有价值的参考。

当基频数据显示金沙方言老年人群和中年人群中疑似存在常域和下域两个调域时，我们进一步依据 CPP 值、H1－H2 值和 EGG 生理信号相互验证了金沙方言的调域：阳去调气声特点最为显著，但青年人的气声特点并不显著，所以不能定义金沙方言声调的下域，而阳平调虽有嘎裂，但是只存在 4 位女性发音人的部分例字中，所以整个调类依然归为常域。

不同年龄段的发音人 H1－H2 值点 3 位置之前的高低差异，一方面验证

了吴语中"清音浊流"的现象是元音段的声带振动漏气,而非声母的浊音;另一方面也体现了青年人阳去调存在气化特征的现象已不明显,青年人的气声发声态已经明显具有官话的发音特点,阳去的很多例字都读成了普通话的去声调,中年人也存在少量现象。这就反驳了多数研究者把金沙方言归入到吴语太湖片毗陵小片,依据的是金沙方言保留浊音的语音特征这一观点。这也体现了方言的语音呈现快速变化的趋势。

二、对发声态理论的贡献

研究各调类开商数值从开始到结束的变化过程,我们可以直观感受到发音人在发单字调时,嗓音松紧与发声状态的改变。判断特殊发声态不能只凭单一参数或一种研究方法。如果只根据生理表现,认定开商值偏高的阳入调为气声,会忽略阳入调声学参数中的 CPP 值和 H1－H2 值,并不能很好地体现气声的特点。阴入调和阳入调后段(喉塞尾位置)在声学表现上的差异,在生理参数上也没有完全体现。这说明声学实验的结果会在生理实验中有对应表现,但生理实验中观察到的发声状态并不总是与实际的发声态完全对应。个体差异有时也会被均值掩盖,因此在利用开商值来划定正常嗓音范围时,对于青年发音人这类发声状态不稳定的人群,我们需要更深入的考量和分析。

三、代际、性别差异研究的意义

发声态的证据也能使我们更好地认识不同年龄段、不同性别发音人的声调特点。声带振动频率的大小取决于声带本身的生理特性(如薄厚、长短等)和不同发声类型的控制,一般来说男性声带比女性的短,按常理是男性发音时更易出现嘎裂声。我们的实验发现,阳平调的嘎裂声只存于 4 位女性发音人的例字中。学界对芬兰大学生 1990 年至 2010 年发嘎裂声的变化情况研究发现,女性发嘎裂声明显增加,这或许与女性想让自己更有说服力有关(Tuuli, 2022)。年轻人和女性的社会身份相对于年长者和男性来说,更着意捕捉主流的文化元素,容易有意无意地运用声音控制等手段来解决身份认同上的危机。而嘎裂声低沉、稳重和有力量感的特质,正好符合社会强势角色的发音特征。

通过综合分析声学表现和生理表现,我们可以观察到老年人在各调类的声学参数和开商数值变化上更为稳定,中年人紧随其后,青年人在阳去、阴入、阳入三个调类上则显示出较大的不确定性。这种差异可能与不同年龄段的生活环境和语言使用习惯有关。

老年人由于生活环境相对稳定,他们对方言的掌握和使用也更为固定和传统,因此在发音上表现出较为一致的稳定性。相比之下,中年人和青年人生活环境变化较为频繁,尤其是在外工作或求学背景下,较少的方言实践可能导致他们在发音时的稳定性与准确性弱化。中年人和青年人也会更多地接触到普通话或其他方言,这种多语言环境可能使他们在切换语言或方言时需要更多的认知和调节过程,从而影响到方言声调的稳定性。此外,随着年龄的增长,发音器官的生理变化也可能与声调的稳定性之间产生关联。

第五章 江淮官话声调与方言分区的关系

入声是区分江淮官话与其他官话方言的关键特征。江苏省江淮官话的入声存在几个重要问题,包括入声的数量、入声的舒化过程、入声与发声态的关系,以及入声调值的高低,这些问题在不同区域表现出差异性。洪巢片的声调系统相对简单,而通泰片的语言现象则较为复杂,声调类型在区内存在显著差异。通泰片不仅具有官话的特征,还保留了吴语的一些特点,这导致了对其方言归属的争议。本章将重点讨论两个问题:一是洪巢片与通泰片交界地带的入声性质;二是通泰片内部的声调特点,旨在对方言分区进行深入探讨。首先,通过分析镇江丹徒的高资、大港和丹阳的河阳、吕城这四个方言点在共时层面上的入声舒化情况,我们可以更深入地理解江淮官话的核心方言点和交界地带边缘方言点在时长和喉塞尾特征上的复杂性。这表明过渡地带的入声演化可能会融合江淮官话和吴语在入声调上的不同特性。其次,本章提出方言分区中的边界方言的一个新概念——"边缘方言",并提出根据偏离程度进行分级的观点。这种分级方法有助于我们更细致地区分和理解方言的过渡现象和接触影响,为方言的分类和研究提供了新的视角和方法。通过对这些关键问题的探讨,本章旨在为江淮官话的声调研究和方言分区提供新的见解和数据支持,进一步丰富我们对该地区方言多样性和复杂性的认识。

第一节 江淮官话的入声现状

一、江淮官话的入声

有独立的入声调类是江淮官话方言语音的首要特点。入声是否分阴阳是区内语音差异的重要特点(《中国语言地图集》,2012)。《江苏省志·方言志》(1998)根据入声数量以及古咸山两摄舒声字的分韵情况,将江苏境内江淮官话分为南京片、扬淮片、通泰片。学界对江苏境内江淮官话和吴语的入声调研究关注了各片各点之间的异同(石绍浪,2007;吴波,2007;滕菲,2014)、入声舒化的过程与特点(许井岗,2016;冯娴婷,2019)、共时表现和演化趋势(张璟玮,2019;唐志强,2021)等。

我们通过声学研究(详见第一章)已经发现江苏省江淮官话的入声在入声数量、入声舒化、入声与发声态、入声的调值高低等方面,区内有差异性。具体表现为以下三点。

1. 江淮官话洪巢片的入声特点

(1) 都有一个入声。

(2) 喉塞尾大部分保存完好,连云港方言的喉塞尾完全脱落,南京市区方言喉塞尾脱落的情况有明显的代际差异。

(3) 入声时长具有地域差异,在地理位置上越接近通泰片的方言点,入声的时长会越短,更好地保留短调和喉塞尾的特点,而越接近中原官话区的方言点,入声时长会拉长,直至近似合并到相似调型的舒声调中。

(4) 连云港方言的入声和阳平"近似合并",具有了中原官话的特点。

2. 江淮官话通泰片的入声特点

(1) 入声分阴阳。

(2) 阴入和阳入的音高对比有两种情况:阴低阳高(大丰、南通市区、兴化戴南、泰州、泰兴、如东河口);阴高阳低(兴化市区、兴化安丰、金沙、如东掘港)。两种入声音高现象在通泰片不具有地域规律性,这跟"语言底层说""语言接触说"、发声态影响以及声调演化有关联。

(3) 两个入声的时长与音高之间具有较好的对应关系。保留短调的入声,基本实现阴入调值低于阳入调值。而阳入一旦长化,阳入调值会低于阴入调值。

3. 江淮官话入声演化的三种基本路径

(1) 开化路:洪巢片的连云港,喉塞尾脱落,时长拉长。

(2) 长化路:通泰片的兴化市区,时长拉长,喉塞尾保留。

(3)变声路:通泰片泰州的阴入具有喉堵态的发声态,拉低了阴入的基频值,使得阴入调值低于阳入调值,从而出现"阴低阳高"的现象;通泰片大丰的阳入具有假声的发声态,引起超高基频,使得阳入调值高于阴入调值,从而出现"阴低阳高"的现象。

信息时代人们的语言观念大为转变,普通话和当地方言并行,拼音输入法的日常使用削弱了方言的语音输出,方言的活跃度和使用频率降低,方言语音经历着快速变化和演进。作为方言分区标准的一些语音要素是否依然保留着其区别特征是值得深入考察的。我们需要通过共时层面的调查来判断入声作为江淮官话处于独立官话区标准的可行性。为了更深入地了解江淮官话的核心方言点和交界地带边缘方言点的声调现状,我们在第一章选择了江淮官话洪巢片与中原官话交界、洪巢片与通泰片交界、洪巢片与吴语交界的方言点,缺少洪巢片与吴语交界方言点的材料。所以本章分析了镇江丹徒的高资、大港和丹阳的河阳、吕城这四地声调特征。镇江市的行政区整体位于江淮官话和吴语相邻处的过渡带,方言主要涉及江淮官话洪巢片和吴语太湖片毗陵小片。其中,丹徒县(现丹徒区)主要是江淮官话区,而丹阳大部分乡镇属于吴语区。通过这四地共时层面上的入声舒化情况分析,我们旨在探讨入声调的发展是否会完全舒化而并入其他调类?过渡地带的入声调将来是否会选择不同演化路径?这些演化路径的改变是否意味着江淮官话和吴语分区的判断标准也会发生变化?

二、入声的演化

丹阳位于镇江东南部,与常州的金坛相邻;丹徒辖区包裹了镇江市区,与句容、丹阳、扬中相邻。图5-1参考《中国语言地图集》(2012)、《丹阳县志》(1992)和顾黔(2006)对方言的划区,标注了高资、大港、吕城和河阳方言分布上的相对位置。深灰色粗线代表长江,黑色虚线是顾黔等(2006)划分的江淮官话和吴语的分界线(以北为江淮官话洪巢片,以南为吴语太湖片毗邻小片)。从地理位置上看,四地都位于长江以南,高资和大港更近长江。

从方言分区上看,高资位于江淮官话洪巢片,吕城位于吴语太湖片。大港和河阳虽在方言归属上更近江淮官话洪巢片,但因位于江淮官话和吴语的过渡地带,而具有更复杂的情况。

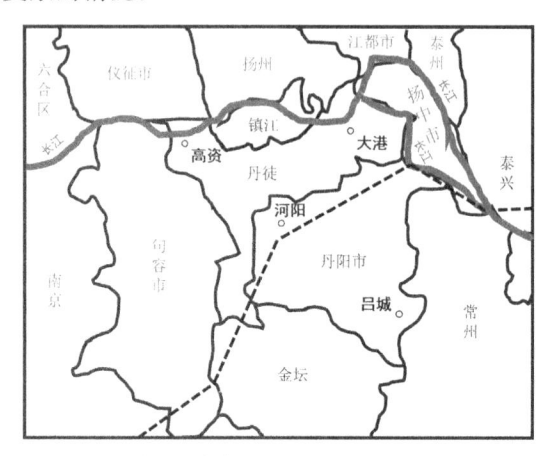

图 5-1　大港、高资、吕城、河阳方言分布示意图

每个方言点选择四位老年发音人,他们均在当地出生且较少到外地。发音字表尽量选择了发音人可以单念且生活中较为常用的字,共 24 个。

调查结果显示:吕城方言有七个调类,高资、大港、河阳方言有五个调类。具体调值见表 5-1。从调型上看,高资、大港、河阳三地大体一致,阴平是降调,阳平是凹调,去声是降调或平调,上声的调型差异较大,入声不分阴阳。这也说明了三地方言均属于江淮官话洪巢片五调特点。吕城的去声和入声均保留了阴阳调类,但阴低阳高,与吴语入声普遍的阴高阳低有别,阴去和阳入的调型一致,都为高平,区别在于时长。

表 5-1　大港、高资、吕城、河阳四地的调类和调值统计

	阴平	阳平	上声	阴去	阳去	阴入	阳入
丹徒高资	41	214	21	44		55	
丹徒大港	52	324	323	31		55	
丹阳河阳	31	213	34	41		55	
丹阳吕城	323	12	45	55	13	21	55

为更好地探究四地入声调的特点与关联,我们将对入声的语谱图、波形图、喉塞尾和时长进行讨论。

三、镇江方言的入声调分析

(一) 喉塞尾变化阶段

喉塞尾变化的阶段,可以根据语图的冲直条、峰状突起、时长变化,以及听感来综合判断,大致分为四个阶段(徐越、朱晓农,2017)。

第Ⅰ阶段是喉塞尾比较强烈,在语图上可以看到清晰的冲直条和峰状突起,处于原有时长(显性时长)阶段,但已经开始出现了喉门漏气的现象,因为听感上无法察觉,所以称为"隐性时长"。

第Ⅱ阶段是喉塞尾不强烈,但听感容易判断有喉塞尾,显性时长变长,隐性时长缩短,一般在一百多毫秒。在语谱图的对应位置的冲直条不明显,但是可以看到峰状突起。

第Ⅲ阶段是喉塞尾明显弱化阶段,显性时长进一步增长,隐性时长较第Ⅱ阶段明显减少。在语谱图上看不到冲直条和峰状突起,听感上判断也较模糊。

第Ⅳ阶段是喉塞尾完全脱落阶段,显性时长增到舒声调平均时长的80%,则为完全舒化,入声调类有可能与调型近似的舒声调产生合并。图5-2分别是喉塞尾变化的四个阶段例字"秃""族""纳""压"。

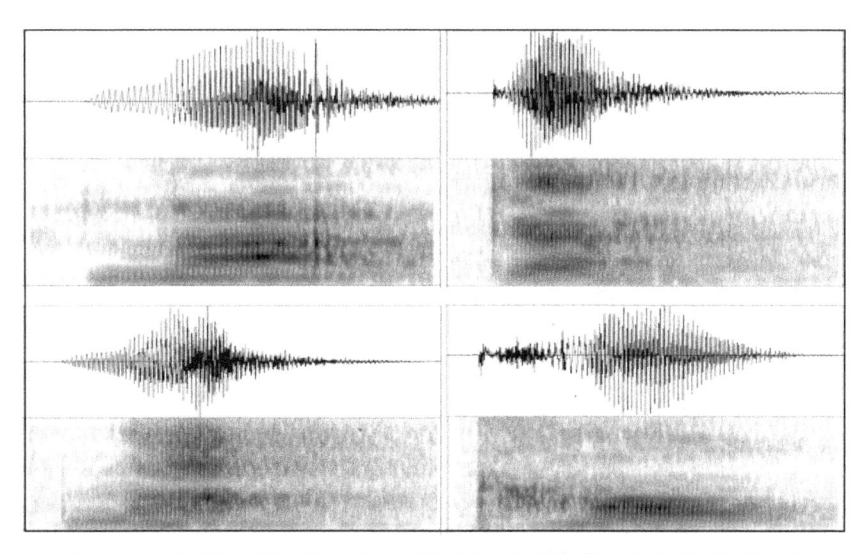

图5-2 上面两图是Ⅰ段"秃"、Ⅱ段"族";下面两图是Ⅲ段"纳"、Ⅳ段"压"

喉塞尾变化的第Ⅳ阶段为喉塞尾完全脱落阶段,其他阶段皆属于保留阶段,但是听感上可能有清晰与模糊之别。对镇江四地的入声例字喉塞尾进行统计发现:① 处于洪巢片的丹徒高资较好地保留了喉塞尾,且处于第Ⅱ和第Ⅲ阶段,即喉塞尾的弱化阶段。② 处于洪巢片的丹徒大港与处于洪巢片和吴语交界地带的丹阳河阳有相似点,喉塞尾少部分弱化或者大多脱落,河阳脱落的喉塞尾比例更高。③ 处于吴语区的丹阳吕城喉塞尾变化多集中于喉塞尾强化和稍弱化的第Ⅰ阶段和第Ⅱ阶段。详见表5-2(表中数字表明发音例字的数量)。高资、大港、河阳都属于江淮官话洪巢片,内部差异较大。吕城属于吴语区,与吴语核心区域强喉塞情况相比,喉塞尾变化具有一定的弱化趋势。

表5-2 四地发音人的入声喉塞尾保留或脱落情况(单位:个)

方言点	Ⅰ阶	Ⅱ阶	Ⅲ阶	Ⅳ阶
丹徒高资	1	13	10	
丹徒大港	0	3	12	9
丹阳河阳	0	1	6	17
丹阳吕城	6	8	9	1

经过时长统计发现四地发音人的入声调平均时长为河阳＞大港＞吕城＞高资。高资发音人的入声调平均时长最短,只有105.89 ms,河阳发音人的阳入声调平均时长最长,所有例字的总平均时长达到了168.68 ms,这也表明入声舒化的现象比较明显。对高资发音人来说,有无喉塞尾对时长均值的影响并不大,但对吕城发音人而言,喉塞尾虽然没有脱落,但是入声调类有区别,阳入的平均时长要长于阴入,且有部分例字在第Ⅲ阶段,有完全脱落的趋势,也许阳入在未来的发展中将与调型相似的阴去合并。

有喉塞尾且听感上给人以"短促感",并不意味着时长偏短;而时长变长也不一定意味着喉塞尾的消失。无喉塞尾与时长较长之间无绝对的对应关系。唐志强(2022)归纳了塞音韵尾脱落与短调延长孰先孰后的两种对立观点,究竟是喉塞尾脱落导致声调变长,还是时长变长导致喉塞尾脱落也暂无定论。喉塞尾和时长之间存在相互影响的关系表现在:喉塞尾入声的舒化过程,实际是语谱图上可见的两种时长,即显性时长与隐性时长前后比例的调整过程,而隐性时长则是喉塞尾弱化,声门出现漏气而导致的现象。当显性时长进一步拉长,喉塞尾则会更加弱化,直至消失。

(二)入声演化的路径

朱晓农等(2008)探讨了古入声演化的三种基本途径:开化路、长化路和变声路。吴语入声的演化路径一般是比较典型的开化路,无声除阻塞音韵尾先演化成喉塞尾,之后时长变长。石绍浪(2007)认为江淮官话北部入声消失的情况体现了"先声调变长,后塞音韵尾消失"的过程,而王彩龙(2014)曾将官话区的多数入声演化路径归纳为"先开化,再长化",他根据吴波(2007)等人的研究,判断江淮官话洪巢片仍处于入声短元音保留喉塞尾的阶段。

我们发现镇江方言四地的入声处于舒化的过程中,喉塞尾的脱落与时长的增加并非同时进行。高资、吕城发音人喉塞尾脱落得少,且有喉塞尾的例字的时长均值大于喉塞尾脱落的情况。大港和河阳发音人喉塞尾脱落情况非常明显,时长相对较长。

我们对高资、大港、河阳和吕城四地的入声喉塞尾保留情况和时长变化情况分析后发现,高资、吕城倾向于长化路,即先时长变长,后脱落喉塞尾;大港、河阳则倾向于开化路,先脱落喉塞尾,后时长变长。因为高资的发音人基本保留了入声字的喉塞尾,个别脱落喉塞尾的例字,时长并没有因此变长,说明时长的变化发生得较早,而喉塞尾的脱落则是较为靠后的过程。大港、河阳的情况正好相反,它们的喉塞尾已基本脱落或明显弱化,无喉塞尾的例字时长也比有喉塞尾的例字长,说明大港、河阳入声调喉塞尾的脱落是先发生的,而时长的变化是后发生的。大港和河阳方言的复杂情况,和它们位于江淮官话和吴语的过渡地带密切相关。语言在不断的接触中互相影响,使他们在入声时长、喉塞尾的演化路径上受到了吴语的影响,从而产生了"非典型江淮官话"特征。在研究过程中,我们只调查了老年人群体,无法说明代际差异,但青年人的入声舒化现象可能会更明显,后续可进一步扩大调查人群。

(三)对方言分区的参考

根据学界现有的江淮官话和吴语的分区,高资、大港、河阳都属于江淮官话洪巢片,吕城属于吴语太湖片。江淮官话和吴语的分界线有一个大致的划分,尤其是镇江地区,因为该地区出现了吴语与官话的混合方言,所以分界线周围存在一个很难划定具体方言归属的区域。高资的地理位置更接近江淮官话区,在调类上的表现也更接近江淮官话;吕城则离吴语区更近,入声分阴阳的特征也更接近吴语而非江淮官话洪巢片。

但大港和河阳方言情况特殊,根据顾黔等(2006)的划分,二者都在分界线左侧的洪巢片范围内;《中国语言地图集(第2版)》认为大港属于江淮官话,河阳的具体归属则未提及(仅说明丹阳市有小部分属于江淮官话洪巢片,并未说明具体地点);《丹阳县志》(1992)认为丹阳全境属于吴语太湖片,但河阳方言更接近江淮官话。对大港、河阳方言的归属讨论从侧面说明二者实际上很难具体界定是江淮官话还是吴语,可认为是一种江淮官话和吴语混合的过渡地带方言。

通过深入分析4个地区入声演化轨迹,我们可以从入声调的不同特征出发,对过渡区域方言的分类进行更为精细的剖析。如果将入声是否分阴阳两类作为江淮官话洪巢片和吴语太湖片的区别性特征,则高资、大港、河阳均为江淮官话洪巢片,吕城为吴语太湖片。如果将入声先开化还是先长化作为江淮官话洪巢片和吴语太湖片的区别性特征,那么高资则为江淮官话洪巢片,河阳、大港为洪巢片与吴语过渡地带,吕城为吴语太湖片。这种基于入声特征的细致区分,为我们理解方言的复杂性和动态变化提供了重要视角。

第二节　通泰方言的声调系统

通泰片方言在语音系统上与洪巢片方言差异较大,主要表现为全浊声母今逢塞音、塞擦音读送气清音,这点与客家话、赣语相似。咸声摄韵母三类分化,这点与吴语、赣语相同。而声调的复杂性更是与洪巢片有别。所以对于这个方言小片的分区归属学界是有争议的。我们在前期声学实验的基础上,又增加了姜堰、如皋、海安、东台这4个方言点,共13个方言点,并对如东河口单个发音人五声调进行了重新调查,以期反映通泰方言的整体声调面貌。通泰方言的声调系统较之前的调查更加丰富:四声到七声皆有,说明方言声调的变化是日益加剧的。13个调系中,以六声(6个方言点)和七声(4个方言点)系统为主。七声系统古全浊上归阳去。六声系统进一步把阳去(全浊上)归入阴平,也有几个点的少数阳去字归入了阴去(如皋、泰州、东台、大丰)。七/六声系统中各有1个或2个双域系统。剩下3个方言点调系,五声系统2个,四声系统1个。

一、七声系统

在所调查的13个声调系统中,有4个七声系统。其中兴化老派是双域,另外3个(南通市区、如东掘港街道和兴化市区)是单域七声,其中南通市区也有部分发音人是常域和下域的双域系统。平去入各分阴阳,再加上声。图5-3是三地方言声调归一图。

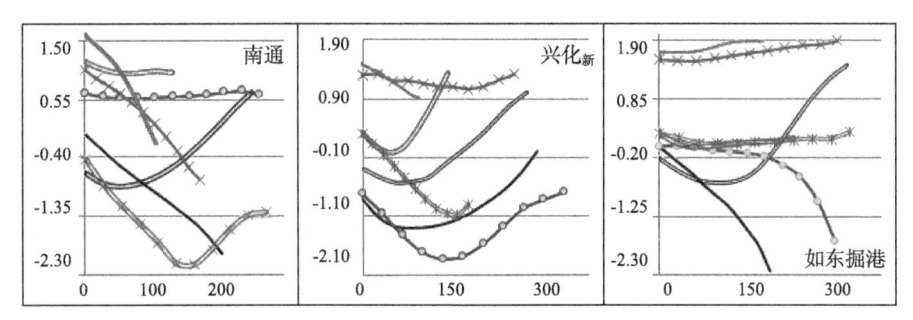

图5-3　南通市区、兴化市区、如东掘港街道的声调

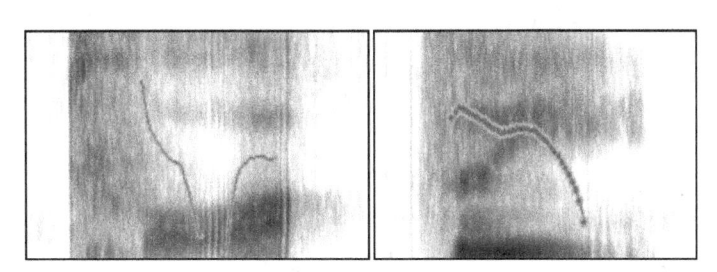

图5-4　南通"渡"t^{h}uo,掘港"走"tsei

南通市区的阴入短调,调尾有明显喉堵态{50}或嘎裂声{53},听感是降拱(个别字'福、尺'是喉塞尾)。阳入是短高调{55},基本保留喉塞尾。兴化新派发音人的阴入为高短调{55},阳入是短升调{45}。

如东掘港阴入和阳入都正在舒化中,阴入喉塞尾不明显,阳入喉塞尾已消失。两者时长分别为 180 ms 和 230 ms,与阴去(312 ms)和阳去(334 ms)之比约为 2∶3。两者音高分别与阴去和阳去基本重合,但仍各分两类,可以预计快要合并了,实际上我们调查的两位青年人的阳入已并入阳去。上声是中弯降{442},听感上有点凸,阴平是中短中降调{42},二者的区别以长短为主,弯直为辅。所以掘港时长"长—中短—短"三分。上声在通泰方言的 13 个调系中,都呈现为央凹调{323},包括同为如东县的河口镇,只有南通是高平调。由此推测如东掘港的上声原先很可能也是凹调,以后演化为两折调,然后弱化变为弯/凸降,图 5-4 "走"字还残留弱化两折调的痕迹。

这 3 个点的舒声调型模式和类值对应见表 5-3。

表 5-3 通泰方言单域七声(五长调)系统的拱度模式及其与调类的对应关系(不包括入声)

拱度模式	方言区片	类数	降	平	低	升	凹	1a	1b	T2	3a	3b
常四+降	南通	5/7	1a,3a	T2	3b	1b		降	升	平	降	低
常四+凹 两降两平	兴化新派	5/7	3b	3a	T2	1b	1a	凹前	升	凹央(低)	平	降
	如东掘港	5/7	1a,T2	3a,3b		1b		降	升	降	平	平

表 5-3 中"常四"模式指的是官话的声调系统中最常见的"降、平、低、升"这四种拱度的组合,书中的"常三"模式则指其中三种拱度的组合。上述 3 个方言点长调的调值对应度不高,只有阳平都是升调,其他都不一样。但从拱度模式看,3 个方言点很相近,南通"降降平低升"和掘港"降降平平升"(不算阳入)之间只差 1 个,和兴化新派"降平升低凹"之间也只差 1 个。

二、六声系统

六声系统在我们所调查的方言点中最为常见,共有 6 个。其中有 2 个是双域:大丰和东台;单域六声的 4 个:如东河口、如皋、泰州、泰兴黄桥。在这些方言点中阳去(包括全浊上)归入阴平,所以声调系统中剩下阴阳平、上声、去声、阴阳入。图 5-5 是这几个点的声调曲线。

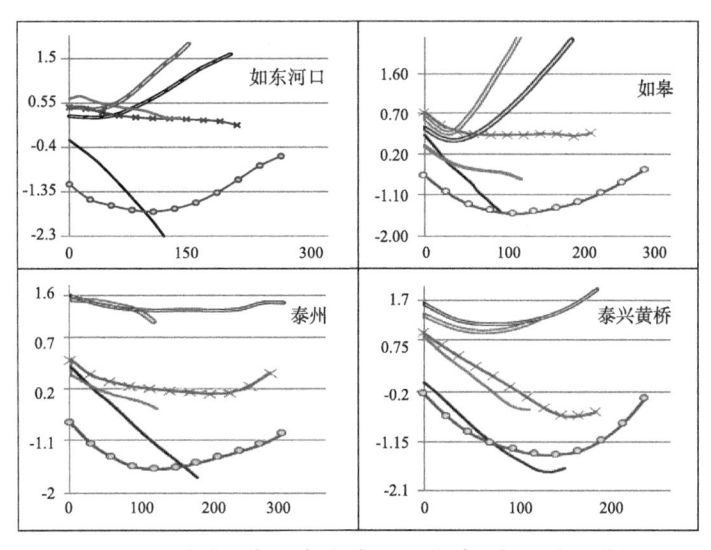

图 5-5　单域六声系统：如东河口，如皋，泰州，泰兴黄桥

如东河口阴入短调{40|44}，调尾原为喉堵，见图 5-6 左，时长 100 ms 或稍多；现有近 40%调尾发成嘎裂，见图 5-6 右，正常振动段近 150 ms，后面还有近 40 ms 的嘎裂拖延段，可以看成隐形时长。这说明阴入在舒化中的下一步会变为调尾嘎裂或漏气的中短调。阳入高短调{45ʔ}，仍有喉塞尾，一旦舒化就会并入阳平。如皋基本上与如东河口相同。阴入喉堵尾短调{30}，阳入喉塞尾高短调{45ʔ}。

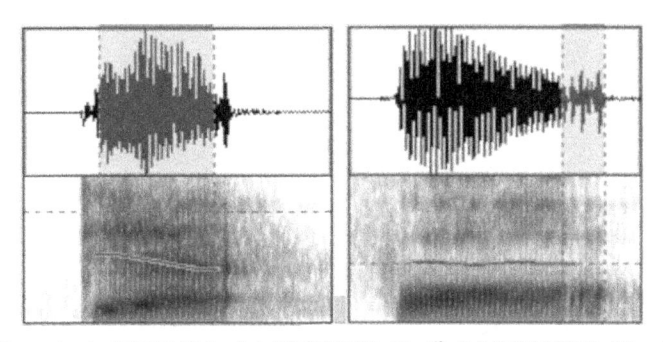

图 5-6　如东河口阴入：[左]调尾喉堵，滴 ti⁴⁰，[右]调尾嘎裂，剥 po⁴⁴

泰州方言阴入短调{30}，大多喉堵尾，少数例字（"急""切"）喉塞尾，个别例字（"脱"）不明显。阳入喉塞尾短调{55ʔ}，少数例字（"读""毒"）并入阴入。

第五章　江淮官话声调与方言分区的关系 | 189

泰兴黄桥的发音人的6个声调中,其中两个入声都还保留着,阴入短降带喉堵{50},阳入短高调带喉塞尾{55ʔ}。

三、五声和四声系统

海安调系只剩下五个声调。与六声系统相比,少了阳入,分别并入了阳平和阴入。阴去中平{44},阴入调值和阴去一样高,是舒化中的中短调{44},调尾喉堵/喉塞都较弱,下一步会并入阴去。阴平中降{42},上声低凹{323}。

前文提到泰兴黄桥是六声系统,而泰兴马甸则是五声系统。马甸的发音人去声进一步下降,跟阴平合并为中降调{42},形成五声:阳平高平{55};上声低凹调{323};阴入短调{33},调尾喉堵不明显;阳入喉塞调尾{55ʔ},个别例字("局")喉堵,音高也稍低。

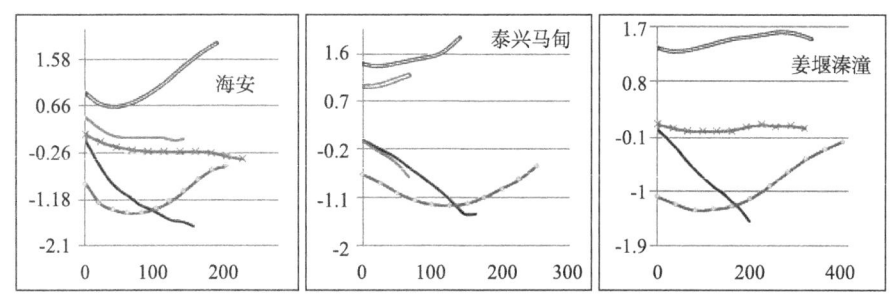

图 5-7　海安、泰兴马甸的五声系统和姜堰溱潼四声系统

姜堰溱潼的发音人变化最大,他的两个入声都已舒化,分别并入去声(中平{44})和阳平(高平{55})。阴平中降{42}。上声纯低调,实现为最低升{23}。

六声4个点和五/四声3个点的舒声调型模式和类值对应见表5-4。

表5-4　通泰方言7个单域四/三舒声(来自六/五/四声)系统的拱度模式及与调类的对应关系

模式	方言区片	类数	降	平	低	升	1a	1b	T2	T3
常四降平平低	如东河口	4/6	1a	T3	T2	1b	降	升	低	平
	如皋	4/6	1a	T3	T2	1b	降	升	低	平
	海安	4/5	1a	T3	T2	1b	降	升	低	平
	泰州	4/6	1a,T3	1b	T2		降	平	低	降

续 表

模式	方言区片	类数	降	平	低	升	1a	1b	T2	T3
常四 降平平低	姜堰_{溱潼}	4/4	1a	1b,T3	T2		降	平	低	平
常三 降降平低	泰兴_{黄桥}	4/6	1a,T3	1b	T2		降	平	低	降
	泰兴_{马甸}	3/5	1a	1b	T2	降	平	低		

这7个方言点长调的类值对应度比较高,阴平都是降调,上声都是纯低调,去声大多平调,阳平升或平。从拱度模式看,有3个常四模式,1个常三模式,1个两平模式,2个两降模式。

四、双域系统

有3个发音人是"上＋常"双域系统:大丰_{六声}、东台_{六声}、兴化_老七声。这3个点都在通泰片的最北部,再稍北的连云港市区(属江淮官话洪巢片)也有上域和常域两个声域,形成两声域的连贯地带。

兴化的声调系统内部差异很大。本章前面反映了一个单域七声的兴化新派女发音人的发音情况。图5-8是一个老派双域七声的发音人的发音情况。阴去{66}和阴入{66}在上域。阴平央凹调{434},阳平中微升{34},上声纯低调{³22}。阳去{42},调尾有隐形时长。阳入短调{45ʔ}。

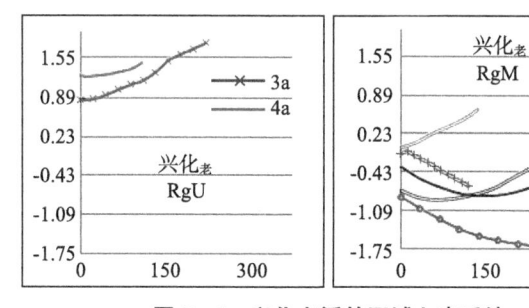

图 5-8 兴化老派的双域七声系统

东台方言是双域六声。上域中的阳平是假声或张声{56}。阳入大部分字并入阴入,但有约30%的字发成假声,比阳平还高,记为{56}。其余四个声调在常域。阴平中降{42},调尾大多带嘎裂声,所以实际时长比图中的实线要长出约 70 ms,图 5-9 中用虚线表示。上声是纯低调,实现为低凹拱{323}。阴去中平{44},阴入喉塞尾短调{44ʔ}。

大丰市区有六个声调。阳平很高,大约一半多的字发成假声,另外是张声,所以另立了一个上域,其他五个声调在常域。阴入(152 ms)阳入(179 ms)长化为中短,都在舒化过程中。阴入中短{44},调尾喉部作用不明显。阳入很多字("局""杂""读""别")并入阴入,其余是喉塞尾张声{56}。

比较这三个发音人,东台两个上域调,为阳平和阳入,兴化老派的上域调为阴去和阴入,大丰的上域调为阳平。

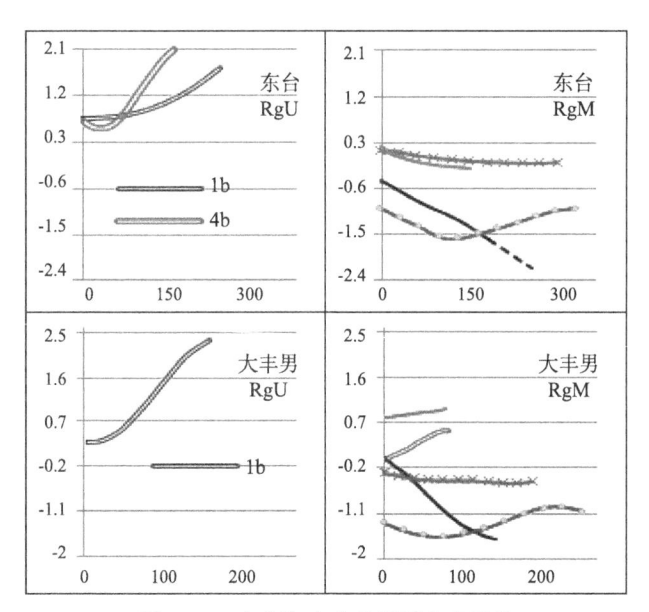

图 5-9　东台和大丰的双域六声系统

表 5-5　通泰方言双域五/四长调系统的拱度模式及其与调类的对应关系

模式	方言区片	类数	降	平	低	升	凹	1a	1b	T2	3a	3b
常四+凹	兴化老派	5/7	3b	3a	T2	1b	1a	凹	升	低	平	降
常四	东台	4/6	1a	T3	T2	1b		降	升	低	平	
常四	大丰	4/6	1a	T3	T2	1b		降	升	低	平	

三个双域系统的长调系统中两个是常四模式,一个是常四加凹模式。

五、小结

江淮官话通泰片正在经历大范围的变动,从七声到四声,双域到单域,内部差异很大。从本章的材料来重建前几代的声调,可以认为它原先以双域七声系统为主,现在逐渐变为单域为主(10/13)、六声占优(6/13)了,更有 3 个进一步衰减为五声或四声。

从类值对应来看,大体上阴平都是一个中降调,阳平是一个高升(或平)调,阴去基本上都实现为平调,上声是一个低凹调,类型学上属于纯低调/22/。入声几乎都还在(除了一个点外),而且大多分阴阳。阴入往往带喉堵,阳入基本上是喉塞尾。从调类的分合情况看,从七声系统到六声系统,阳去部分归入阴平,部分归入阴去。从六声系统到五声系统,归并不一,泰兴马甸的阳去归阴平,入声保留,海安阳入部分归阴入,部分归阳平。四声系统中的入声已经消失。

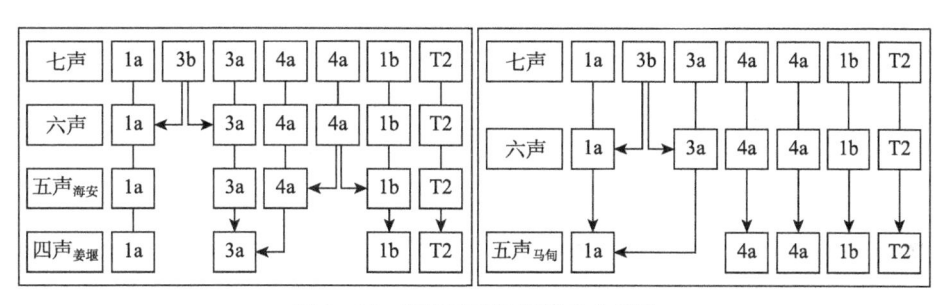

图 5-10 通泰方言的调类分合情况

在这 13 个调系中,共有 54 个长调,平均每个调系 4.15 个长调。其中降调 15 个(如东掘港的阴平是中短调的降调),平调 16 个,纯低调 12 个,升调 9 个,凹调 2 个。跟其他所有我们统计过的官话地区的方言一样,出现频率依次为"降、平、低、升、凹"。不算入声的话,13 个调系中有 8 个是四长调系统,其中 5 个是常四模式。4 个五长调系统中 3 个是常四另加 1 个降或凹。最后 1 个是常三模式。可见尽管通泰方言变动剧烈,但依然是常三四模式主导;换言之,充分利用拱形来区别不同调类是大多数汉语方言调系的格局策略。

表 5-6　通泰方言五/四/三长调系统的拱度模式

拱度模式	方言点	长调
常三	泰兴马甸	3
常四	东台，如东掘港，如东河口，如皋，海安	4
常四加一	南通，兴化新派，兴化老派	5
两降或/和两平	泰兴黄桥，泰州，姜堰溱潼，如东掘港	4/4/5

最后要说明的是关于方言的内部差异及其代表性问题。以兴化方言为例，它的声调系统内部差异很大：有双域的、有单域的；有六声的、有七声的；还有过渡型的。这种内部差异情况普遍发生在最近一两代人的各地方言中。从第一章和第四章实验结果可见，有些方言点不同年龄段发音人的声调特征差异很大。这对于类型学来说，造成极大的困惑，某个点的某个发音人能否代表当地音系？回答是否定的。而这从拉波夫(Labov)的变异理论和田野实验语音学出现后，不再有疑问。任何一个语言/方言中都存在大量有条件或随机的变异。任何一个单个的发音人都无法声称他能代表那个语言/方言。那我们使用少量发音人来做研究是否有意义呢？回答是肯定的。因为这种共时差异对于类型学和演化音法学的研究具有意义，由此可以了解全部声调语中所有可能的调型及其组合(分布模式)，并由此探索其演化途径、方式和原因。当然，有多个发音人就更好，不过这一方面受制于时间和精力等，另一方面也可用多个方言点的材料来补偿。

表 5-7　通泰方言的各种声调系统

声调系统	数量	方言点	调类归并					
双域七声	1	兴化老	阴平	阳平	上声	阴去	阳去	阴入	阳入
双域六声	2	东台，大丰	阴平	阳平	上声	去声	>1a,3a	阴入	阳入
单域七声	3	南通，如东掘港，兴化新	阴平	阳平	上声	阴去	阳去	阴入	阳入
单域六声	4	如东河口，如皋，泰州，泰兴黄桥	阴平	阳平	上声	去声	>1a,3a	阴入	阳入

续　表

声调系统	数量	方言点	调类归并					
五声系统	1	海安	阴平	阳平	上声	去声	>1a	阴入	>1b/4a
五声系统	1	泰兴马甸	阴平	阳平	上声	>1a	>1a	阴入	阳入
四声系统	1	姜堰溱潼	阴平	阳平	上声	去声	>1a	>3a	>1b/4a

从表 5-7 我们可以发现，南起南通，北到兴化，有不少点都是七个调类，保留了 2 个入声，但无[-p、-k、-t]的对立，收喉塞尾[ʔ]（少部分喉堵）。表格上面三行与官话差异较大，最下的三行是官话系统。中间"单域六声"算是过渡状态。如果官话有七个调类，未免破坏了官话的区别标准。当代吴语绝大部分地区都保留中古音声调系统的平、上、去、入四大声调类型。吴语区大多数地区都有七至八个声调，平上去入各分阴阳，古全浊上声归阳去，古次浊上声阴去，从调类归并方面看，通泰方言也是更接近吴语一些。通泰方言内部差异较大，处在官话与吴语交汇区，语言演变速度较快，已经有几个点的声调向官话靠近，但总体上还是以六到七个声调为主，跟北部吴语类似。

第三节　通泰方言中吴语的消长

一、入声与发声态

通泰方言保留两个入声，但与吴语"阴入调值高于阳入调值"不同的是，存在"阴低阳高"或是"阳高阴低"两种情况。图 5-11 是通泰代表点泰州话的阴入、阳入例字："竹""六"。阳入以喉塞结尾，从拱形看调尾处稍稍上翘。阴入是个降调，以僵声（弱喉堵态）结尾。有些阳入字如"读"已经归入阴入，变成一个降调。图 5-11 两个例字都有一百五六十毫秒长，开始向"中短"长度长化。

朱晓农、洪英（2008）曾从发声态角度探讨过潮州方言入声的"阴低阳高"，发现这种现象源自发声态区别：阴入是嘎裂声，阳入是张声，具体有两个变体，一个是喉塞尾，另一个是一种复合发声态——张声嘎裂。嘎裂声会引发低调，

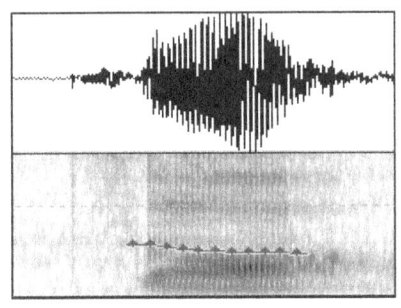

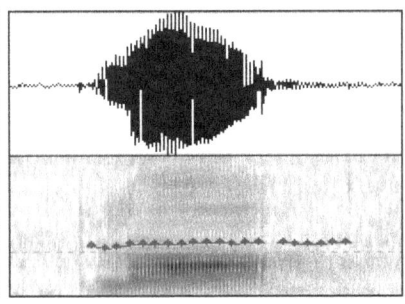

图 5-11　泰州阴入字"竹",阳入字"六"

而张声导致高调。这就是为什么潮州话带嘎裂声的阴入最终低于带张声的阳入。这种阳入保留中古张声喉塞尾,而阴入变为僵声(嘎裂声)的情况很可能也是通泰和秦晋方言中所发生的。我们在第一章已讨论过通泰片两个入声音高的关系及原因,发声态的影响只是其一,语言底层与语言接触也会影响入声的音高对比。所以单从入声与发声态的关系上并不能说明通泰方言保留或褪去了吴语的底层。

二、假声/张声与上域

通泰方言声调系统中的 13 个调系有 3 个是双域,分别是兴化、东台、大丰,这三个点都在通泰片的最北部,再稍北的连云港市区(属江淮官话洪巢片)也有上中两个声域(部分发音人是上、中、下三域),形成两声域的连贯地带。这一点恰说明通泰方言内部语音表现具有地域上的规律性,越往北越有可能具有假声/张声构成的上域,而越往南靠近吴语区的越有可能具有气声/僵声构成的下域。如我们在第一章描写的南通市区的双域系统,以及第四章用生理信号和声学信号相结合讨论过的金沙方言的双域系统。图 5-12 是这三个方言点的声调归一图。

兴化方言的声调系统内部差异较大,大部分人的阴去/阴入是带有假声/张声的,从而构成一个双域声调系统。另有一部分人发音时假声/张声消失,只剩下一个清冽声,所以是单域声调系统。带有假声和喉塞尾的阴入变化最大,有部分人的假声消失,还有部分人的假声和喉塞尾都消失了。东台方言是双域六

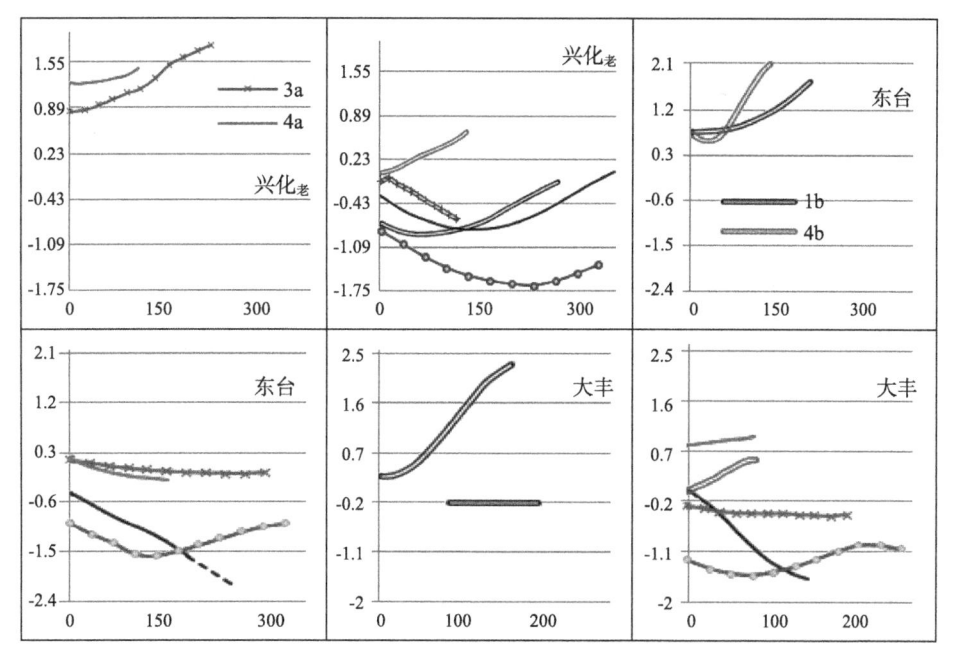

图 5‑12 兴化、东台、大丰的声调

声。上域中的阳平是假声或张声,阳入大部分字并入阴入,但有约 30% 的字发成假声,比阳平还高,其余四个声调在常域。大丰市区有四个声调。阳平在上域大约一半多的字发成假声,另外是张声,其他 5 个声调在常域。

在我们最近的调查中发现,大丰市区老派发音人的阳平和阳入都在上域,而年轻发音人的阳平在常域,阳入很多字("局""杂""读""别")并入阴入,其余是喉塞尾张声。可见大丰市区方言也和兴化方言一样,正在经历较大的变化,年轻一代的方言正在迅速简化,假声消失,调类减少。图 5‑13 是兴化、大丰两地假声例字。

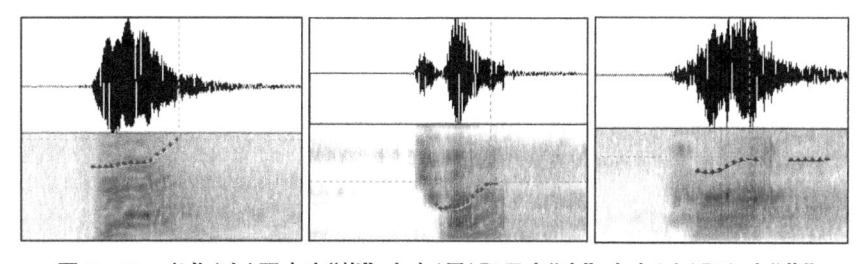

图 5‑13 兴化(女)阴去字"帐",大丰(男)阳平字"床",大丰(女)阳入字"薄"

第五章　江淮官话声调与方言分区的关系 | 197

假声的发音特点,是声带抻得长而宽,内沿拉得极薄,声带绝大部分不振动,只有沿着内缘一带振动。假声显著的声学特征是超高频率。张声的语音实现是前喉塞,如ʔp—、ʔm—、ʔa—,或喉塞尾-ʔ。发张声时从喉头到口腔都比较紧张,音高较高。张声是吴语帮、端母发声的普遍特征,也是朝鲜语硬辅音的特征。一般而言,张声自己不能定义一个声域,但可以和假声一起(或作为假声的变体)定义一个高域(朱晓农 2010)。

三、调类数的连续统

之前我们曾对如东县的方言进行过详细调查,由于地处江淮官话区与吴语区过渡地带,如东县境内方言,县城掘港街道往西绝大部分乡镇的方言属于江淮官话通泰片,掘港东南的小部分地区的方言则归入吴语太湖片。东南部的吴语片(以大豫为代表方言点)有八个声调,而如东的通泰方言内部又有差异,如东西部地区以河口镇为代表方言,有六个声调,是典型的通泰方言,包括县城掘港街道在内的中部地区有七个声调,与东部的吴语区更加接近。

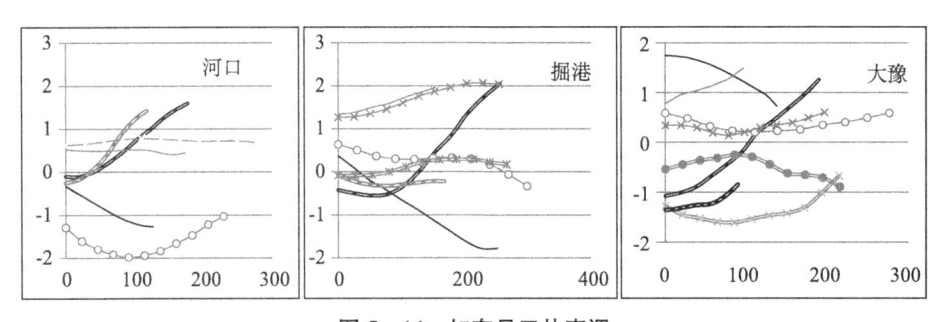

图 5-14 如东县三片声调

江淮官话通泰片以六调为主,也有部分地区是七调,吴语区声调数目一般有八个。如东三个点声调数目呈现"八—七—六"递减的连续统,体现了吴方言向江淮官话通泰片方言过渡的特点。

四、两折调与吴语的消长

调型格局上如东的中部跟东部吴语也更加接近,在两地分别发现了两折调的遗留痕迹,表明掘港方言仍然存在来自吴语的底层遗留痕迹。我们在第一章已经讨论过如东掘港的两折调演化路径。

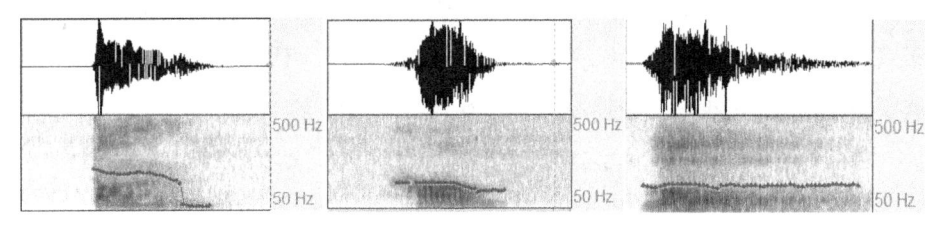

图 5-15 掘港上声字"懂","好";大豫阴上字"老"

掘港上声字中大部分是像"懂"字发音这样弱化的两折调,个别字已经退化,如图 5-15 中的"好"字,前段凹的部分已经弱化变平,基频变低,调头略低于拐点,退化成为一个弯降/凸降。大豫上声字大部分是弱化的两折调,如图 5-15 中的"老"字。从声调数目、调型格局、两折调的遗留都可以看出掘港街道与东部吴语片的密切关系,但这些痕迹在西边的河口镇已经看不到了。从如东县的方言情况可以看出,目前吴语正一步步从通泰方言中消失,或许等到通泰方言入声舒化,张声消失,跟官话越来越接近时,就可能再也看不到吴语的痕迹了。

前人把通泰方言归入江淮官话的主要原因有语言系统各要素上的对应关系。另外,还有一个重要原因就是"语感",或者说"语言认同""身份认同"等语言心理因素。除了最南端的南通以及如东,绝大部分通泰片方言使用者都已经普遍感觉到他们的方言和扬淮或南京方言更接近,而离苏州、上海话较远。

第四节　边缘吴语的概念系统

一、江淮官话的方言分区

汉语方言分区是汉语方言学界的一个重要研究课题。经过历代学者的研究,在方言分区格局上已经取得大体一致的看法:占汉语区约四分之三地域的官话区和东南部若干个非官话区。而对官话区和非官话区的边界地区方言的归属,意见有所分歧。

江淮官话地处北方方言与东南部方言群的过渡地带。江苏境内的江淮官话内部再分洪巢片和通泰片,其中通泰方言区(《中国语言地图集》为江淮官话泰如片)行政上分属南通、泰州、盐城三个地区,包括江苏中部南通、如东、如皋、泰兴、海安、东台、大丰、兴化、姜堰、泰州等10市县。南通、泰州为这一地区最重要的城市,又分处东西两处,故名"通泰"。

图 5-16 通泰片方言(据《中国语言地图集》,2012)

1960年,《江苏省和上海市方言概况》将通泰方言单列一区。1987年,《中国语言地图集》将通泰方言归为江淮官话内部小片,这一方面反映了通泰方言与江淮官话之间的联系与区别,另一方面也反映了通泰方言内部的复杂与演变。通泰方言位于江淮官话东端,与吴方言太湖片紧密相连,北方文化、江淮文化与吴越文化在这里彼此交融,语言现象很复杂,通泰方言从地理位置上属于江淮官话和吴语的过渡,大多认为通泰方言具备吴语底层,在多年的历史源流中杂糅进了一部分吴语非核心特征。学界对通泰方言来源存在争议,较为权威的有鲁国尧1994年"南朝通语说",顾黔2001年"通泰、客赣同源说",敖小平2017年"通泰徽同源"。同时,敖小平指出全国各方言中与通泰一同参与了"影疑合流、浊变次清、韵尾同化"的方言则只有徽语,这是一条十分重要的界定标准。通泰方言各地分阴阳入声,且很多地区入声是阴低阳高,与吴语相反,也是同客、赣方言一致的重要佐证。

有关通泰方言内部方言点的分区归属,学界讨论较多的是金沙地区。该地方言分区的争论是通泰方言分区归属模糊的一个折射。金沙是江苏省南通市通州区(2009年以前为县级市,后划为区)地方政府所在地。通州十里不同音,方言十分复杂,其东部和南部受吴方言的影响比较明显,西部和北部受江淮方言的影响较大。地处江淮官话和吴语两种方言的交界地带,通州方言带有明显的语言过渡特征。

金沙方言属于南通方言的一种,南通地区的方言情况在20世纪初就吸引了方言研究者的目光,早期研究已经发现了南通金沙方言的特殊性和复杂性,所以已有的对于金沙方言的研究以讨论其分区与方言归属为多,如颜逸明、敖小平(1984)在《南通金沙话的归类》中指出南通话和金沙话最大的不同在于,南通话古浊塞音和浊塞擦音声母读送气清音,金沙话塞音、塞擦音三分整齐,而清音和浊音的对立是吴语的重要特征,所以认为将金沙话归为吴语更合适。同年,在江苏省无锡市召开了一次关于吴语边界和分区问题的讨论会,多名方言学者都参与了这次会议,在讨论会上,许宝华、汤珍珠、游汝杰等认为金沙方言属于吴语区太湖片常州(毗陵)小片。之后《吴语的边界和分区》(1984)和《吴语的分区(稿)》(傅国通、蔡勇飞等,1986)两篇文章及随后出版的《中国语言地图集》都将金沙话归为吴语太湖片毗陵小片。1996年,《南通县志》出版,其"方言"篇中将南通县(今通州区)的方言列为金沙话、启海话(崇明话,又称沙里话)、通东话、南通话和如东话五种,并对这五种地方话通行区域及使用人口数进行了归纳。书中还记述了南通县人民政府所在地金沙镇的方言,从声韵调到同音字汇对金沙话进行了系统的说明,同样是将金沙话归入吴语。鲍明炜、王均(2002)在《南通地区方言研究》一书中对南通地区方言进行了全面而深入的研究,该书将南通地区的方言分为北方方言江淮官话东支和吴方言太湖片两类,又再分为五种方言,分别为通泰土语、南通土语、海启话、金沙方言和四甲话(当地人一般称为"江北话"或"东路话")。书中明确提出了金沙方言的分布,并将南通话、如海话、海门话、四甲话的音系、音变以及同普通话和中古音的比较分章节做了梳理。

2003年出版的《吴语研究第二届国际吴方言研讨会论文集》有三篇文章深

入分析了金沙方言和南通其他方言的共性和差异。三篇文章都指出金沙方言应划为吴语,但对具体的分区标准有不同看法。卢今元《通东话、金沙话与南通话的比较》认为金沙话是带有更多南通方言成分的通东话;徐铁生《通东方言与金沙方言归属刍议——兼论两种方言的形成及其与南通方言的关系》认为金沙方言和常州一带的方言有很大差异,应该将金沙方言从毗陵小片中分出,另建立独立小片——金吕小片,即西起通州市的金沙镇,东至启东市吕四港镇的方言小片,这个小片包括了金沙方言区和通东方言区。陶国良《通州方言概况和金沙话》也赞成将金沙方言归属吴语金吕小片。

汪平(2005)的《北部吴语三小片的重新划分》认为金沙方言全浊声母仍保留浊音,拥有毗陵小片的 10 条语言特征,应当归为吴语的毗陵小片。之后,汪平(2010)在《江苏通州方言音系探讨》中具体介绍了江苏通州方言的声韵调系统和连读变调,讨论了其大体特点,指明金沙方言具有吴语的基本特点,因此应归入吴语。类似文章还有《江苏南通金沙方言同音字汇》(蔡华祥、万久富,2010)、《金沙方言的归类》(周戬剑,2009)等,这些论文研究方法和讨论结果大体一致,都是从传统音系学角度对金沙方言的声韵调进行分析,结论也基本相同,认为金沙话应该归入吴语,而最大的依据就是金沙方言保留了吴语的主要语音特征(浊音)。

史皓元、石汝杰、顾黔(2006)《江淮官话与吴语边界的方言地理学研究》构拟了南部江淮官话通语与北部吴语通语音系,从方言地理学角度对金沙方言进行了分析。书中指出金沙方言除了"浊"这一点与吴语相类似,其他的音韵特征反而与南部南通官话更为接近,并将其性质定义为"保留浊音的官话的活化石",质疑了之前将金沙方言视为吴语的观点。之后,徐荣(2012)的《汉语方言深度接触研究》从语言接触的角度对金沙话的性质进行了探讨,也认为"金沙话的性质是官话",其中的吴语成分是当地的弱势方言(吴语)对强势方言(官话)的一种深度干扰。

金沙方言的归属争议是通泰方言内部复杂性的反映,从通泰地区的历史和地理来看,北部成陆最早,历史上一直是海陵地区(涵盖了今大部分的通泰方言区)的核心地带,人口变动相对较少,而南部则成陆较晚,历史上人口变动比较频繁。一般说来，一个地区的核心地带较之边缘地带更能显示该地方言的固有特征，人口相对稳定的地区较之人口变动频繁的地区，方言也更具稳定性。通泰方言的内部特点使得其在方言分区上出现争议。

二、"边缘吴语"的概念

按照赵元任先生(1928)在《现代吴语的研究》中提出的"以有帮滂并、端透定、见溪群三分为吴语的特征"这一最主要的吴语区分标准外，还有一些次要的标准，如保留浊音、保留两个入声、入声收喉塞尾、调类有七到八个、元音类数较多且以单元音为主、部分地区保留尖团音分化等等，凭借这些标准，大致可以在地理上划分出一个吴语区。现代吴语主要分布在江苏省南部、上海市和浙江省全境，安徽南部、江西东北部、福建北一角也是吴语的通行区域。《中国语言地图集》将吴语分布区划分为六大片：太湖片、台州片、处衢片、宣州片、瓯江片、婺州片。但由于方言内部成分变化的不平衡，方言演化的不同步，所以要精确画出吴语边界限会碰到很大问题。以江淮官话与吴语之间的分区为例，两种方言的交界地区的官话和吴语都不具有典型性，两地区的语言接触频繁且程度不浅，边界地区方言状况复杂，很难找到一个严格区分二者的标准。

本章就吴语和周边方言的交界处的实际语言状况，提出一个"边缘吴语"的概念，包括吴语的宣州片、处衢片的龙游小片和原属于江淮官话的通泰片。这三片方言基本上都已经浊音清化（龙游片清浊参差不齐），但仍保留着七个或六个声调（包括两个入声），也有很多单元音。语言是不断发展变化的，变化的方向、速率各不相同。"边缘吴语"是指主要符合以下第一条标准、也兼及第二条标准的吴语：① 语音上吴语的一些基本特征开始衰退、改变，以至消失；② 地理上处于中心吴语区（江浙沪）的边缘。

按照上述标准，可以分出边缘吴语的三个级别。

（一）一级边缘：吴语处衢片龙衢小片

处衢片龙衢小片位于吴语区的西南部，与北部吴语差异较大，这一方言区的弛声音节已经开始清冽化（浊音清化），有些地方已大体完成。例如，浙江省松阳县方言中古全浊声母字正处在清化的过程中，声母清浊的对立正逐渐让位于声调中阴调类与阳调类之间的对立。但也有些地方仍有弛声残留,如吴语处衢片龙衢小片开化县城方言听感清化,气化元音还存在,但由于清送气强,一方面侵入元音,造成气化,另一方面听感都是清送气。可见,这一片方言最主要的区别特征是全浊声母已经清化或正在清化中,与典型吴语差距变大。

(二) 二级边缘: 吴语宣州片

宣州片吴语是吴语六大方言片之一,因分布范围大致为隋唐古宣州之地而得名。其位置处于整个吴语区的西部,所以又被称为西部吴语。如今,宣州片吴语仅零散分布在皖南北部、苏南西部和浙西北的 16 个县市区。这片方言弛声全浊音节已经完全清冽化,例如,吴语宣州片太高小片当涂阳调已清化,主要是清送气音(蒋冰冰,2000)。

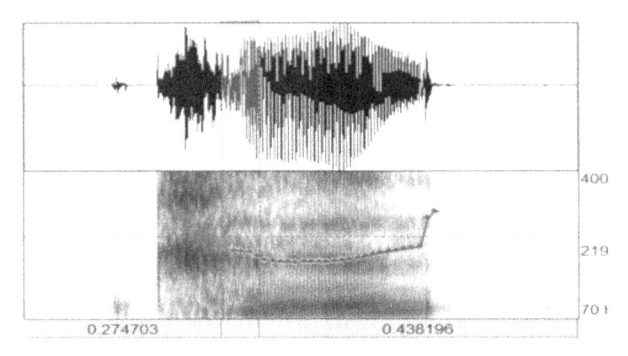

图 5-17　宣州当涂县塘南镇阳平字"陈"

图 5-17 是当涂县阳平字"陈"的语谱图,可以看到它的声母[dz]在除阻之后一段时间声带才开始振动,VOT>0,说明它已经清冽化变为同部位的送气清音[tsʰ]。全浊声母早已全部清化。如今宣州方言使用人口锐减,目前仅剩 308 万,是吴语六大片中使用人口最少的一种,且多分布在一些交通不便的山区和圩区,一些文化程度较高的年轻人已经很少或不再使用。现在的宣州片吴语丧失了人口优势和地域优势,所以处在一个边缘化位置。

(三) 三级边缘: 通泰方言

通泰方言归入江淮官话,但它与江淮方言的洪巢片、黄孝片,甚至与其他官话相比,有很多特殊之处,例如,单元音丰富,只有一个鼻韵尾,有五到七个调类,其中有两个入声,发声态丰富,声调有双域或三域等。五到七个调类这个特征,是官话中绝无仅有的。浊音节虽已清浠化(浊音清化),但从声调和韵母来看,更接近于吴语。这一情况既反映了方言接触的状态,又体现了历史上吴语在这一地区的分布与影响。

边缘吴语的层级区分按以下一些标准:一级边缘吴语开始失去核心吴语的主要特征,地位开始边缘化。二级边缘吴语已经失去了核心吴语的主要特征,它之所以处于未完全分离出去的状态,是因为周边缺少另一个有强吸引力的方言,否则很可能就达到了三级水平。三级边缘的方言在语音上还保留着一些吴语具有,但官话不具备的重要特征,如入声分阴阳。不过,在语言的其他方面,尤其是语言心理方面有了新的归属。这可以看作一种藕断丝连的状况。一旦这些方言中入声和特殊发声态都消失,调类也有所减少,那么和吴语就完全脱离关系了。

本章小结

本章从江淮官话入声的独特性及通泰方言的复杂性两个视角讨论了江淮官话与吴语交界地带方言的声调特征,论证了通泰方言作为"边缘吴语"三级小片的观点。

江淮官话洪巢片的入声数量虽然表现出较高的内部一致性,但入声的变化在不同性别和年龄的人群中呈现出一个界限不明的连续统,时长、发声态、音高这些声调参数起着综合的变化效应。我们通过洪巢片与吴语交界的镇江四地方言考察发现,入声的分类及演化路径可以为方言分区提供全新的角度。

江淮官话通泰片的入声在数量、舒化程度、与发声态的关系以及音高变化等方面展现出显著的区内差异性。这些共时层面的声调特征描写,足以说明通泰片迥异于洪巢片的声调面貌,这意味着其底层与洪巢片不同,演变趋势也许与洪巢片趋近。

鉴于已有文献资料以及我们对入声的相关论证,本章提出了"边缘吴语"的概念,并根据方言点与吴语的偏离程度对边界方言进行了分级。在吴语的边界区域,存在三级"边缘吴语":宣州片作为一级边缘吴语,开始失去核心吴语的主要特征,其地位逐渐边缘化;处衢龙游小片作为二级边缘吴语,已经丧失了核心吴语的主要特征,但由于周边缺乏另一个具有强烈吸引力的方言,它尚未完全分离出去;通泰方言作为三级边缘吴语,在语音上仍保留一些吴语独有的、而官话所不具备的重要特征,但在其他方面,尤其是语言心理层面,已表现出新的归属倾向。一旦这些关键的吴语特征消失,通泰方言将与吴语完全脱离关系。

　　这种语言心理层面的认同感的形成可能受到了多种社会文化因素的影响,如地理位置、历史交流、行政区划以及文化传播等。通泰方言使用者对洪巢片方言的亲近感,反映了他们对于江淮官话这一更广泛语言群体的身份认同。这种认同感不仅在语言学研究中具有重要价值,也对于理解方言社区的社会结构和文化动态提供了深刻的见解。因此,在探讨方言分类和特征时,将这些心理社会因素纳入考量,能够为我们提供一个更为全面和深入的视角。

附录一：灌南方言双字调

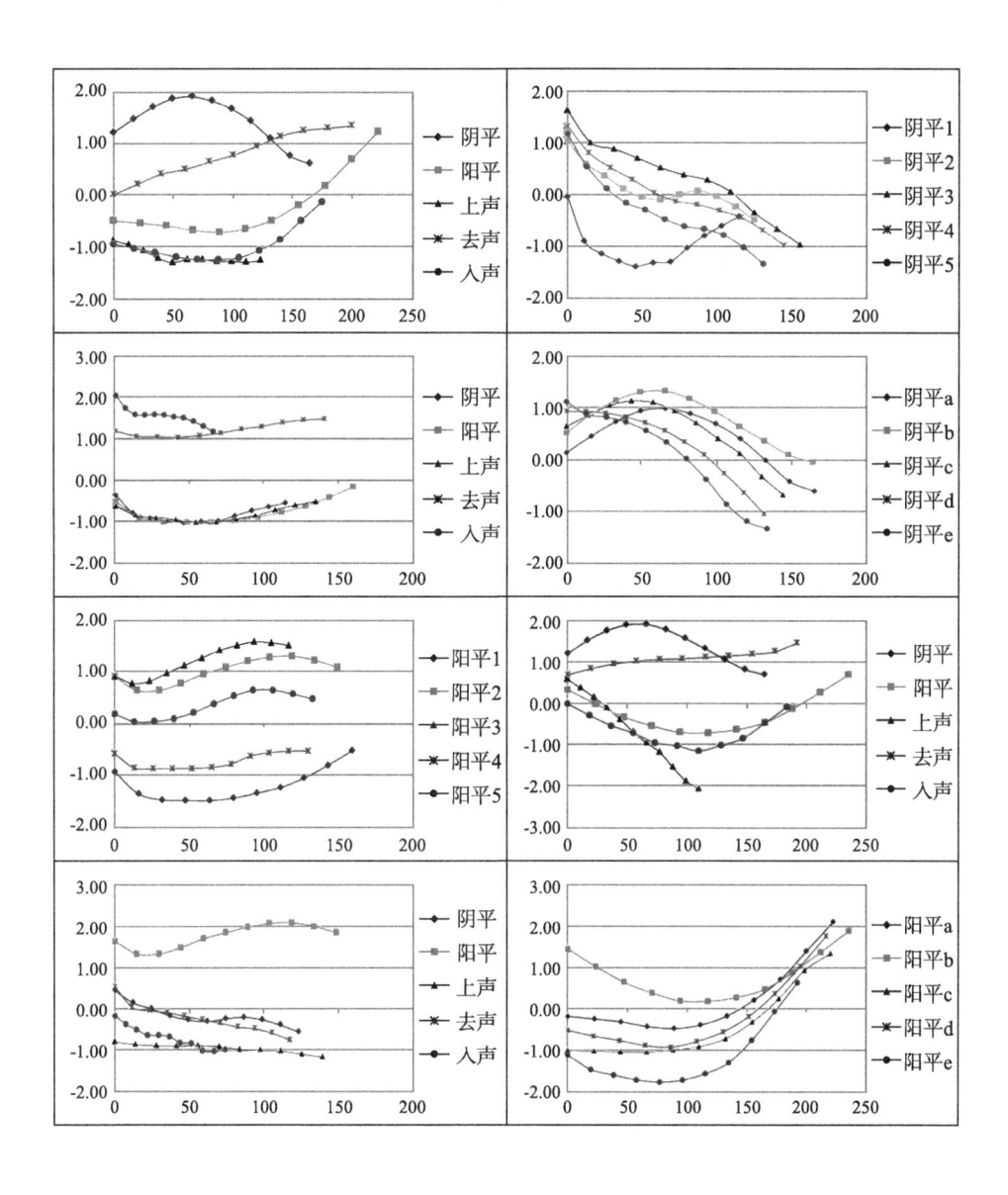

208 | 江苏省江淮官话声调研究

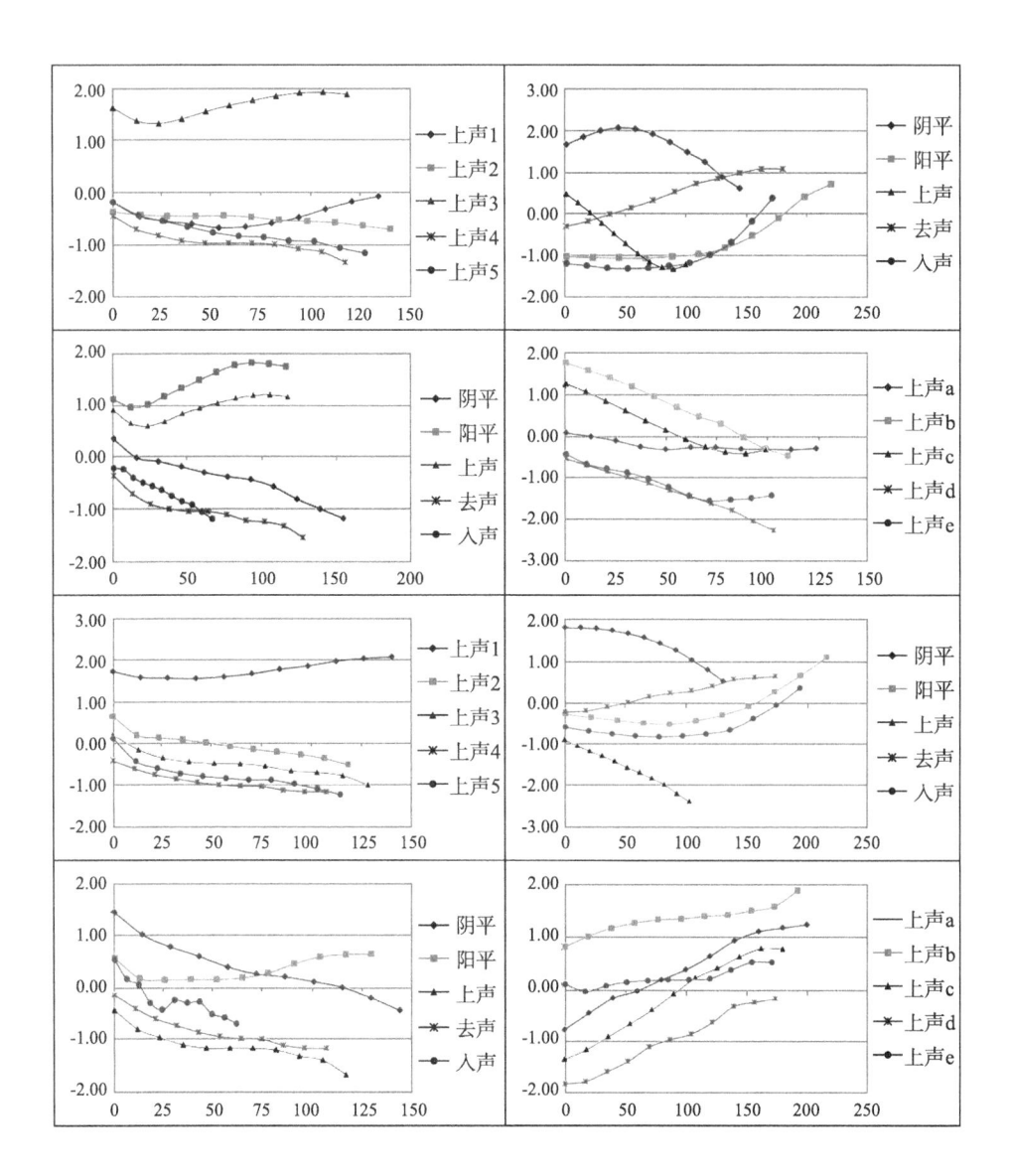

附录一：灌南方言双字调

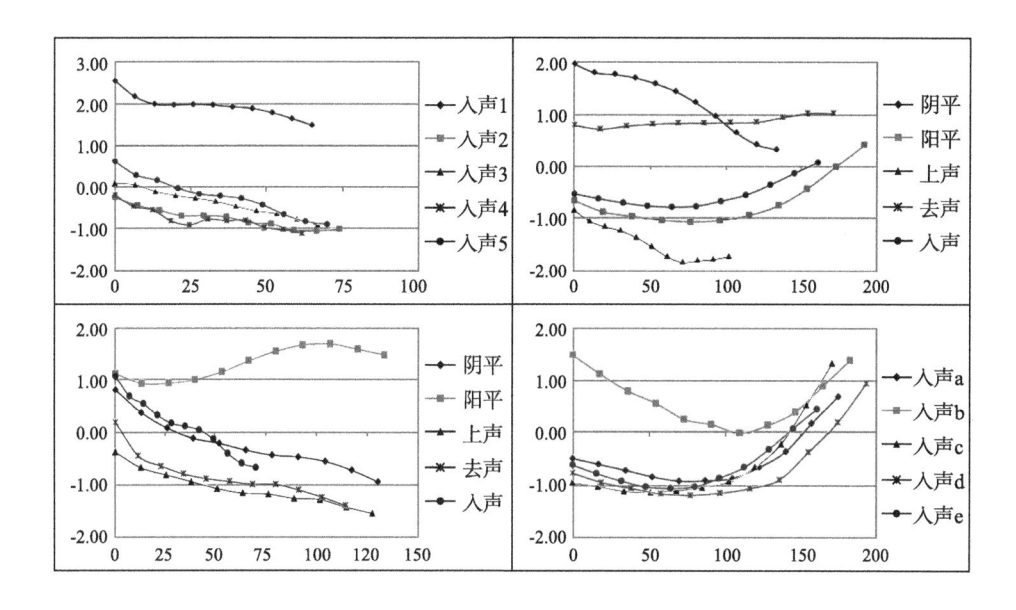

附录二：金沙方言双字调

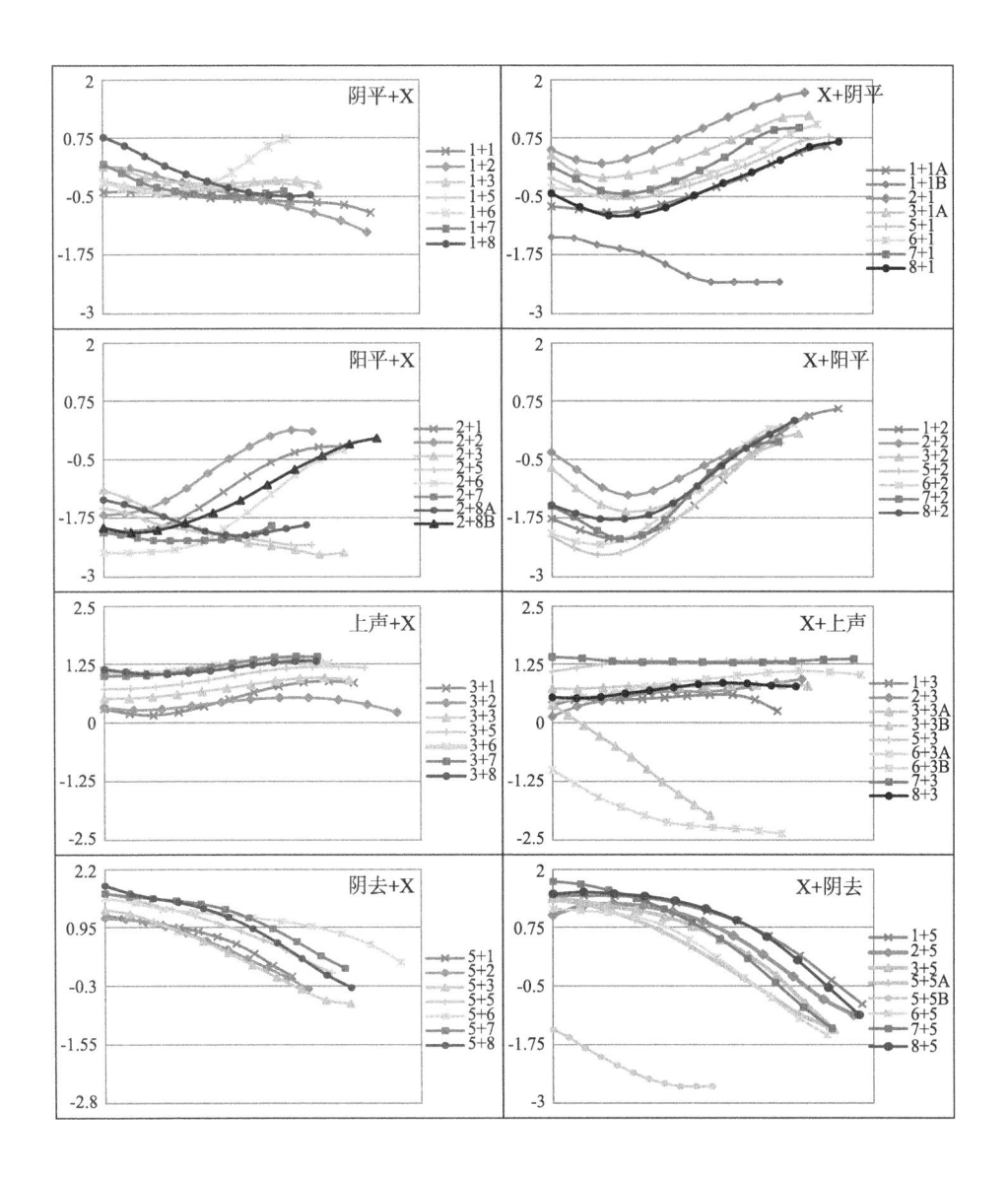

附录二：金沙方言双字调 | 211

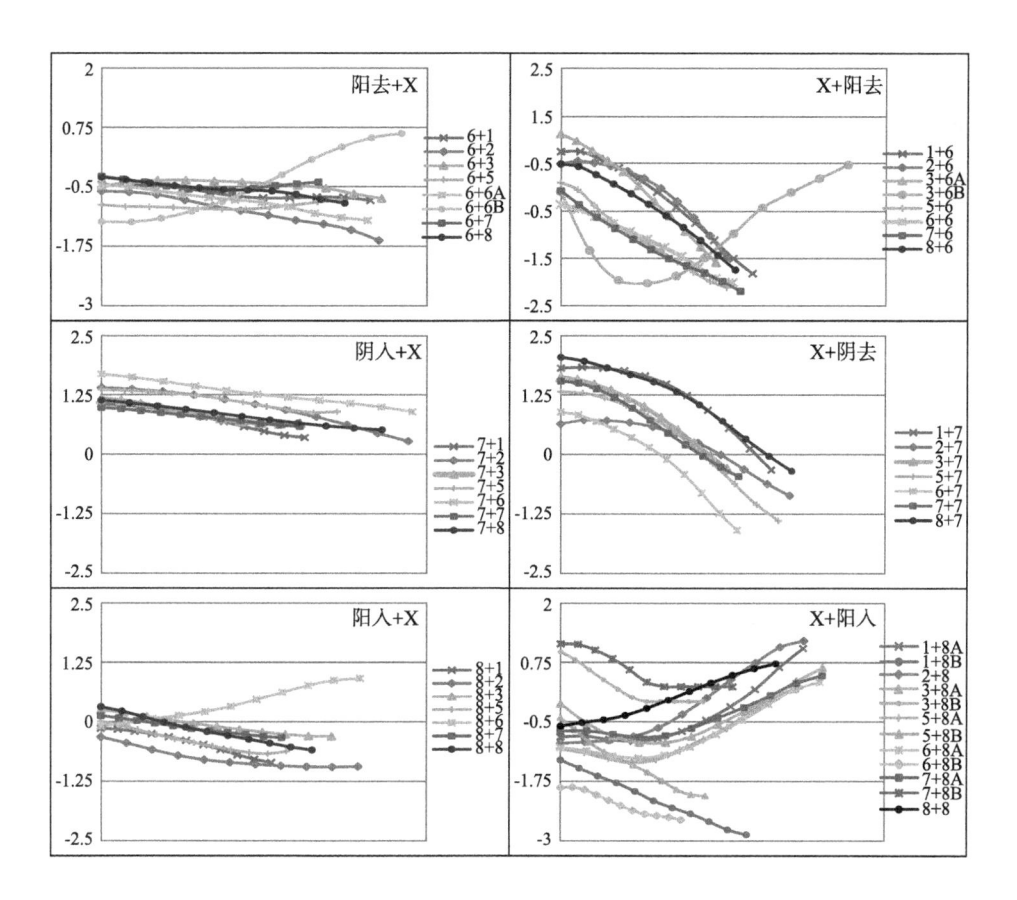

附录三：发音人信息表

方言点	性别—编号	缩写名	教育	职业	年龄
扬州市区	M1	LYS	初中	工人	63
	F1	WP	高中	退休工人	60
	M2	GY	大专	财务	45
	F2	YJ	高中	公司职员	43
	M3	GC	本科	学生	21
	F3	YW	硕士	学生	24
淮安市区	M1	DJG	初中	保安	55
	F1	LHF	初中	保洁	56
	M2	ZYD	初中	商人	40
	F2	LXY	高中	营业员	42
	M3	SS	本科	公司职员	25
	F3	ZKY	本科	公务员	24
连云港市区	M1	CHJ	初中	保安	58
	F1	SCN	中专	医生	60
	M2	SXD	本科	公司职员	40
	F2	ZM	本科	公务员	39
	M3	SL	大专	销售	24
	F3	ZJ	大专	前台	22
连云港灌南	M1	XJJ	初中	个体户	56
	F1	XXH	小学	个体户	65
	M2	LWJ	大学	个体户	33
	F2	LSJ	高中	工人	37
	M3	WLS	大学	学生	20
	F3	GY	高中	学生	18

续 表

方言点	性别—编号	缩写名	教育	职业	年龄
盐城市区	M1	NBY	初中	保安	59
	F1	ZZP	初中	服务员	55
	M2	LG	中专	工人	39
	F2	FMQ	初中	服务员	42
	M3	WY	本科	医生	24
	F3	HLL	大专	前台	25
南京市区	M1	SBQ	小学	司机	56
	F1	YY	中专	退休工人	56
	M2	SZH	中专	公司职员	45
	F2	JH	大专	公司职员	45
	M3	WB	本科	公司职员	27
	F3	HJ	本科	公司职员	26
溧水区	M1	QFS	小学	农民	60
	F1	ZDM	初中	工人	46
	M2	SQ	本科	学生	21
	F2	FLX	初中	工人	35
	M3	FQ	本科	学生	21
	F3	FXY	高中	学生	16
泰州市区	M1	LHY	小学	退休工人	68
	F1	CXF	小学	家庭主妇	57
	M2	JZ	高中	保安	40
	F2	DCH	初中	保洁	46
	M3	YZQ	大学	学生	21
	F3	DL	大学	客服	20

续 表

方言点	性别—编号	缩写名	教育	职业	年龄
南通市区	M1	JYQ	初中	保安	60
	F1	HSP	高中	退休工人	60
	M2	SJ	高中	工人	45
	F2	SAW	初中	前台	44
	M3	JJL	大学	学生	21
	F3	ZLL	硕士	学生	25
南通金沙	M1	JYL	初中	退休工人	71
	M2	KJT	初中	农民	69
	M3	SHM	本科	退休工人	80
	F1	DBL	初中	退休工人	69
	F2	LH	初中	退休工人	71
	F3	WZF	初中	工人	63
	M4	CJF	高中	管理员	52
	M5	LSL	初中	司机	51
	M6	SXQ	专科	工人	52
	F4	LMP	初中	职员	52
	F5	QXH	高中	会计	53
	F6	QDM	初中	自由职业	50
	M7	QCJ	本科	自由职业	32
	M8	QP	专科	摄影师	34
	M9	WJC	大专	施工员	27
	F7	WY	大专	店员	25
	F8	WD	本科	学生	19
	F9	ZM	大专	客服	28

续　表

方言点	性别—编号	缩写名	教育	职业	年龄
泰兴市区	M1	WYL	中专	退休工人	70
	F1	WXY	小学	退休工人	70
	M2	XGS	本科	个体	48
	F2	WHY	初中	高中	46
	M3	XYQ	大学	学生	21
	F3	BLJ	硕士	学生	26
兴化市区	M1	WJH	初中	退休工人	68
	F1	WHF	小学	退休工人	70
	M2	PTG	中学	自由职业	60
	F2	GF	大学	公务员	55
	M3	GH	高中	学生	16
	F3	ZCX	高中	学生	17
安丰	F1	ZTX	高中	退休工人	60
	M1	SLH	高中	职员	56
	F2	WQQ	大学	学生	45
	M2	GY	高中	学生	33
戴南	F1	WJ	小学	销售	65
	M1	LFF	小学	农民	68
	F2	WJB	初中	工人	38
	M2	YH	高中	前台	26
沙沟	F1	SRH	初中	家庭主妇	46
	M1	GZG	小学	个体	42
	F2	LHX	大学	学生	19
	M2	LC	大专	职员	24

附录三：发音人信息表 | 215

续　表

方言点	性别—编号	缩写名	教育	职业	年龄
如东河口	M1	XXW	小学	农民	77
	F1	ME	高中	农民	63
	M2	KJP	初中	个体户	46
	F2	KAH	初中	个体户	43
	M3	MJJ	大学	公司职员	24
	F3	XYC	大专	教师	30
如东掘港	M1	LDQ	小学	保安	62
	F1	ZYL	小学	保洁员	65
	M2	NMB	初中	工人	47
	F2	JHQ	初中	家庭主妇	45
	M3	WWC	大学	学生	20
	F3	WMJ	大专	学生	22
如东大豫	M1	ZZJ	中专	农民	76
	F1	SYZ	小学	农民	69
	M2	SW	初中	工人	48
	F2	CJ	初中	个体户	47
	F3	SX	高中	学生	19
镇江	F1	LXG	小学	退休工人	68
	F2	LM	高中	退休工人	65
	F3	WL	初中	退休工人	70
	F4	GPG	高中	退休工人	66

参考文献

一、著作

1. 鲍明炜,王均.南通地区方言研究[M].南京:江苏教育出版社,2002.
2. 北京社会科学院语言研究所.方言调查字表(修订版)[M].北京:商务印书馆,1999.
3. 蔡华祥.盐城方言研究[M].北京:中华书局,2011.
4. 陈桦,史宝辉.语音学与音系学新发展研究[M].北京:清华大学出版社,2021.
5. 费加,孙力.南京方言志[M].南京:南京出版社,1993
6. 顾黔.通泰方言音韵研究[M].南京:南京大学出版社,2001.
7. 顾黔.泰兴方言研究[M].北京:中华书局,2015.
8. 顾黔.鲍明炜语言学文集[M].北京:南京大学出版社,2010.
9. 季华权主编,江苏方言总汇[M].北京:中国文联出版公司,1998.
10. 孔江平.论语言发声[M].北京:中央民族大学出版社,2001.
11. 鲁国尧.鲁国尧语言论文集[M].南京:江苏教育出版社,2003.
12. 李荣.汉语方言调查手册[M].北京:科学出版社,1957.
13. 林茂灿.庆祝中国社会科学院语言研究所建所45周年学术论文集[M].北京:商务印书馆,1997
14. 刘复.四声实验录[M].上海:上海群益书社,1924.
15. 刘俐李.汉语声调论[M].南京:南京师范大学出版社,2006.
16. 刘俐李.江淮方言声调实验研究和折度分析[M].成都:巴蜀书社,2007.
17. 吕俭平,汉语方言分布格局与自然地理、人文地理的关系[M].北京:中华书局,2019.
18. 江苏省地方志编纂委员会.江苏省志·方言志[M].南京:南京大学出版社,1998.
19. 江苏省上海市方言调查指导组.江苏省和上海市方言概况[M].南京:江苏人民出版社,1960.

20. 史皓元,石汝杰,顾黔.江淮官话与吴语边界的方言地理学研究[M].上海:上海教育出版社,2006.

21. 史皓元,顾黔,石汝杰.汉语方言词汇调查手册——江淮方言和吴语的边界调查研究[M].北京:中华书局,2006.

22. 石绍浪.江淮官话入声研究[M].北京:北京语言大学出版社,2016.

23. 苏晓青.东海方言研究[M].乌鲁木齐:新疆大学出版社,1997.

24. 孙宜志.安徽江淮官话语音研究[M].合肥:黄山书社,2006.

25. 王世华.扬州话音系[M].北京:科学出版社,1959.

26. 吴宗济.现代汉语语音概要[M].北京:华语教学出版社,1992

27. 吴波.江淮官话音韵研究[M].北京:商务印书馆,2020.

28. 颜逸明.颜逸明文集[M].上海:华东师范大学出版社,2015.

29. 游汝杰.汉语方言学教程(第二版)[M].上海:上海教育出版社,2016.

30. 游汝杰,杨剑桥.吴语声调的实验研究[M].上海:复旦大学出版社,2001.

31. 张丙钊.兴化方言志[M].上海:上海社会科学学院,1995.

32. 赵元任.现代吴语的研究[M].北京:商务印书馆,2011.

33. 中国社会科学院语言研究所,中国社会科学院民族学与人类学研究所,香港城市大学语言资讯科学研究中心编.中国语言地图集(第2版):汉语方言卷[M].北京:商务印书馆,2012.

34. 中国社会科学院语言研究所.方言调查字表[M].北京:商务印书馆,1981.

35. 朱晓农.上海方言实验录[M].上海:上海教育出版社,2005.

36. 朱晓农.上海声调实验录[M].上海:上海教育出版社,2005.

37. 朱晓农.音法演化—发声活动[M].北京:商务印书馆,2013.

38. 朱晓农.语音学[M].北京:商务印书馆,2013.

39. 朱晓农.语音答问[M].上海:学林出版社,2018.

二、期刊论文

1. 曹剑芬.汉语声调与语调的关系[J].中国语文,2002(4):195-202.

2. 曹文.汉语平调的声调感知研究[J].中国语文,2010(6):536-543.

3. 曹文.声调感知对比研究——关于平调的报告[J].世界汉语教学,2010,24(2):255-262.

4. 曹志耘.汉语方言声调演变的两种类型[J].语言研究,1998(01):89-99.

5. 陈忠敏.汉语方言连读变调研究综述[J].语文研究,1993(3):55-60.

6. 陈忠敏. 吴语清音浊流的声学特征及鉴定标志——以上海话为例[J]. 语言研究,2010(3):20-34.

7. 寸熙,朱晓农. 成渝官话的声调类型[J]. 语言研究,2013(4):1-11.

8. 笪远毅. 镇江过渡带方言的考察[J]. 江苏大学学报,2003(3):96-100.

9. 宫齐,范俊军. 海安话轻声前字连读变调的制约条件和优选论分析[J]. 南京师大学报,2005(2):150-155.

10. 顾黔. 通泰方言声调的历史演变[J]. 南京师大学报,1993(2):80-84.

11. 顾黔. 通泰方言韵母研究——共时分布及历史溯源[J]. 中国语文,1997(3):192-201.

12. 顾黔. 从丹阳方言看江淮官话与吴语的分界[J]. 山西大学学报. 2006(5):78-82.

13. 顾黔. 江苏通州方言的过渡特征研究.[J]. 首都师范大学学报. 2006(5):76-81.

14. 顾黔. 江苏方言调查研究及若干思考[J]. 南京师大学报. 2020(5):5-12.

15. 郭骏. 二十世纪以来的南京方言研究[J]. 南京晓庄学院学报,2013(5):41-48.

16. 郭承禹. 再论方言入声调值的"阴低阳高"现象[J]. 南开语言学刊,2020(1)30-40.

17. 侯超. 芜湖方言声调调长实验研究[J]. 语文研究,2009(1):58-61.

18. 侯超. 江苏高淳方言声调的格局及历史演变[J]. 语言研究,2014(6):45-52.

19. 蒋冰冰. 宜州吴语古全浊声母的演变[J]. 方言,2000(3):243-249.

20. 金健,施其生. 汕头谷饶方言多个降调的声学分析和感知研究[J]. 中国语文,2010(6):544-556.

21. 金健. 杭州方言多个升调的感知研究[J]. 中山大学学报,2015(1):70-82.

22. 孔江平. 藏语声调感知研究[J]. 民族语文,1995(3):56-64.

23. 孔江平. 生理语音学研究的理论与方法[J]. 语言文字应用,2021(4):2-14.

24. 吕叔湘. 丹阳方言的声调系统[J]. 方言,1980(2):85-122.

25. 李慧敏. 江淮官话的归属与特征研究概述[J]. 安徽师范大学学报,2004(5):597-602.

26. 李小凡. 汉语方言连读变调的层级和类型[J]. 方言,2004(1):16-33.

27. 廖荣容. 苏州话单字调、双字调的实验研究[J]. 语言研究,1983(2):41-83.

28. 林茂灿. 音高显示器与普通话声调音高特性[J]. 声学学报,1965(1):8-15.

29. 林茂灿. 普通话二字词变调的实验研究[J]. 中国语文,1980(1).

30. 林茂灿. 语音知觉研究的几个问题[J]. 声学技术,1988(2):23-27.

31. 凌锋,史濛辉,袁丹,沈瑞清. 发声态研究的相关问题与VoiceSauce的使用[J]. 方言.

2019(4):385-397.

32. 刘俐李.20世纪汉语连读变调研究回望[J].南京师范大学文学院学报,2002(2):176-182.

33. 刘俐李.二十世纪汉语声调理论的研究综述[J].当代语言学,2004(1):45-56.

34. 刘文.新寨苗语单字调及双字调声学实验研究[J].民族语文,2017(2):12-24.

35. 刘文.嗓音发声类型的生理物理基础及其语言学价值[J].语言学论丛,2021(1):204-233.

36. 刘祥柏.江淮官话的分区[J].方言,2007(4):353-356.

37. 鲁国尧.通泰方言研究史胱述[J].方言,2001(4):301-314.

38. 鲁国尧.泰州方音史和通泰方言史研究[J].亚非语言计算分析研究,1988(30).

39. 马秋武.南京方言两字组连读变调的优选论分析[J].语言研究,2009(1):27-32.

40. 倪志佳.通泰方言的小称变调残迹[J].语言研究,2015(4):394-404.

41. 彭建国,刘珊珍.发声态的语言学研究[J].东方语言学,2020(15):40-53.

42. 钱乃荣.吴语声调系统的类型及其变迁[J].语言研究,1988(2):63-80.

43. 荣蓉,石锋.音高和时长对普通话阴平和上声的听感影响[J].语言科学,2013(1):17-26.

44. 沈阳.泰兴方言单字调声学语音实验研究[J].语文学刊,2016(10):39-40.

45. 石锋.天津方言双字组声调分析[J].语言研究,1986(1):77-90.

46. 石锋,王萍.北京话单字音声调的分组统计分析.当代语言学,2006(4):324-333.

47. 石锋,王萍.北京话单字音声调的统计分析.中国语文,2006(1):33-40.

48. 石锋,冉启斌.普通话上声的本质是纯低调——对《汉语平调的声调感知研究》的再分析[J].中国语文,2011(6):550-555.

49. 宋益丹.南京方言中的入声喉塞尾实验研究[J].南京师范大学文学院学报,2009(2):166-172.

50. 苏晓青.江苏省盐城方言的语音[J].方言,1993(2):121-128.

51. 苏晓青.江苏东北部多方言交界地区入声的演变类型[J].徐州师范大学学报(哲学社会科学版),2011(6):137-141.

52. 孙华先.南京方言声调的若干问题[J].南京晓庄学院学报,2003(1):34-50.

53. 孙景涛.连读变调与轻声产生的年代[J].方言,2005(4):329-336.

54. 唐志强.江淮官话洪巢片的入声变异[J].安庆师范大学学报,2021(3):50-55.

55. 唐志强.近百年来汉语入声研究回望[J].南京师范大学文学院学报,2022(2):145-153.

56. 汪如东.通泰方言的吴语底层及历史层次[J].东南大学学报(哲学社会科学版),2003(2)101-105.

57. 汪平.江苏通州方言音系探讨[J].方言,2010(3):201-210.

58. 王嘉龄.优选论和天津话的连读变调及轻声[J].中国语文,2002(4):363-372.

59. 王韫佳,李美京.调型和调阶对阳平和上声知觉的作用[J].心理学报,2010(9):899-908.

60. 王韫佳,覃夕航.普通话单字调阳平和上声的辨认和区分——兼论实验设计对声调范畴感知实验结果的影响[J].方言,2015(4):337-352.

61. 王政航,冯青青.盐城市大丰区万盈镇方言音系[J].现代语文,2016(1):36-38.

62. 伍巍.江淮官话入声演变的轨迹[J].中国方言学报,2006(1):185-193.

63. 吴永焕.官话方言双音节连上变调的类型及成因[J].语言科学,2020(2):207-218.

64. 吴波.江淮官话的分区标准[J].南京师范大学文学院学报,2016(2):157-160.

65. 邢五洲.巢湖方言声调实验研究[J].文教资料,2007(5):107-108.

66. 熊正辉.怎样求出两字组的连读变调规律[J].方言,1984(2):102-108.

67. 许宝华,汤珍珠,游汝杰.北片吴语内部的异同[J].方言,1984(4):247-254.

68. 许宝华,游汝杰.苏南和上海吴语的内部差异[J].方言,1984(1):3-12.

69. 徐越,朱晓农.喉塞尾入声是怎么舒化的——孝丰个案研究[J].中国语文,2011(3):263-270.

70. 徐娟娟.丹阳方言文白异读与语音演变[J].暨南学报,2012,34(3):125-129.

71. 许井岗.入声舒化的方式与动因——以江苏北部两市有入声方言为例[J].常熟理工学院学报,2016(3):90-96.

72. 岩田礼.连云港市方言的连续变调[J].方言,1982(4):285-296.

73. 叶祥苓.苏州方言的连读变调[J].方言,1979(1):30-46.

74. 游汝杰,许宝华,汤珍珠.吴语在溧水县境内的分布[J].方言,1985(1):64-65.

75. 余士英.拉德福给德教授在华学术报告[J].国外语言学,1984(1):56-64.

76. 颜逸明,敖小平.南通金沙话的归类[J].方言,1984(2):81-84.

77. 袁碧霞.两折调的形成及变异——福建闽清方言的个案分析[J].语言研究,2021(2):65-71.

78. 张牧如.淮安方言语音浅析[J].佳木斯教育学院学报,2011(2):92-93.

79. 郑骅雄.现代汉语声调类型的九度分析[J].语文研究,1988(1):35-37.

80. 张璟玮.共时音变路径的实证分析:一项吴语声调变异的社会语音学研究[J].语言科学,2019,18(6):581-595.

81. 朱颖华.丹阳(河阳)方言单字调声学语音实验研究[J].镇江高专学报,2017,30(3):34-38.

82. 章婷,朱晓农.苏北连云港方言的三域声调系统——普通发声态与张声、嘎裂声[J].方言,2012(3):193-199.

83. 章婷,朱晓农.兴化方言双域七调——调型格局和发声态演化[J].南京师范大学文学院学报,2014(4):166-173.

84. 章婷,朱晓农,朱瑛.江淮官话通泰片声调类型[J].南京师范大学文学院学报,2015(4):149-156.

85. 章婷,朱晓农.听感范畴与调型范畴的互证——江苏兴化方言三种R调的感知实验研究[J].语文研究,2021(1):47-56.

86. 张瑶,章婷.南通金沙方言单字调发声态研究[J].实验语言学,2023(3):60-69.

87. 朱晓农.基频归一化——如何处理声调的随机差异[J].语言科学,2004(2):3-19.

88. 朱晓农.发声态的语言学功能[J].语言研究,2009(4):1-19.

89. 朱晓农.声调类型学大要[J].方言,2014(3):193-205.

90. 朱晓农,焦磊,严至诚,洪英.入声演化三途[J].中国语文,2008(4):324-338.

91. 朱晓农,章婷,衣莉.凹调的种类——兼论北京话上声的音节学性质[J].中国语文,2012(5):420-436.

92. 朱晓农,洪英.潮州话入声的"阴低阳高"[J].中国语言学集刊,2009(4).

三、其他

1. 高云峰.声调感知研究[D].上海:上海师范大学,2004.

2. 瞿晗眸.金沙方言语音研究[D].南京:南京大学,2013.

3. 唐志强.江淮官话入声声学—生理—感知实验研究[D].南京:南京师范大学,2017.

4. 刘俐李.江淮方言入声时长变异实验研究[C].第九届中国语音学学术会议论文集,天津,2010.

5. 宋劲庞.汉语声调与连读变调研究述评[C].创新与探索:外语教学科研文集,北京,2016.

6. 朱晓农,朱瑛,章婷.边缘吴语:通泰方言案例[C].郑伟.边界方言语音与音系演变论集[M].上海:世界图书出版公司,2016.

四、外文文献

1. Abramson A. S. A fuzzy boundary between tone languages and voice-register languages[C]//G. Fant, H. Fujisaki, J. Shen. . In Frontiers in Phonetics and Speech Science[M]. BeiJing: The Commercial Press, 2009:149-155.

2. Catford J. C. Phonation Types: the classification of some laryngeal components of speech production[M]. London: Longmans, Green and Co. Ltd. ,1964.

3. Catford J. C. Fundamental problems in phonetics[M]. Bloomington and London: Indiana University Press, 1977.

4. John Laver. The phonetic description of voice quality[M]. Cambridge: Cambridge University Press, 1980.

5. Keith Johnson. Acoustic and auditory phonetics[M]. Chicago: The University of Chicago Press, 2003.

6. Ohala. Sound change is drawn from a pool of synchronic variation[M]. Berlin: Mouton de Gruyter, 1989:173-198.

7. William Labov. Principles of linguistic change: internal factors[M]. New Jersey: Wiley-Blackwell Press, 2007.

8. Best C. T. A Direct Realist Perspective on Cross-language Speech Perception[J]. Speech Perception and Linguistic Experience: Theoretical and Methodological Issues in Cross-language Speech Research, 1995:167-200.

9. Best C. T. . Native-language phonetic and phonological influences on perception of American English approximants by Danish and German listeners[J]. Journal of Phonetics, 2012(40):109-128.

10. Ladefoged, Peter. Some results of research on speech perception[J]. Journal of the Acoustical Society of America 29, 1996:117-123.

11. Liberman, A. M. The grammars of speech and language[J]. Cognitive Psychology 1, 1970:301-323.

12. Liberman, A. M. On finding that speech is special[J]. American Psychologist 37, 1982:148-167.

13. Morton J. , Marcus S. , Frankish C. . Theoretical note: Perceptual centres (P-centres)[J]. Psychological Review, 1976(83):405-448.

14. Míša, Hejná, Pavel Šturm, Lea Tylečková, Tomáš Bořil. Normophonic Breathiness in Czech and Danish: Are Females Breathier Than Males? [J]. Journal of Voice 35, 2021(3): 498.

15. Podesva R. J. Phonation type as a stylistic variable: The use of falsetto in constructing a persona[J]. Journal of Sociolinguistics, 2007, 11(4): 478–504.

16. Peng Gang, Hong Ying Zheng, Tao Gong, etc. The influence of language experience on categorical perception of pitch contours[J]. Journal of Phonetics, 2010(38).

17. Simpson, Adrian P. The first and second harmonics should not be used to measure breathiness in male and female voices[J]. Journal of Phonetics, 2012(40): 477–490.

18. Tuuli Uusitalo, Laura Nyberg, Anne-Maria Laukkanen, Teija Waaramaa, and Leena Rantala. Has the prevalence of creaky voice increased among finnish university students from the 1990'S to the 2010'S? [J]. Journal of Voice, 2022.

19. Wang, S. Y. Phonological features of tone[J]. International Journal of American Linguistics, 1967(33): 93–105.

20. Xu Yi Sheng, Gandour Jackson T., Francis Alexander L. Effects of language experience and stimulus complexity on the categorical perception of pitch direction[J]. The Journal of the Acoustical Society of America, 2006(120).

21. Yue-Hashimoto A. O. Tonal flip-flop in Chinese dialects[J]. Journal of Chinese Linguistics, 1986(14): 161–183.

22. Zheng Hong Ying, James W., Minett Gang Peng, William S-Y. Wang. The impact of tone systems on the categorical perception of lexical tones: An event-related potentials study [J]. Language and Cognitive Processes, 2012(27).

23. Zhu Xiaonong, Yi Li. Double circumflex and back dipping: reports on two newly confirmed types of contour tones[J]. Cahiers de Linguistique Asie Orientale, 2012(41): 81–106.

后　记

　　1998年,迈入随园求学,之后留校任教,迄今已有26载。岁月如流,我在这所充满学术氛围与浪漫气息的园子里,从热烈的青春逐渐走向了沉稳的中年,从焦虑的"青椒"转变为所谓的"中坚"。南京师范大学,这所我深爱的学府,见证了我的青春与成长,记录了我从文学梦想者到实证研究者的转变。

　　2007年,我的博士论文《二价进食类动词的语义网络建构》通过了答辩,这项研究属于理论语言学领域的基础研究,是基于导师李葆嘉教授的语义语法学理论所做的一点尝试。我深刻体会到:对材料的细致观察、对现象的理性描写以及基于理论的逻辑阐释是科学研究的基础。原本打算工作之后可以延续这项研究,却不料繁重的教学任务一下子"排山倒海"而来,词汇学、语用学、文字学、语音学、方言学、二语习得研究、语言学史等多门课程的陆续授课让我切身体会到"青椒"成长道路上的痛苦,在不断学习、不断修正、不断充实的身份蜕变的实践中,我逐渐厘清了研究方向。我的科研道路可谓是在"教研互补"中的"随兴随学"。

　　"兴"指的是我内心深处的那份对方言纯粹的兴趣与热爱,在这条摒弃主观臆想、实事求是的科研道路上,我追随着自己的兴趣,实现教学与研究的相互促进、相互启发。有了前期的方言理论的自我强化学习,我逐渐展开了对江淮官话的声调研究。2009年,南京师范大学建成了全国领先的语言信息科技实验室,我便有了更多的机会向方言工作室的刘俐李教授以及语音科学与言语工程实验室的顾文涛教授请教。同年,我参加了北京大学和中国社会科学研究院语言研究所联合举办的语言学青年教师暑期讲习班,在这次长达一个月的"早八晚六"的密集学习中,我有幸遇到了当时的讲座专家朱晓农教授。我拿着平时的教研积累斗胆请教了他。也许是"青椒"的无畏无知,抑或是自己对方言的浓厚兴趣,朱老师并没有敷衍客套,而是亲切和蔼地说:"那就一起做点江淮官话声调的实地调研吧。"我兴奋至极,之后跟着朱老师做了博士后研究,系统学习了声调普适理论以及实验语音学的实证方法。

在这条方言声调研究的科研道路上,我逐渐领会到朱老师所说的科研人的六项品德:诚、理、毅、平、智、勇。"诚"是指实事求是,这是科研工作的必要条件;"理"是指逻辑理性,是科研工作的基本要求;"毅"是坚韧毅力、固守之心,"平"是中正态度、平和心境,这两点是科研人的基本德修;"智"分为学和识,包括记忆力、识真力、识见力、洞察力、创造力、宏观综合力,这是科研工作能力高低的评判标准;"勇"指进取心,是科研工作创新价值的内驱力。这些品德,先天禀赋与后天修为皆有。我虽天性鲁钝,并不具备其中的诸多天赋,然而,通过长期的实践和不懈的探索,我也逐渐锤炼和养成了其中的一些品德。这一"浴火重生"的过程让我对这些珍贵的"羽翼"倍加珍视。

本书是江淮官话声调研究的一个阶段性成果,我特别感恩顾黔教授、孔江平教授、熊子瑜教授、麦耘教授、刘俐李教授、陈莹教授、吴波教授在理论或是方法上的点拨,也特别感恩李葆嘉教授的厚爱提携,感恩南京师范大学文学院语言科技系诸位同仁对我的支持与关心。

2015年,我成为硕士生导师之后,虽然每年所带的学生只有一两位,但总有对方言感兴趣的学生,如朱瑛、王蓉、段亚萍、刘晓晔、张瑶,这群小姑娘朝气蓬勃,跟着我一起走过江淮官话的很多方言点,我们亦师亦友,时常因为某个声调的参数描写而争执不休,也感谢她们对这本书所做的贡献。特别感谢南京师范大学出版社的编辑们细致入微的编校工作!感谢家人对我工作的默默付出!

勤思且勤做、热爱且静心!谨以此书献给在静美而温暖的随园里"随兴随学"继续前行的自己。

章　婷
2023年11月于随园